杨槱院士

2013 年 4 月杨槱院士和马德秀书记、张杰校长代表学校接受朱英富院士向母校赠送"辽宁舰"模型

上海市人大常委会副主任、上海交通大学党委书记姜斯宪以及船舶海洋和建筑工程学院的党委书记张卫刚等看望杨槱院士

扬帆沧海

杨槱 传

董煜宇　陈志辉　著

上海交通大学出版社
SHANGHAI JIAO TONG UNIVERSITY PRESS

内容提要

　　本书通过对杨槱院士学术人生发展历程的梳理,再现了他作为造船专家在国家社会的发展变迁、中国造船事业和高等教育事业的曲折发展历程中执着探索、不懈前行并取得成功的轨迹。

图书在版编目(CIP)数据

扬帆沧海:杨槱传 / 董煜宇,陈志辉著. —上海:上海交
通大学出版社,2017
ISBN 978 - 7 - 313 - 18163 - 3

Ⅰ.①扬… Ⅱ.①董… ②陈… Ⅲ.①杨槱—传记 Ⅳ.
①K826.16

中国版本图书馆 CIP 数据核字(2017)第 237432 号

扬帆沧海——杨槱传

著　　者:董煜宇　陈志辉				
出版发行:上海交通大学出版社		地　　址:上海市番禺路 951 号		
邮政编码:200030		电　　话:021 - 64071208		
出 版 人:谈　毅				
印　　制:上海天地海设计印刷有限公司		经　　销:全国新华书店		
开　　本:710 mm×1000 mm　1/16		印　　张:17.5		
字　　数:256 千字		插　　页:1		
版　　次:2017 年 10 月第 1 版		印　　次:2017 年 12 月第 3 次印刷		
书　　号:ISBN 978 - 7 - 313 - 18163 - 3/K				
定　　价:88.00 元				

序　言

杨槱教授是我的老师。按南方习俗，我总是以先生敬称之。1949 年秋我进同济造船系学习，先生以系主任身份召集全体新生"训示"，实际上是介绍系的情况和对新苗的勉励。可惜不久先生即离沪去东北就职，我们未能亲聆先生的授课和教诲，实为遗憾。1954 年 4 月先生调任大连工学院造船系主任，我恰好是该系秘书，这样我就在他的直接领导和指挥下工作了一段时间，顺利地完成了两校造船系的合并任务。

先生曾多次强调："我国有 18 000 公里长的海岸线，6 000 多个沿海岛屿，自古以来就是海洋大国。只是在近代，由于封建统治者的闭关自守政策，导致海权丧失，海上力量衰退，从而沦为半封建、半殖民地的悲惨境地"，他还说："我们必须铭记这个教训"，并立下一生献给祖国造船事业的宏愿。近一个世纪以来，先生始终无怨无悔，执着地履行着自己的诺言。

在青少年时代，他勤奋学习。越洋留学和赴美汲新，他贪婪地学习和掌握造船造舰的各种知识，举凡舰船的总体设计、制图、浮性、稳性、快速性、不沉性、侧倾、下水、操纵性、适航性、结构、强度、损伤、轮机、副机、舾装、机舱管理、船厂设计、选址、勘探、工厂管理、生产计划、器材供应、船舶监造、工种协调、安全生产、加工制造、机械装备、铆与焊、修船业务。各类船舶，小到巡逻艇、大到航母,无不谙熟于胸,吸收知识面之广,无出其右者。

1940年回国后,他换岗十数次,只要振兴祖国造船业需要,他总是义无反顾地、甚至不带家眷奔向前方,从不计个人得失。几年中,转奔于李庄、重庆、青岛、马尾、上海、大连诸地。更为值得敬仰的是解放前夕,他是非分明,由马尾返沪,不随军去台。并毅然决然地于1949年底奔赴东北旅大承担筹建新船厂的重任。充分表明他对新中国的热爱和向往,他的行动受到党和人民的高度赞赏和敬佩。

先生博学多才,有着丰富的实践经验和深厚的理论功底,但从不以此炫人,相反总是谦逊好学,他的行动感人至深。1951年到1953年间他任中苏造船公司副总工程师(实为中方总工),虽然他有那么好的英语底子又身居高位,却为了工作需要,重新苦学俄语。每当我见到他与俄方人士自由交谈时,心里总会涌起一股无限敬佩之心。1964年始,先生虽已近知命之年,还担任校领导之职多年,为了充实数学与力学知识,居然邀请年轻教师为他补习数学和力学。不仅认真听讲、做笔记,还一丝不苟地做了大量习题。这种甘当学生不耻下问的认真态度,当时就感动了许多人。

先生是当之无愧的、推动我国造船学科和船舶工业发展的先驱。20世纪文革后期,电子计算机的使用刚刚兴起,先生就已敏感地意识到计算机辅助设计的重要性,不仅大力提倡,还以耳顺之年的高龄身体力行地编程序、穿孔、昼夜上机。这在同辈的学者中恐属绝无仅有的。在他的带领下,青年教师也负担起共同编制一系列辅助船舶设计的计算机程序任务,在国内起到了引领作用,开出"计算机辅助船舶设计"新课并出版了同名的教科书。

在加强船舶工程经济分析方面,先生早有预识,但囿于建国以来对管理和经济工作的轻视,他的远见卓识受到抑制。改革开放以来,先生大力倡导开展船型经济论证和水上运输经济分析的研究,成为国内从事这一领域研究的一面重要旗帜。他不仅带领团队完成了许多生产研究课题,取得了可观的经济效益,而且培养了一批才华出众的研究生,开设新课,出版教材。经济分析现已成为船舶工业发展的一个重要方面。

近年来，先生以特高龄转向从事船史研究，奔波于各地，还笔耕不辍，先后正式出版了 6 部船史论著。

先生对我国船舶事业的贡献难以尽列，功绩至巨。但他对自己的评价却只有聊聊的几个字。在 2012 年交大毕业 50 周年校友返校大会上，被首位邀请到大会上发言时，仅说了以下一段话："我这一生，只有 8 个字，'问心无愧，与世无争'"。声刚落，就博得了全场 200 多位校友们经久不息的掌声。

谨以本文代序，不胜惶恐。

何友声

目 录

第三编　写船·望海

图片目录

导　言

　　杨槱(Yang Yu,后依汉语拼音改为 Yang You),字君朴,1917 年生于北京,原籍江苏句容。1935 年赴英国格拉斯哥大学造船系留学,1940 年获一等荣誉学士学位,2002 年该校授予荣誉工学博士学位。1940 年回国后,历任同济大学讲师,重庆民生机器厂副工程师、工程师,重庆商船专科学校教员,交通大学副教授、教授。1944—1946 年参加中国海军造船人员赴美服务团,赴美国实习考察舰艇修造技术。回国后,先后任海军江南造船所工程师,海军青岛造船所工务课长和上海海军机械学校教务组长。1949 年新中国成立后,历任同济大学教授、造船系主任,大连造船厂建厂委员会工务处长,中苏造船公司(现大连造船厂)副总工程师,渤海造船厂筹备处工程师,大连工学院教授、造船系主任。1955 年至今执教于上海交通大学,先后任副教务长、教务长兼造船系主任,船舶及海洋工程研究所所长,船舶及海洋工程系教授、博士生导师,海洋工程国家重点实验室顾问等职。曾兼任镇江船舶学院(今江苏科技大学)副院长。历任中国造船工程学会副理事长、船史研究会名誉主任,中国海洋工程学会副理事长,中国太平洋历史学会副会长。1980 年当选为中国科学院学部委员(院士)。

　　杨槱院士是中国现代船舶设计和船舶史研究的开拓者之一。20 世纪 40年代,研究川江(长江上游)船舶性能,参加了当时最大川江船"民俗"号的设计,发表了几篇有影响的论文。1950 年代,他辗转南北,先到大连,后来到葫芦岛参加船舶工业的生产和新船厂的筹建工作。后来就转入高等院校从事教学、科研和教学管理工作。1960年代,主持制订中国第一部《海船稳性规范》(1960),并推动了中国船舶稳性研究。随后,指导研究生首创被动式减摇水舱模型试验设备,进行了大量系统的试验研究,成果为设计、研究单位广泛应用。主持并参加了"沄州"号巡逻艇的设计工作,主持参加15 000吨自卸式运煤船新船型的预研工作,受到有关部门的肯定。1970年代,在中国率先倡导和组织计算机辅助船舶设计的研究工作。编制了"干货船主要尺度分析""船舶型线设计"等计算程序软件,首先发起研制"海洋货船设计计算机集成系统"。主持和领导了经济型的5 000吨近洋干货船和15 000吨远洋干货船的方案设计,该两型船均已批量生产。1980年代以来,指导研究生应用现代工程经济学和运筹学的理论和方法对沿海和长江的煤炭、石油运输,集装箱运输和渔业捕捞船队进行技术和经济评价,解决了水运和渔业系统的船型分析和船队规划问题。与此同时,还组织和参加了几项海洋石油资源勘探开发项目的效益、风险评估和设计工作。

除了船舶设计外,杨槱院士对造船史也有很深的造诣,其研究课题包括"中国造船发展简史""秦汉时期造船业"和"郑和下西洋所用宝船"等。进入新千年以后,杨槱院士更是进入了海洋船舶普及性写作的新高峰时期。

杨槱院士作为造船领域的专家,得到了学界及传媒的广泛关注。在已有关于杨槱的事迹介绍中,较系统的是《中国科学技术专家传略·工程技能篇交通卷》杨槱专篇、1996年思梵在文汇报撰写的专题《杨槱:船舶设计据上游》、造船史学者辛元欧2004年在大连理工大学校友报撰写的《老师中的杰出代表——杨槱院士》、2004年张仁颐撰写的《我的老师杨槱先生》、2007年顾伟民在上海交大报上撰写的《杨槱与造船》、顾定海在《联合时报》撰写的《智者寿:访中科院资深院士杨槱教授》,张银炎2009年在《中国船舶报》撰写的《朴素、真诚、勤奋——杨槱院士二三事》等。而最详细的,是1997年杨槱自己撰写回忆性质的传记《一个造船者的自述》(上海交通大学出版社出版),该书系统地阐释了杨槱造船人生的发展历程,对本书的编撰至关重要。2010年8月,杨槱院士又撰写了《耄耋抒怀》,对自己的学术人生做了简明扼要的回顾。虽然这个小册子并未正式出版,但仍然是对《一个造船者的自述》

的重要补充。

由于侧重点有所不同,已有的相关传记和资料在一些方面也力有未逮。如报刊文章过于注重对成就的描述,对学术成就取得的历程重视不够,对历史细节的阐释更是不足,杨槱先生自己回忆著作中描述的历程非常详细,但对相关事件发生的时代背景叙述过于简略,对一些重要历史细节回顾仍显不足,时间也只限定到1990年代。

本书在消化吸收前人研究成果的基础上,针对前人阐述中的薄弱环节,按时间顺序有针对性地拟定了访谈提纲,对重点问题进行了细致的访谈,除了访谈杨槱先生本人外,还对他学生、家人进行了细致的访谈,整理出了15万字访谈资料,并调阅了上海交通大学档案馆所存的重要档案,查阅搜集了已归档但并未整理的档案资料,并对其进行整理过程中发现了杨槱院士在英国留学期间物理学实验笔记,中国造船工程学会的刊物《中国造船》创刊号,百件左右的电子书信、发言稿、书稿等。这些原始资料既是研究杨槱学术成长历程的重要史料,也是本书的重要参考文献。

尽管杨槱院士的大部分资料已归档案馆,但其办公室的那一部分还未整理编目。采集小组克服重重困难,对其重要资料进行了整理。当中包括有:杨槱院士在英国留学期间物理学实验笔记,中国造船工程学会的刊物《中国造船》创刊号,百件左右的电子书信、发言稿、书稿等重要发现。这些原始材料既是研究杨槱学术成长历程的重要史料,也是本书的重要参考。

另外,杨槱院士求学和各时期工作过的机构历史,为我们提供了杨院士在学术成长过程中的重要背景。因此,课题组搜集了包括格拉斯哥大学、民生机器厂、江南造船厂、大连造船厂和上海交通大学等单位的中外文机构史,以期与杨槱本传互证。

本书主要依据杨槱院士的相关传记资料、回忆录、访谈资料,经整理编撰而成,共分为三编。第一编"看船·学船",着重写杨槱院士的家庭背景和学习经历;第二编"造船·教船",分七章讲述杨槱院士五十余年的船舶设计与船舶教育生涯;第三编"写船·望海",关注于杨槱院士晚年在船史研究、海洋文化及其推广普及方面所做的工作。三编内容基本上按照时间顺序排列。

《荀子·劝学》曰:"假舟楫者,非能水也,而绝江河。君子生非异也,善假于物也。"杨槱院士,正是善于学习各种知识技能,并能融会贯通,进而为社会作出巨大贡献的谦谦君子。本书通过对杨槱院士学术人生发展历程的梳理,再现了作为造船专家的他在国家社会的发展变迁、中国造船事业和高等教育事业的曲折发展历程中执着探索、不懈前行并取得成功的轨迹。杨槱院士除了设计、研究实用的船舶外,还将成为特殊的"舟楫",引导我们渡向智慧的彼岸,为今天的科技工作者提供历史的借鉴。

第一编

看船·学船

第一章
童年时代

北平出生(1909—1918)

　　江苏句容是杨槱的故乡,句容市地处苏南,紧邻南京,是南京的东南门户,素有"金陵御花园"之美誉。可是这一切在杨槱的记忆中比较模糊,1917年在北京出生的他,关于故乡记忆是父亲给他讲的故事。

　　杨槱祖上并非名门,祖父之前世世代代在句容务农,到了祖父杨声远这一代终于有所改变。祖父从小家里非常穷,无法读书,年纪轻轻就要放牛,帮家里维持生计。放牛时候要路过私塾,听到私塾里有人读书,他就扒在窗户边上看,边听边记。后来老师发现,就问他是干什么的,他说是听课的。又问他懂不懂他又点头。后来老师又问了他几道问题,杨声远居然都答对了。老师大为吃惊,不但没责怪他"偷学",反倒觉得杨声远勤学聪颖,就让他继续来学习。结果他学得很好,老师就把自己的学习心得倾囊相授。后来,杨声远也就成了一名私塾先生,开始在句容县华阳镇寨里村的私塾教书。因为他教授的学生成绩都不错,因此在当地获得了比较好的名声,就跑到当时江宁县土桥镇(今南京市江宁区土桥镇)做私塾教师。

　　到了杨槱的父亲杨宗炯出生时(1888),杨家的情况就要比祖辈们好了一些,起码可以不像乃父杨声远一样边放牛边"偷听"先生讲课。杨宗炯,

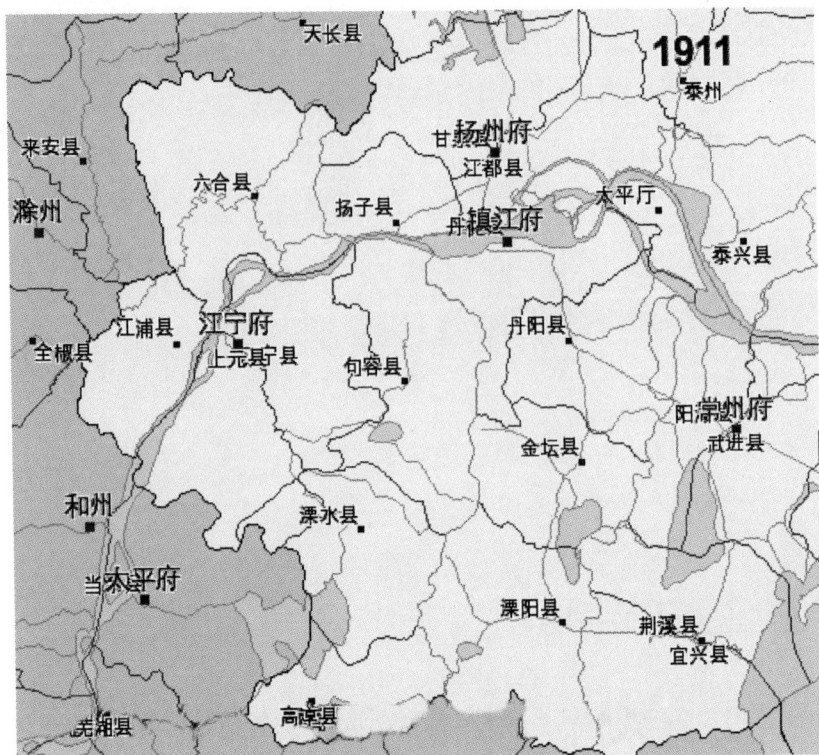

图 1-1　1911 年句容县附近行政区域图①

别字仲杰。从这个名与字中可以看到,为他起这个名的人(或是其父杨声远)甚为喜爱"初唐四杰"之一的诗人杨炯,希望这个孩子富有文采。在私塾读了几年书后,杨宗炯就到了句容县里的初级中学和省会南京高中读书。虽然后来杨宗炯并没有从事文学,但料想他国文也相当不错,因为他于宣统元年(1909)考取了京师大学堂预备科第一类。按当时的大学堂章程,报考预科第一类只考国文和英文,毕业后升入经学、法政、文学、商学等分科大学(相当于本科),但分科大学延至 1910 年 3 月方才开办。

　　1911 年 10 月 10 日,湖北新军在武昌发动起义,这就是闻名中外的辛亥革命。消息传至北方,震动极大,京师大学堂的教员、学生纷纷请假回籍,无心上课,后来更至停办,杨宗炯因而失学。年轻的他在停课期间是淹留北京,

---

①　中国历史地理信息系统(CHGIS),复旦大学历史地理研究中心,2003 年 6 月。

还是返回江苏句容老家,现在并无证据确定。但估计到当时南方的战况,杨宗炯以留在北京的机会较大。在求学期间,杨宗炯与同为京师大学堂预科第一类的学生、同盟会会员孙炳文[①](1885—1927)成为好友,并于1911年加入同盟会,两人一同创办《民国日报》,鼓吹革命。孙炳文比杨宗炯早一年考入京师大学堂预科,却因在试卷中写有反抗封建伦理道德的话语被开除。对于武昌首义,杨、孙二人应当是感到十分高兴的。

1912年(民国元年)5月,教育部总长蔡元培下令,将京师大学堂改名为北京大学校,以严复为第一任校长(1854—1921)。孙炳文也因为严复复查试卷,认为开除无理,学籍得以恢复。然而,在恢复上课后,却因为经费紧绌,北京大学一度面临停办。教育部更提出对原有学生和外国教师的"结束办法",令原来分科学生于民国元年年底前毕业,引来学生的极大不满。同年10月,杨宗炯预科第一类毕业。然而,杨宗炯并未直接升读本科,原因亦在于学校经费紧张,校长如走马灯一般换了一任又一任,加上教育部朝令夕改,校务一塌糊涂。1913年1月,何燏时就任北京大学校长。5月,他竟宣布"凡预科毕业生欲入本科者,须经过入学考试"。北大预科毕业生一片哗然,认为与"大学令"中持预科毕业文凭者可升入本科的承诺相违背,发生了预科生集会请愿的学潮。这次学潮,最终以何氏开除为首学生8人,以及教育部暂时解散在校预科生而被压制。9月初,本科开学又被教育部勒令叫停,后者提出要把北京大学并入天津北洋大学,但亦因校长学生反对而不了了之。

经过这一系列的波折,直到1914年下半年,杨宗炯才入读北京大学法本科法律门。在预科毕业后的两年间,他靠打零工赚取生活费。档案显示,杨宗炯曾于1914年(民国3年)3月,在北大预科班临时担任过一个月的英文书记,月薪金30元。

除了孙炳文以外,杨宗炯还结识了比他晚一届预科毕业的郭定保,以及他的哥哥——从留学日本回来的著名律师、同盟会会员郭定森。郭氏兄弟的籍贯也是江苏句容,与杨宗炯有同乡之谊。其父郭业庸,以经商起家,在句容

---

① 孙炳文,字濬明,一字濬卿,四川南溪人。1922年留德,在欧洲加入中国共产党。1927年"四·一二反革命政变"时在上海被捕牺牲。

县开"泰和生"布店,兼营百货;后在城郊购地百亩,又在天王寺镇开设"祥和"分号,家资万贯。郭家大宅纵贯句容县城西门大街路北,共七进四十多间房屋。郭业庸亦善于结交马相伯、康有为等当时有名之士,因此句容郭家在当地成为有名的大户人家。

杨宗炯原来有位原配夫人,还生育有 3 个孩子,但后来因为霍乱流行,妻儿都不幸染病罹难,他也因此而独身了。杨宗炯的才华深得郭定森赏识,就有意把自己的小妹介绍给他。一天郭定森对小妹说:"有一个人(杨宗炯),在历史革命的转折时期,会有一番作为的。你嫁给他怎么样?"妹妹过惯了郭家的锦衣玉食,不大愿意嫁给这个家境一般的人,说道:"那我就是从米缸里跳到糠缸里了。"但她姐姐郭定权倒欣赏这位北京大学的青年才俊,表示愿意嫁给杨宗炯。于是,杨、郭两家的亲事也因此而定。后来杨宗炯携家到广州追随孙中山,在当地也算是知名人士,广州某小报也不知从何处得知此事,将之刊登,名为"姐代妹嫁"。

估计杨宗炯是在北京完成了他的"小登科"的,因为他当时还在北京大学法律门学习。到了 1917 年(民国 6 年)10 月 17 日,郭定权诞下麟儿,这个婴儿就是后来的杨槱,但这时他还不叫这个名字,家里人都唤他的小名——大林。因为家中添了新成员,杨宗炯从北京附近的三河县请来了一位王姓奶妈,把还在襁褓之中的杨槱交给她照顾。小杨槱对这位奶妈的感情非常深。由于杨宗炯前面 3 个孩子都夭折了,他怕这个新生儿也会养不大,因此让小杨槱自会说话起就称这位奶妈为"妈",而把亲生母亲郭定权唤作"大嬢嬢"——这是杨槱表兄、表姐对郭定权的称呼。

虽然这位奶妈没受过多少教育,但据杨槱称,他自己受她的影响相当大。有两件事给杨槱的印象特别深刻:有一次吃饭,他不小心把一粒饭掉桌上了,奶妈一定要他吃掉。同时她说:"一粒米也不能浪费!"并吓唬他:"不吃你以后会被这粒米饿死的!"从科学角度这当然很无稽,但却使杨槱一生养成了节约、不浪费的性格习惯——无论是在生活中还是为国家工作、研究中。

奶妈有时候会拿点零食给杨槱吃,一看到有别的小孩在旁边,她就会嘱咐他:"大家分着吃。"渐渐地,杨槱也养成了这个习惯,从来不自己一个人独自吃东西。在他的人生历程中,心里也始终想着别人,自己不会独自一个人享受。

1918 年(民国 7 年),杨槱出生后的第二年。经过 4 年的本科学习后,杨宗炯以平均成绩 79.5 分毕业,在北京大学法本科法律门中排行并列 26 名。按照不久之前的京师大学堂章程,本科毕业可授予进士头衔和选入翰林院任庶吉士,杨宗炯亦可算作"登科"了。

然而,就在北京求学的数年里,杨宗炯看到了中国国内形势巨变:首先是 1913 年宋教仁率领国民党赢得国会选举,却在出任内阁总理过程中遭到暗杀,背后主谋指向袁世凯,从而引起反袁的二次革命。二次革命失败后的 1915 年下半年,袁世凯不顾一切地推行"洪宪帝制",更妄图通过加官晋爵来收买当时的北京大学校长和教授,幸而校长胡仁源与诸教授"意持不可",北大"独未从贼"。蔡锷等人发动了护国运动,迫使袁世凯取消帝制。1916 年袁世凯死后,黎元洪任总统,因在对德宣战问题上同当时的国务院总理段祺瑞发生矛盾,引起"府院之争",督军团团长张勋借口调停带辫子军入京,于1917 年 7 月 1 日为溥仪复辟,解散国会,是为"张勋复辟"。段祺瑞又将张勋打败,成为"再造共和"的所谓功臣,黎元洪引咎辞职,总统之职亦由冯国璋取代。

北洋政府的腐败,杨宗炯一一看在眼里。他已决定,等毕业之后就到广东去,追随革命领袖孙中山先生。杨宗炯毕业后,便辞别在北京当律师的妻舅郭定森,携同妻儿举家迁往广州。他放弃在北京工作定居的这个决定,对杨槱一生的影响亦不可谓不大。

寄寓革命(1919—1926)

就在复辟与"再造共和"闹剧上演的同时,孙中山决定在南方另行召集国会,组织临时政府,展开护法运动。海军总长程璧光、盘踞广东的老桂系军阀陆荣廷、滇系军阀唐继尧表示支持护法。于是,孙中山便在广州组织中华民国军政府,召开非常国会(因不足法定人数,故称非常国会)。1917 年 9 月,孙中山就任军政府海陆军大元帅。然而,因为陆荣廷、唐继尧等军阀本意只在借孙中山先生的名声以扩张地盘,军政府人心不齐。孙中山于次年 1918 年 5

月,即辞去大元帅之职,指出"南北如一丘之貉"。他本人亦避居于上海法租界。同年9月,北京安福系国会①"选举"徐世昌为总统,倡议召开和平会议,南北弭兵。国内名流熊希龄、蔡元培等亦通电发起"和平期成会",表示支持。12月13日,孙中山派身在广东的胡汉民为南北和平会议代表,与北军议和。此时,杨宗炯正在胡汉民手下做事,因而也一同前往上海,担任秘书。

1919年2月20日,南北和平会议在上海开幕。3个月后,"五四"运动爆发。鉴于全国反段气氛高涨,南方乘机提出8项条件,北方不能接受,和议破裂。胡汉民则辞去议和代表一职,留在上海创办《建设》杂志。1920年10月,孙中山的亲信军队——陈炯明援闽粤军从福建漳州一直打回广州,桂系军阀逃回广西。年底,孙中山回广东恢复军政府,估计此时杨宗炯亦跟随胡汉民等人回粤。次年5月,孙中山在广州组织中华民国政府,任非常大总统。因为杨宗炯的法律学本科背景,可能担任过大理院推事,即最高法院审判员。

1922年6月,陈炯明围攻广州观音山总统府,孙中山乘永丰舰脱险,转往上海,随后胡汉民亦跟从。杨宗炯可能并没有跟随前往,但在此期间,他也会带同杨樀前往江苏句容老家探望老父杨声远。杨樀回忆,大概在四五岁的时候,父亲把他带回了江苏句容寨里村,当时祖父杨声远已经瘫痪了,不能讲话,但能写字。见到自己的孙儿,祖父自然很高兴。当时同在他身旁的还有杨樀的一个堂兄,属兔,比他大两岁,祖父之前唤他做"小兔子"。两个小孩子在打闹,祖父杨声远就写:"小兔子会骂人,大林会打拳"。

由于各路军队讨伐陈炯明,1923年1月,陈被迫逃往广东惠州。次月,孙中山回广州就任大元帅,成立陆海军元帅大本营。次年4月,孙中山大元帅特设法制委员会,并任命戴季陶为委员长,杨宗炯为6名委员之一。或许是工作原因,杨宗炯一家住在惠爱东路(今中山四路)芳草街,旁边是原来广东三大学宫之一的番禺学宫。与番禺学宫连同附近的广东贡院一带,一向为广州城的文脉之地,当时的名人大多愿意在此安居卜邻。

事有凑巧,其时杨宗炯好友、共产党员孙炳文亦住在此处,与杨家为邻。

---

① 1918年3月,以王揖唐为首的皖系政客在北京安福胡同成立安福俱乐部。8月,新国会选举,安福系以非法手段获得95%以上的议席,故此届国会称为"安福国会"。

1924年5月，孙中山一手创办的国立广东大学①成立，地点正在广东贡院。恰好，杨樨也到了上小学的年龄，杨宗炯便安排他前往广东大学的附属小学②读书。按当时惯例，小孩在上学前都要取一个学名，杨宗炯便请在人品与学识上都令人佩服的孙炳文，给自己的这个长子起学名。孙炳文用《诗经·大雅·棫朴》中"芃芃棫朴，薪之槱之"一句，给杨樨起了一个"槱"字的单名，别字君朴。按照传统《诗经》学者的解释，芃芃是茂盛的样子；棫和朴都是树名，分别指白桵和朴树；薪是把它们砍成柴；槱是指（把柴）堆积起来。比喻贤人众多，国家得用。而孙炳文则有更深一层的引申：其时，孙中山已经召开了国民党第一次全国代表大会，重新解释了三民主义，确定了联俄、联共、扶助农工的三大政策，国共展开合作，意在打倒北方军阀。鉴于大革命的热烈形势，而恰恰杨樨的姓——杨也是一种树，这就是希望这棵"杨"树也要跟棫和朴一样成材（柴），然后积聚到中国热火朝天的革命和建设之中来。

这样，杨樨便带着孙炳文的美好祝愿，每天到附近的广东大学附属小学上课。这所小学当时规定，小学生要学习文言文和用毛笔练习书写，这给杨樨的中文打下了一个比较好的基础。据杨樨回忆，在广东大学附小时印象最深的有两件事，一是听孙中山先生的演讲，二是亲身经历了沙基惨案③后的游行示威。

1924年初，孙中山在广东大学的礼堂演讲，因杨樨就在大学的附小就读，就和全班同学一起被老师带到礼堂听演讲。杨樨回忆说："我们被安排在最后几排。因为个头小，大家看不清讲台上的人，很多同学都索性站着听孙先生演讲。""常听他演讲的观众都晓得他有个习惯，他刚开始演讲时，声音往往比较轻，后来随着演讲内容的变化，会越讲越响，越讲情绪越高。"让杨樨印象深刻的

图1-2 孙炳文

---

① 1926年7月，国立广东大学因纪念孙中山先生而改称为国立中山大学。

② 此小学也于1926年7月以后改称为中山大学附属小学。

③ 1925年5月30日，上海游行工人因英、日镇压，发生五卅惨案。6月23日，广州市的工人、商人和学生声援上海罢工工人，游行至沙面租界对岸的沙基，被英国（一说法国）士兵开枪镇压，造成包括儿童在内的60多人死亡，是为沙基惨案。

是：那天在广东大学礼堂的演讲，孙先生却没有沿用这个老习惯，他的声音一直很响亮。"当年没有什么扩音设备，孙中山先生在台上讲话，我们在最后几排都能听得清清楚楚。"

1925年6月24日，沙基惨案发生后翌日，广州市民组织了示威大游行，作为小学生的杨槱在游行队伍的后面，在将近到沙面时，他们被劝说回校解散。然而，在傍晚时分，他和同学们在小学门口看到了很多人推着载有遇难者尸体的板车。他们很受冲击，却只能以沉痛的心情望着队伍缓缓离去。第二天，体育老师就对同学们说："为了抵制英国货和日本货，我们罢买他们生产的皮球，所以也不能进行球类运动了，大家还是学游泳吧！"从此，杨槱便学会了游泳。

1924年秋，冯玉祥发动北京政变，推翻了"贿选"的大总统曹锟，然后邀请孙中山北上。有资料称，杨宗炳亦作为孙中山的侍从秘书随行。然而，等孙中山北上抵京时，已经身染疾病。第二年3月12日，孙中山在北京与世长辞。杨宗炳于是返回广东继续任职。

1925年6月，以黄埔军校学生为骨干的东征军平定了滇军杨希闵、桂军刘震寰的叛乱，在中国共产党提议下，原称为"大元帅府"的革命政府改组为国民政府。7月1日，国民政府正式成立，改为委员制。汪精卫被推举为主席，汪精卫、胡汉民、谭延恺、许崇智、林森5人为常务委员。国民政府成立后，所属粤、桂、湘、滇、闽等地部队一律改称为"国民革命军"。黄埔军校学生军为国民革命军第一军，周恩来被任命为少将政治部主任兼第一师党代表。其余各军，则仿照黄埔军校和第一军，普遍建立党代表和政治部。国民革命军进行第二次东征并彻底打垮陈炯明的同时，又进行南征，击溃了军阀邓本殷军，12月攻克高州、雷州、钦州、廉州。至此，广东全省实现统一，政权也得到巩固。此时，北伐战争即将打响，杨宗炳也将在此大时代中，扮演其角色。

随父北征（1926—1929）

1926年4月，直奉战争以直系的失败作结，北洋政府控制在以张作霖为首的奉系军阀手中。直系吴佩孚退守两湖、河南三省，控制京汉铁路。直系的后起之秀孙传芳，则占据着长江中下游地区。1926 年 7 月，为完成总理孙中山的遗愿，国民党中央在广州召开临时全体会议，通过《国民革命军北伐宣言》，陈述了进行北伐推翻北洋政府的理由，蒋介石任国民革命军总司令，北伐战争自此打响。

北伐开始时，杨宗炯在总司令部，任少将经理处长。随后，杨宗炯被调至第四军第十师，担任后勤工作。第四军的前身为粤军第一师，陈铭枢①为第十师师长，蒋光鼐为副师长，蔡廷锴为属下团长②。杨宗炯长期在广州国民政府的法务部门工作，当时的上司是国民党元老、广东人古应芬③。加上之前也跟粤系大佬胡汉民打过交道，所以杨宗炯跟国民政府里的广东系的关系比较亲密。来到第四军这支广东系军队后，他跟陈铭枢师长也颇有交情。据杨樨回忆："（父亲）跟陈铭枢是常有联系，陈铭枢家他也带我去过的。一直到解放前不久，在上海，父亲还带我到他家里去过。"

1926 年 8 月，在"钢军"第七军等友军的配合下，国民革命军第四军于湖北咸宁境内的汀泗桥、贺胜桥两处军事要隘击败吴佩孚守军，赢得"铁军"称号。9 月，北伐军攻克武昌，11 月，陈铭枢部扩编为第十一军，陈任军长兼武汉卫戍司令。杨宗炯因有法律学背景，便被任命为卫戍司令部执法处长。同时广州国民政府亦迁往武汉，杨宗炯觉得局势已稳，便就写信给杨樨母亲、尚在广州的郭定权，让她带家人到武汉去。当时中国的铁路很少，公路也很不发达，交通工具以船舶为主。于是，郭定权决定先从广州坐轮船到上海，然后转乘内河船前往武汉。杨樨当年刚满 9 周岁，这也是他能记事以来所记得的第一次乘船，这次经历，给他的印象很深，以至于他还记得当时的细节：

> 我们全家搭乘了三北公司的"飞虎"轮，从广州去上海。这是一艘

---

① 陈铭枢(1889—1965)字真如，因瘸一腿，外号阿跛，广东合浦(今属广西)人。粤系中亲蒋的代表人物，历任广东省长，行政院代院长。亦系十九路军的领导，中国国民党革命委员会的创始人之一。

② 第十师因战功屡屡扩编，1930 年中原大战后改变番号，即为著名的十九路军。

③ 古应芬(1873—1931)，字勤勤，亦作湘芹。1906 年毕业于日本法政大学速成科，升入专门部。1907 年毕业归国后，历任法制委员会委员、广东法政学堂编纂等职。

兼载旅客的货船。刚刚出航时天气晴和,大家都走上甲板,观看珠江两岸景色。水面上空气清新,人们互相谈笑,十分愉快。

……

在海上的第一天船行平稳,大家有说有笑,一位青年妇女忽然问道:"我感到很奇怪,船是铁制的东西,怎么能在水中不沉呢?"一位老年妇女训斥她说:"不要瞎说这不吉利的话!"一位青年人就来解释说:"铁脸盆不是也能漂浮在水面上吗?盆中多装些物品,脸盆只是下沉一些。只要脸盆的边缘高于水面,就不会沉没。"这可说是我听到的关于船的浮沉道理的第一课。

除了上了关于船的浮沉原理的第一课以外,处于儿童阶段的杨槱由于好奇心的驱使,还会注意沿途景物,当然也少不了去看船员们如何驾驶船舶。"飞虎"轮到达上海,杨槱一家休息了几天后,便转乘日本日清轮船公司的"凤阳"轮,沿长江而上,直到汉口。当船驶近至九江附近的一个江中岛屿时,杨槱回忆道:

(船)减慢了航速,船员在船边的一个小平台上,抛下带索的铅锤,据说是测量水深,这是我在船上唯一能看到的与驾驶船舶有关的操作了。

1927年4月,蒋介石发动"四·一二反革命政变",孙炳文在上海被害,好友杨宗炯在南京得知消息,悲痛不已。同时又发生了"宁汉分裂"事件,杨氏家属仍然留在武昌,等待局势明朗。其时,杨槱入读武昌模范小学。在武昌期间,杨槱曾到汉口和汉阳游览,对长江上的蒸汽机船、木帆船和舢板亦时时留意。

1927年9月"宁汉合流"后不久,杨氏一家由母亲的带领下,搭乘英商怡和洋行的"宜昌"轮前往南京。杨槱还记得:

"宜昌"轮就锚泊在江中心,上船就是靠木帆船摆渡的。木帆船在江中受波浪冲击,摇晃不稳,大家也就谈到"长江真是无风三尺浪!"这次航行，我家住的是统舱，而且是船员们让出的床铺。船行三天，到了南京，停泊江中，再次换乘木帆船上岸。那时南京附近还处于战争状态，盗匪多。我们所搭乘的木帆船进入秦淮河后，见到一些壮汉在岸边注视着我们的船，大家胆战心惊，直到夫子庙附近下船，住进旅社，才安下心来。

到了南京以后，杨楼就在家附近的一所简易小学就读。说是小学，但实际上是一所私塾。该校 6 个年级约 20 名学生一同在一间教室上课，常见的景象是老师叫一名学生背着他背诵课文。如背不出，轻则用手敲背部一下，重则被竹板打手心。有一天，老师突然对学生们说："明天师母过生日，要吃寿面的，每人交 4 角钱"。他回家后，把这事和王妈妈说了。奶奶说："老师应该请学生吃寿面，还要交什么钱，不交"。当然，他也没有去吃寿面。不久，杨楼也就退学了。

第二年春节后，杨楼进了当时著名的南京中学实验小学高小一年级，也就是 5 年级。该校正在探索美国的"道尔顿制教学法"，强调因材施教和学生的个性发展，对培养学生独立工作的能力等方面有一定的积极作用①。于是，该校除了设有完备的高小课程外，还开办了一些"特班课"。大部分女生选的特班课是："家事（即家政）"和"舞蹈"。杨楼先后选修了"自行车""风琴""摄影"和"化学制品"4 门课，学会了骑自行车，在风琴上弹几首简单的曲子，还有简单的照相洗印技术和肥皂制造。

在高小的第一年，因为学习成绩优秀，杨楼获"品学兼优奖"。第二年即 1929 年 6 年级时，他又当选为班长。不久，学校组织文艺会演，每个班级要拿出一个节目。杨楼所在班的表演主题已经确定。但身为班长，他威信不足，没能抓紧排练，到时未能演出，受到批评。这件事对他的教训是不小的。因他不善言辞，也不作过多的辩解。但意识到要办成大事，必须有得力助手和众人的支持。

当时南京中学实验小学的校长名叫马客谈，别的学生曾跟杨楼讲他的逸

---

① 道尔顿制教学又称"契约式教育"，全称道尔顿实验室计划（Dalton laboratory plan），因美国 H.H.帕克赫斯特于 1920 年在马萨诸塞州道尔顿中学创行而得名。当时除南京外，上海、北京、开封等地均进行过道尔顿制教学实验，1930 年代以后采用此制者渐少。

闻：以前孙传芳还占领南京的时候，蒋介石要打过来，战术上受了些挫折，他就尽讲蒋介石坏话，说"蒋介石快死了"。但蒋介石一来南京，他就又捧蒋介石了。杨樨对这些说法也不以为意。

金陵求学(1930—1931)

1930年，杨宗炯正在南京市土地局局长的任上，并于此前加入了中国经济学社。这年春，杨樨考上了南京著名的教会中学——金陵中学。金陵中学全称是私立金陵大学附属中学，地在南京干河沿前街，本由西方教会主理。1927年春，因北伐战争，"西人集议，宜将校务移交华人"，刘靖夫遂为金陵中学第一任华人校长。1928年春，美国普林斯顿大学硕士毕业的南京人张坊接任校长。据此年资料，报考金陵中学初中的357名学生中，有206名被录取，入学率为57.7%。应该说，杨樨能考上金陵中学，学业应该具有一定水准。

图1-3 金陵大学附中校景

然而,让初上中学的杨樀最感到吃力的科目,应当算是英语了。根据金陵中学当时的课程设计,由初中一年级至三年级,每周英语课逐渐增多。这在诸科目中绝无仅有,其意在集中训练学生的英文能力。按照规定,初中生每周必须用英文造句一次。考试以百分制,但 70 分以上方算及格,教学可谓相当严格。

1933 年春季金陵中学每周课程课时数　　　　　（单位：小时）

科目 ＼ 学期	初一上	初一下	初二上	初二下	初三上	初三下
公　民	2	2	2	2	1	1
体　育	2	2	2	2	2	2
卫　生	1	1	1	1	1	1
国　文	6	6	6	6	6	6
英　语	6	6	6	8	9	9
算　学	5	5	6	6	4	4
植　物	4					
动　物		4				
化　学			4	4		
物　理					3	3
本国史			4	4		
本国地理	4	4				
外国史						4
外国地理					4	
劳　作	2	2				
图　画	2	2	2	1		
音　乐	1	1	1	1		
选　课					2	2
总　计	35	35	35	35	32	32

说明：（1）初一植物及动物有实验 1 小时；（2）初二化学有实验继续 2 小时。

据杨樀回忆,初中一年级的英语课本是《泰西五十轶事》和印度中学的课本《纳氏文法》。然而,此时杨樀还没有学过英语,跟不上班上的课程进度。

英漢對照
泰西五十軼事
册註釋

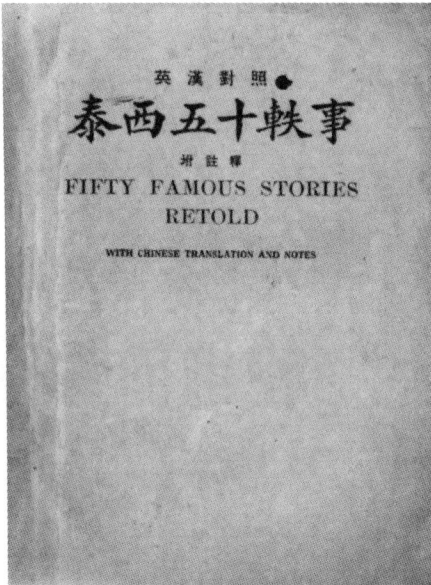

FIFTY FAMOUS STORIES
RETOLD

WITH CHINESE TRANSLATION AND NOTES

FIFTY FAMOUS STORIES
RETOLD
BY
JAMES BALDWIN

TRANSLATED AND ANNOTATED
BY
P. C. TING
Teacher of English, Tientsin Commercial Middle School
EDITED BY
S. P. CROW

FIRST EDITION

THE WORLD BOOK CO., LTD.
SHANGHAI, CHINA
1926

Nesfield's
English Grammar Series.
Book III.
FULLY EXPLAIND WITH CHINESE AND GIVING
SOLUTION OF EXAMPLES
IN THE TEXT.

納氏第三英文法講義 卷五

寧陽趙灼譯述

英文研究會藏版

图 1-4　金陵中学所用英文教材

父亲就给他请了一位金陵大学毕业生,每周两个晚上为杨槱补习英语。加上杨槱也颇为勤奋,学习进步很快,半年以后,就能够顺利跟班学习了。

金陵中学的教师大多是经验丰富的老教师,他们的教学给小杨槱打下了坚实的基础,特别是英语。校长张坊很有口才,英语翻译水平很高。学校规定,每周六有学生会或名人前来讲演,学生一律报到聆听。杨槱记得有一次,张坊校长请了一位中文基础很好的美国学者来校用英语做报告,张校长翻译。结果这位美国人说:"张校长的翻译比我讲的还要精彩。"张坊校长还在校内开展各种竞赛。到了初中二年级时,杨槱已经能够熟背一篇文章,参加学校的英语演说竞赛了。这说明,杨槱的英语已经具备一定基础了。

当然,除了紧张的学习以外,杨槱也有儿童顽皮的一面。比如当时还不到30岁、来自湖南的算学教员向培豪,杨槱私下跟同学们叫他的绰号——橡皮猴,其实是南京话"向培豪"三字的近音。

1931年,"九·一八"事变爆发,各地学生纷纷来到南京,向国民党政府请愿,要求出兵抗击日本侵略者,有的学生也就住在金陵中学。金陵大学校长与全体教职员联名写信给当时的国民政府主席蒋介石,"呈请国府移师抗日"。金中的学生也就自发地上街宣传抗日。由于杨槱的不善言辞,只能摇旗呐喊而已。

这一年年初,意欲独揽大权的蒋介石与立法院院长胡汉民大起冲突,后者被蒋假意约见后被囚于南京近郊的汤山。胡汉民于是暗中授意古应芬、孙科等,让他们去广东,依靠粤系军阀代表、第八集团军总司令,有"南天王"之称的陈济棠,联合汪精卫及新桂系李宗仁等,在广州另立中央,讨伐蒋介石。5月,广州方面的反蒋势力成立国民政府,宁粤对峙开始。杨槱的父亲杨宗炯与粤系素有交情,便到老上司、时任广东省政府主席的陈铭枢麾下任职。杨槱母亲郭定权和奶妈则领着弟弟妹妹,暂时居住在上海。杨槱准备完成金陵中学初中二年级的学业后离开南京,于1932年初寒假期间到上海,与母亲一道,到广州和父亲团聚。然而,一到上海,就遇上了"一·二八"事变。

1932年1月28日,日本侵略军突然向上海闸北、吴淞一带进攻,企图占领上海。当时驻守上海的十九路军奋起抗敌,得到上海全市人民的积极支持,重创日军。随后日军增援,而中国军队未获支援只能孤军奋战。由于实力悬殊,十九路军被迫撤退。后来,在英、美、法、意等国的调停下,中日签署《淞沪停战协定》,战争才告一段落。

广州方面,鉴于蒋介石下野,已于本年元旦时把"广州国民政府"的名号取消,转而成立国民政府西南政务委员会,处理西南政务。有资料显示,杨宗炯后来成为该委员会委员之一。全国的党政表面上复归于统一,但事实上,两广仍然维持半独立局面。

3月份,淞沪战事平息,杨槱一家便离开上海前往广州。当时,他们得先搭乘一艘美国船——"麦金利总统"号客货船去香港,杨槱还计算了这艘船的航速:历时48小时,航速18节。到了香港后的当晚,杨槱一家转坐一家民营轮船公司的"省港班轮"——即广东省城广州至香港的往返航线——"东安"轮去广州。在船上,杨槱上了一堂经济课:

> 人们谈到这家轮船公司的利润丰厚,拥有"东安"和"西安"两艘客货船,它们各载重几百吨。船上所载货物可在约半天的时间内装卸完毕。每艘船两天可完成一个往返航次,所以只需要两艘船就可使省、港两地每天都有船开出。当船日间在码头停泊时,"大菜间"还对外营业到晚上9点。这两艘船的"大菜间"供应的西餐美味可口,因而生意兴隆。
>
> 当时英商太古公司拥有的"龙山""太古"等较大的客货船,虽然航速较高,夜航一晚后,过早到达,对旅客反而不方便,因此并无优势。船的货舱内装载的千吨货物,全靠人力装卸,足足需要一整天的时间,这样就需要3艘船才能保证省港两地每天都开出一班船,反而不经济了。这也算是我对经营航运和选择船型的一个最初认识吧!

稚气未脱的杨槱由此也就知道:船,并不是越大就是越好;航速,也并不是越快就是越好的。

第二章
青春岁月

移居广州（1932—1935）

离开了广州 5 年多，杨家已经不在之前芳草街住处，改在东山居住。《新广州概览》称："东山本为郊外一村落，以广九铁路①经此入市，欧美侨民有在铁路附近卜居者。民国以来，建筑西式房舍者日众，遂成富丽之区。"当时有很多像杨宗炯一类的政府官员在此居住，如离杨家不远的寺贝通津 42 号，就是国民革命时任海军造船总监、现为第一舰队司令部技正伍景英的府邸——隅园。

杨橹刚刚读完金陵中学初中二年级，寒假一过他就要升读初三，但因为淞沪战争的耽搁，他错过了"春季始业"，亦即春季学期的开始。不久，暑假来临，杨橹准备直接考高中。恰好，离杨家不远的培正中学办了一个初中毕业会考培训班，把初三的主要课程重点梳理一遍。杨橹于是前往学习，用了一个月的时间完成了初三的课程，然后就去参加毕业会考。由于基础较好，杨橹最终的成绩还不错，考上了培正中学的高中部。

与金陵中学不同，广州培正中学从一开始就是华人自办的学校。1889 年

① 广九铁路，1909 年动工兴建，1911 年通车，由广州大沙头至香港九龙尖沙咀的一段铁路线。

（光绪十五年），浸信会开明人士廖德山、冯景谦、李济良等倡议并筹措资金，开办了一所私塾，即培正书塾以倡新学，并可使学生入学时无须拜孔子。1903年，书塾改称为"培正学堂"；1907年，学生人数日增，乃于广州东山购地建新校舍。1918年，留学美国的教育学硕士黄启明（1887—1939）任校长，他多次前往南洋、美洲募捐，学校规模日益增大。1928年，培正正式改名为"私立广州培正中学校"，并设有附属初小、附属高小和附属女小。杨槱来到培正中学读高中时，黄启明校长正在任上，他对黄校长印象颇深："他每年一定要花时间到海外去募集捐款，所以培正一个很主要的教学楼，就是美洲堂。有个宿舍，叫澳洲宿舍。"1929年10月，"美洲华侨纪念堂"建成；1932年2月，"澳洲华侨纪念宿舍"全部落成。两座建筑均新建成不久，因而多年以后，杨槱对此记忆犹新。

早在黄启明任校长之前，培正中学便引入国外较先进的教材，聘请留学生为教员，用英语授课。据杨槱回忆，培正高中的数学、物理、化学、历史、地理等课程，都是采用美国大学一年级的课本。教杨槱英语的是一位美国女教师，她常请杨槱和他的同学们到她家用英语交谈。这也是杨槱后来到英国留学时，对语言和阅读教材没有很大困难的一个重要原因。

图2-1 培正中学美洲华侨纪念堂

图2-2 澳洲华侨纪念宿舍

为了给毕业生的就业打下基础,培正高中部设教育和商业两个学科,分班上课。杨樨一上高中就选读教育科,选修课程有:教育学、图书馆学等。而商科学生则选学会计学和零售学等课程。高中二年级时,他也作为一名老师前往"贫民小学"实习,担任国文老师。这所贫民小学,也是培正为失学儿童而开办的。选读教育科的高中生,正好可以来这里锻炼讲课。杨樨自觉组织讲课没有当时他们班的班长好:第一堂课,学生们顽皮,不听杨樨讲课。班长

图2-3 广州培正中学校长黄启明

一来,严肃地训斥他们说:"我很不容易请到杨先生来教你们的,你们为什么不认真听?"全班就都乖乖地不吭声了。除了教课以外,杨樨还和同班同学观摩了几所著名的小学。

上高中期间,国文老师陈黄光(1904—1935)是杨樨很敬爱的老师。他是当时广州较有名气的左翼作家、剧作家,共产党员,1934年11月被当局逮捕,次年被害。对于这件事,包括杨樨在内的培正师生都感到十分悲伤。培正学生著名木刻版画家唐英伟,更创作木刻画以悼念陈黄光先生。

培正中学虽是一家由两广浸信会徒开办的学校,且校长黄启明也是一位

1935.1.24.

陈黄光先生遗像

民国廿四年一月九日追悼会敬刊

广州私立培正中学校

图2-4 唐英伟作品《陈黄光先生遗像》

虔诚的基督徒,但作风民主,学生是否到教堂参加宗教礼拜,悉听其便,且在教学上也给教师以自主权,所以像陈黄光这样的左翼教师也能在学校里带领学生搞剧运、上演左翼题材的话剧。所以,除了国文、算学、英语等几门基础课打下了很好的基础以外,杨槱亦因此而开阔了眼界,增广了见闻。他回忆道:

> 学生们的活动是多种多样的。演话剧是其中突出的一项。那时正是世界经济萧条的年代,多生产有时反而是灾难。例如我国就发生"谷贱伤农",粮米价格大跌,伤害了农民的现象。这方面题材不少,演出感动人心,演员们也就感到"如醉如痴"了。

杨槱当时所看的,应该是著名剧作家洪深创作的话剧《香稻米》。1934年冬,陈黄光请来导演黄凝霖为培正同学排演这出三幕剧,一切经费全由学校赞助,培正女小也有同学参与演出,连演三天,获得好评。当时不仅有左翼剧作家创作的、反映当时资本主义不公的剧作,更多的是"抗日剧联"等剧社公演的抗日剧目。这些话剧感动了广州的市民,也使杨槱等一众青年学生感到,自己现在的学习并不是为了单纯地考试拿高分,而是真正地学好本领,将来能更好地为国家、民族的自强而服务。

在培正中学,令杨槱印象深刻的还有好几件事。第一件是校长请专家做报告:

> 每年校长都会请1—2位专家来校做报告。记得有一次请来的一位是汽车专家。他讲了汽车的性能、构造和如何鉴别汽车的优劣等。还有一次,一位音乐家来讲"交响乐",他当场播放"贝多芬第5交响曲",一

段一段地加以说明。这些报告，我们都是很感兴趣的。

注重美育是培正一向的传统。1920 年代，黄启明校长从国外募捐，带回一套二十余件管乐器组成了一支银乐队，这支乐队一直延续至 1957 年，其中著名作曲家冼星海曾担任过指挥。1933 届奋社①毕业的十余位音乐爱好者，自发组织了一支名为 OPM 的小型管弦乐队；英文教师梅荣光也是小提琴的好手。杨槱自己也跟着"学习拉小提琴，也能拉几个极简单的曲子，可惜没有能坚持下去"。在这种环境下请来音乐专家讲交响乐，也绝不是校方领导一时的附庸风雅。

杨槱读高中时，父亲杨宗炯和他的朋友们请到当时的太极拳名师杨澄甫到广州教授太极拳，杨槱就在旁边看，看得多了，也就学会了。培正高中的体育教育在当时的广东乃至全国都相当有名。自 1919 年马尼拉第 4 届远东运动会起，每届均有培正学生参加，一直至抗战前夕。培正同学们对体育运动很有热情，杨槱同学中有七八个人知道了这个情况，一定要拜杨槱为"师"。这样，他也就成为一个小太极拳师傅了。

培正中学规定，高中学生每学年写一篇题目自定的论文，或者翻译一篇英文名作。初上高一的杨槱自觉功夫还不足以撰写论文，但英文还算可以，就翻译了一篇莫泊桑短篇小说的英译本。高中第二年，他就以"广东造船史"为题写了一篇论文。到了高三，杨槱又对当时甚嚣尘上的法西斯主义感到好奇，决心要弄清楚这个主义到底是怎么一回事儿，于是就到图书馆和博物馆搜集资料，并撰写了一篇名为"论法西斯主义"的论文。

从这几件事情中可以看出，当时杨槱所在的培正中学有其教育理念：为学生打好基础，并适当培养他们的各种兴趣，以为国家育人成材为第一要务，而不是单纯追求"升学率"等指标。

结缘船舶

由于淞沪战事，杨槱一家在去年南下广州时十分匆忙，因而尚有一些衣

---

① 根据培正中学的惯例，每一届高中毕业生称为一个"级社"社前冠以一字。

物书籍留在上海。1933 年暑假,趁着杨槱有空闲时间,杨宗炯夫妇便让他跟一个同乡到上海,把几箱衣服和书籍运回广州。此时的杨槱对于船已有很大的兴趣,每次坐船都会特别留意。这次去上海,杨槱坐的是加拿大太平洋轮船公司(Canadian Pacific Steamships)的"亚洲皇后"号(*Empress of Asia*)。这艘船由英国格拉斯哥著名的费尔菲尔德造船工程公司(Fairfield Shipbuilding and Engineering Company)制造,1912 年下水,次年完成处女航行。这是一艘万吨级的豪华客船,能载客 1 100 余人。然而,旅客中有半数是住宿在四等舱——专门为亚洲人设置的最低等的铺位。在这艘豪华客船上,杨槱看到的却是其污浊的一面:

　　同搭这艘船的大多数是回国华侨。他们不拘小节,往往在洗脸盆里洗脚。上百人挤在一个住舱内,舱内虽有机械通风设备,但因在甲板下面,人又多,空气仍然污浊、气味难闻,于是大多数人就走上甲板透透空气。四等舱有一间较大的餐厅,每天晚餐后,几张大桌子上就摆好了赌

图 2-5　"亚洲皇后"号①

---

　　① "亚洲皇后"号网站,http://www.empressofasia.com/Drew_Empress_of_Asia017.jpg,2011 - 10 - 22.

钱用的"番摊"。每桌有一个摊主，都是满脸横肉的大汉。他们手抓一大把围棋棋子，随即用一只大碗盖上。然后叫赌客下注，把钱压在桌子上画的1、2、3、4四个格子的任一格内。然后摊主用一根筷子，每次拨出4粒棋子，最后剩余几粒，就是那一格中彩，其余几格就输掉了。这样的赌博，一直到深夜。有些老华侨一生在异国辛苦劳动所得，就在船上挥霍殆尽。船上还有几个浓妆艳抹的妇女，听人说她们是妓女。在这样大的豪华客船上，居然也有这些勾当。我听说烟（吸鸦片）、赌、娼是华人的三害，也是华人的耻辱。

除了看船以外，杨槱还很喜欢听别人讲船上的见闻。来自三河县的王奶妈从1910年代末起就跟着杨家东奔西跑，只因她丈夫是当地农村的二流子，人人都看不起。但毕竟家在河北，杨宗炳夫妇也让她每隔两三年回家一趟。1934年秋，王奶妈回老家省亲后从海路回来，就给杨槱跟他的弟弟妹妹讲一路上的见闻。她说这一次在南海海面上，居然遇到了海盗抢东西。"我以前听说，其实这些海盗的主要目标就是海外华侨"，王奶妈说，"有些倒霉的华侨遇上他们，一辈子积蓄就被他们抢去了。"但这一次，海盗们没有抢到华侨们的财物。"那几个华侨可能知道海上不平安，钱都提前汇回去了，身上现钱都没多少。于是那些海盗说：'那大家只好委屈一点了，我们出来走这一趟也不能一无所得。所以大家的东西都留下来吧！'"所有这些海上的和跟船有关的种种事情，还有别人的许多亲身经历，杨槱都听得津津有味。所以当他到佛山古镇去游览时，还特别留意了停在河边的武装客船：在船两舷的每个窗口都伸出了一尊土炮。

除了看船的外在、听有关船的故事外，高中时代的杨槱，也开始跟同学们探讨船的一些内在性质问题。有一次，他和一位高中同学在谈论到从香港岛过海到九龙半岛的"明星"号渡轮，后者介绍其特点说，"船的稳性非常好，当船将要靠岸时，即使旅客都拥向一侧，船身也仅有微小的倾斜，原因是这船的宽度很大。"他的这位同学还对杨槱说了一段这个轮渡公司的一个掌故："轮渡公司曾委托船厂新造一艘渡船，要求新船的航速要高一些。船厂设计了新船，并制作了一个木质船模，请轮渡公司总经理审查。这位老总认为船体还可以瘦削一些,因为船体瘦削对提高航速有好处,所以他信手用木刨把木船模刨了一层,船体的确是瘦削美观了。然而船造好后,立即就发现船很容易倾侧,这表明船的稳性不够。于是就想办法加宽船体,以提高稳性。结果在船的两侧加装了两个鼓出的附体,但这样一来,船的航速反而降低了。"杨槱这时接触到了关于船舶的几个特性:船型、稳性、航速。这几个性质之间相互有作用、相互有影响,不能一味追求其中一个,必须结合船的功用综合考虑,找到最优的方案。如何综合考虑? 这将是杨槱接下来要学习、面对和解决的最基本问题。

出洋求学

中日甲午海战,号称世界第六、亚洲第一的北洋水师全军覆没。战争结束后,清政府为加强北洋海防,准备重建北洋舰队。1896 年,总理衙门通过总税务司赫德,向英国著名造船公司——阿姆斯特朗公司(Armstrong Mitchell & Company,一译阿摩士庄公司)订造了 2 艘巡洋舰,分别为"海天"号和"海圻"号。其中,"海圻"舰属二等巡洋舰,是北洋水师的主力舰只之一,长 129.2 米,宽 14.2 米,吃水 6.1 米,排水量 4 300 吨,1898 年下水,次年开始服役。"海圻"号在其服役期间充满着传奇色彩,经历的管带有江南船坞督办萨镇冰(1859—1952)、护法将军程璧光、张作霖手下东北海军总司令沈鸿烈(1882—1969)等。当反沈鸿烈部于 1933 年夏挟"海圻"号南下广州时,这件事情似乎对青年杨槱产生了不少的影响。

沈鸿烈,字成章,湖北天门人,青少年时本想以科举走入仕途,但考试失意后遂投笔从戎。适逢已任湖广总督十余年的张之洞在湖北大办海军,兴办兵工企业,在向日本购置军舰的同时又选派一批青年到日本学习海军,沈鸿烈即为其中之一。北洋政府时期,他通过张作霖的亲信杨宇霆之关系,靠上了张作霖,成为奉系军阀创办海军实际上的操人。1926 年,沈鸿烈又强夺了"海圻"号,并把直系的渤海舰队全盘接收。

1931 年春,"海圻"等舰到青岛崂山训练,各舰舰长则在"海圻"号上开会,计划胁制沈鸿烈,意图发展海军陆上势力。当沈来崂山视察时他们便将他扣押,但被亲沈的下级官兵救出,是为第一次"崂山事件"。但事件并未真正平息。1933 年 6 月,在"崂山事件"中救沈立功的关继周等人,因不满沈鸿烈未能满足他们在政治和金钱上的要求,于是经密谋后,欲趁沈鸿烈到舰上检阅训练之机将他置于死地,与此同时,停泊在薛家岛海域的"海圻""海琛""肇和"三舰的东北官兵也派代表齐集"海圻"舰上商讨对策,认为事已败露,急需保命,决定三舰反沈南下。25 日,"海圻"等三舰驶泊崂山湾海域,通电迫沈去职,并拒绝三舰舰长回舰,遭到沈鸿烈等人的坚决拒绝。当晚,在"海圻"舰副舰长姜西园的率领下,三舰悄悄驶离青岛,南下投奔粤系军阀陈济棠,接受改编成为粤海舰队。

"海圻"号等舰变节,这对于广东来说也是一件大事。这几艘舰就停在广州珠江口,杨槱也看到了这个情景。当时,他在家中父亲的办公桌上,看到了一摞资料。杨槱好奇,便翻开一看,原来是关于"海圻""海琛""肇和"三舰和一些海军资料。估计是父亲杨宗炯因在政府中工作而获得的相关文件。

杨槱把这几艘舰艇和海军的相关资料都认真地读了一遍,对于船,他更加感兴趣了。而就在这个学年,在阅读了相关文献资料之后,杨槱就以《广东造船简史》为题写了一篇文章,作为学年论文。文章梳理了广东造船发展的历程,尤其是近代从广东制造局、黄埔船局、黄埔船厂、到海军广南造船所发展演变的历程,受到了老师的表扬和同学们的称赞。

到了三年级时,培正高中改设文、理两科分班上课。杨槱因为志在学造船,于是就选择了理科。其时杨槱的班主任为冯棠①,比较要好的同学有梁宗岱②之六弟梁宗恒。

---

① 冯棠(1906—1950),原名绍棠,广东高要县莲塘乡人。1919 年广州培正小学肄业,1925 年培正中学毕业。1929 年沪江大学毕业后,即回培正服务。历任培正国文科教师、校长等职。先后往燕京大学、列治文大学及宾夕法尼亚大学进修,获硕士学位。据广州培正中学:《培正校史(1889—1994)》,第47 页。

② 梁宗岱(1903—1983),广东新会人。1917 年考入广州培正中学,1923 年被保送入岭南大学文科,1924 年留学法国。曾翻译莎士比亚十四行诗等著名作品。先后任复旦大学外国文学系主任,广州外国语学院法语教授等职。

　　既然杨槱的志愿在于造船,那么就得考虑下一步高中毕业后的去向。当时中国的高等学校还没有真正的造船系,同济大学要到 1936 年 8 月才有造船组。而与船舶相关的学校只有上海的吴淞商船学校,但学校仅设驾驶一科,造船科也要等到 1939 年内迁重庆并改名为重庆商船专科学校时才增设。于是,杨槱把目光投向海外。

　　事实上,杨槱决心留学海外,也受到了父亲杨宗炯的影响。当时杨父在广州地方法院任职,但他大概想更上一层楼,担任立法院立法委员,却被陈立夫等留洋派瞧不起,颇受压制。于是,杨宗炯便把出洋留学的希望寄托在长子杨槱的身上。

　　既然杨槱决定出国学习造船,那么要去哪儿呢?在亲友的劝告和指导下,杨宗炯安排杨槱前往英国留学。虽有第一次世界大战的影响,到了 1930 年代,英国的船舶产量只占全世界的 45%,比战前的 60% 大跌 15%,但英国造船业仍然位居世界第一。英国的几个造船中心——利物浦、纽卡斯尔、格拉斯哥和贝尔法斯特的大学里,都开设有造船系。特别是利物浦大学、纽卡斯尔大学和格拉斯哥大学,中国留英学生要是学造船的,基本上都进入这三所大学深造。杨槱根据这些信息和自己的意愿,选择了位于苏格兰的格拉斯哥大学,作为他人生旅程的下一站。

　　当然,在此之前,杨槱还有好一些事情要完成:比如高中毕业会考,办理成绩证明和签证等。1935 年 7 月,以平均成绩 71.64 分完成毕业会考的杨槱,获得了毕业证书和国外留学证书。于是,杨槱就成为培正中学 1935 届"觉社"的毕业生,怀着报国的觉悟,出洋深造。

　　另一方面,由于前往英国时要路过多个国家,父亲杨宗炯便派他的一位部下陪同杨槱,跑了广州多个领事馆,办理各国签证。杨家家境殷实,此番出国所需费用均为自筹,签证办理还算顺利。之后,杨槱便假道香港,拿着三等经济舱的船票,登上了意大利客船"康梯·凡尔地"号的甲板,开始了前往大不列颠的旅程。

图 2-6　广州培正中学 1935 届觉社毕业照
（后排左四为杨櫵，前排右一为班主任冯棠）

图 2-7　广州培正中学 1935 届
觉社锦旗

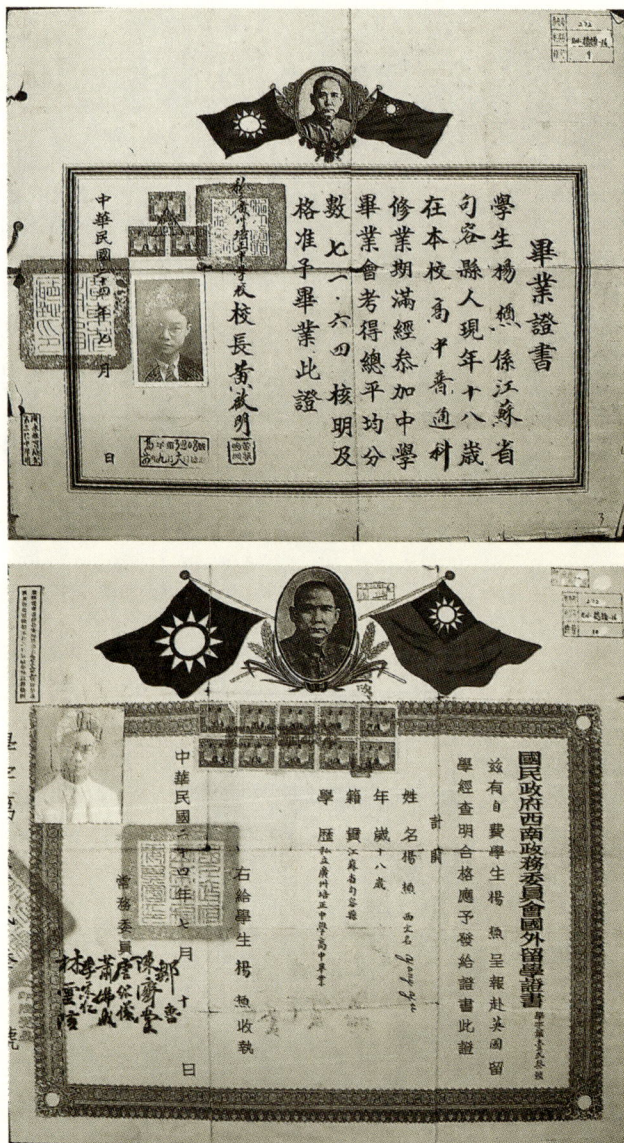

图2-8 杨樬的高中毕业证书及国外留学证书

第三章
负笈英伦

选择船舶（1935—1940）

经过二十多天的航程，"康梯·凡尔地"号客船经过新加坡、锡兰①的科伦坡、印度孟买和也门亚丁等地，由苏伊士运河入地中海，最终到达意大利水城威尼斯。杨槱在此登陆后，转乘火车前往德国慕尼黑，游玩数日后转至荷兰港口鹿特丹，乘海峡渡船至英格兰哈威奇港，随即乘火车前往苏格兰首府爱丁堡。一路上虽有舟车劳累，但沿途风物，也让杨槱眼界大开。而当他到达爱丁堡之时，已是 11 月的初冬时节。

由于是自费学生，杨槱出国前并未参加任何出国项目的选拔考试。初到爱丁堡后，他被告知，要先通过当地的统一考试，证明达到高中毕业生水平，才能进入苏格兰地区的大学学习。不久，杨槱便拿着毕业证书来到在伦敦的中国使馆，让工作人员翻译成英文以证明其高中学历。最终，苏格兰考试当局承认了杨槱的高中学历，只要再考英语，考试及格，就可进入苏格兰的 5 所著名大学的任何一所大学学习了。考试当局还指定了三本参考书——一本诗集、两本小说，杨槱精心研读这三本书的每一句，以至于多年以

---

① 今称斯里兰卡。

后还能记得：

> 诗集我记得，是瓦尔特·司各特爵士①的诗集。另外两本小说，一本叫 Travels with a donkey，就是（有一个人）骑一驴子旅行——在法国旅行，讲他沿途遇到的故事。还有一本就是 Silas Marner②，主角是一个吝啬鬼出奇吝啬的故事。

图 3-1　杨槱在"康梯·凡尔地"号客船上

杨槱用自己的话复述这三本书，而且每天用英文写日记，并请他的房东、一位中学教师改正他的复述和日记。3 个月后，杨槱的英语水平又有了明显提高，顺利通过了考试。

在准备英语考试的同时，杨槱还到爱丁堡大学旁听，选读了数学、物理、化学和热工学 4 门课。到了学期考试，杨槱的成绩优秀，对于日后学业的信心大增。这时，他才知道苏格兰地区只有格拉斯哥大学设有造船系，于是他就决定去那儿学习。1936 年暑假过后，杨槱成为格拉斯哥大学工学院的一名学生。

格拉斯哥大学源于 1451 年教宗尼古拉五世（Pope Nicholas V）的一纸训令（The Papal Bull），命令格拉斯哥主教威廉·特尔布（William Turnbull，1447—1454 在任）筹建一所大学，以研究神学、经典和法律。然而直至 1840 年，土木工程方向的"王室讲席"（Regius Chair）之设立，方视为格拉斯哥大学工学院的滥觞。1883 年，为纪念造船工程师约翰·艾尔德（John Elder，1824—1869），他的遗孀伊莎贝拉（Isabella Elder，1828—1905）设立"艾尔德讲

---

① 瓦尔特·司各特爵士（Sir Walter Scott，1771—1832），苏格兰历史小说家、诗人。
② 英国小说家乔治·艾略特的小说，有中译本《织工马南传》。

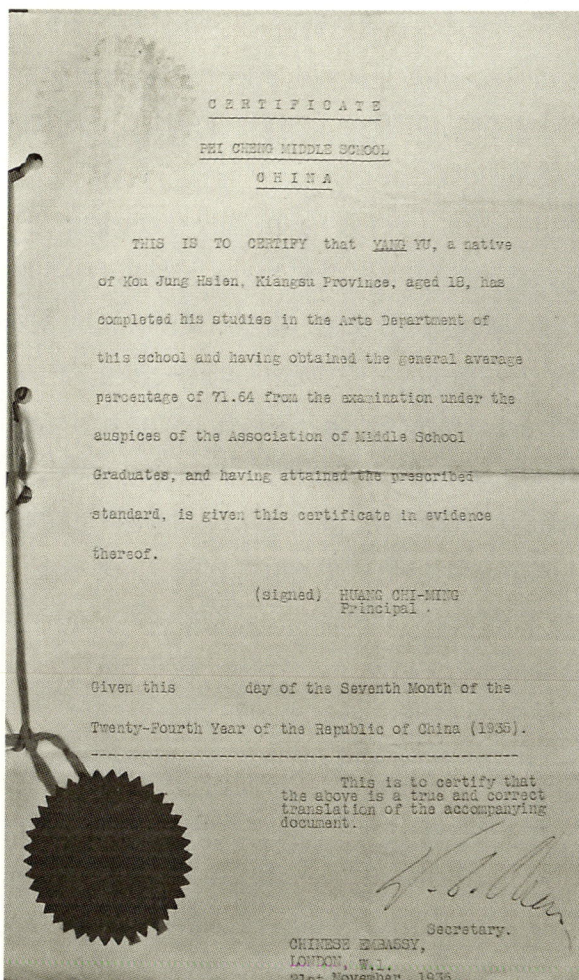

图 3-2　伦敦中国大使馆为杨槱开的中学毕业证书证明

席"（Elder Chair），延聘弗兰西斯·艾尔加①为首任讲席教授（1883—1886 年在任），讲授造船学（Naval Architecture），是为工学院造船系之始。1921 年，学校设立"瓦特讲席"，聘教授主讲机械工程，以纪念格拉斯哥人（也曾在格拉

---

① 弗兰西斯·艾尔加（Francis Elgar，1845—1909），生于朴次茅斯，皇家造船和海洋工程学校（Royal School of Naval Architecture and Marine Engineering）毕业，曾任格拉斯哥大学造船系第一任教授，费尔菲尔德造船工程公司造船主管等职，1885 年获荣誉性质的法学博士（LLD）。据格拉斯哥大学校史网，网址：http：//www.universitystory.gla.ac.uk/biography/？ id＝WH2470&type＝P&o＝&start＝0&max＝20&l＝，2009‑08。

斯哥大学工作）、蒸汽机的改良者詹姆斯·瓦特（1736—1819）。至此，学校便把原有的土木、造船和后增的采矿和电机四个讲席，再加上现在的机械共五个讲席，合并组成工学院，以纪念瓦特逝世一百周年。在此基础上，形成了土木、机械、电机、造船四个系。

因为杨槱的毕业证书上只有平均成绩而没有数学成绩，大学的数学老师让他补考数学，并指定有关代数和几何的两本参考书以作备考。虽是突如其来的考试，但杨槱基础还不错，来到苏格兰后又没有放松，因此一个月后，轻松通过考试，成为格拉斯哥大学工学院真正的大一新生。

格拉斯哥大学工学院每年的学习安排如下：10 月初至次年 3 月下旬在大学上课，算两学期，每学期约 10 周，期间有一个寒假；从 4 月到 9 月，学生就到工厂去当学徒工人。这种半年上学、半年做工的交替学制称为"三明治"课程制（Sandwich Courses）。这是因为当时苏格兰工业界要求工程师，不仅要具有大学毕业文凭，还要有工厂学徒 5 年的满师证明。候选工程师在大学期间的实习，也算在学徒总工龄里。关于到船厂当学徒的情况，下节有详细的叙述。而对于在大学中的课程，据杨槱回忆，大致是：

第一学年，工学院一齐上课，不分专业。必修：数学、物理、化学。选修：工程经济、工程生产。实验：物理实验、化学实验（每周各两个下午进行）。

第二学年，仍不分专业。必修：应用力学、热工学、电工学、工程制图，共同组成"通用工程学"。实验：力学实验、热工实验、电工实验（以上每周各一个下午进行）。工程制图作业（每周两个下午进行）。

第三学年，按系别上课，但必修课仍由学院统一安排。必修：高等数学、高等物理、结构力学、流体力学、机械振动学、高等热力学。造船系修：空气动力学、船舶静力学、船舶阻力与推进。

第四学年，造船系修：船体强度与振动、船舶摇摆与操纵、船舶设计。

杨槱一班共 3 人，其余两人名叫詹姆森（Jameson）和韦尔奇（Welch），都是在船厂当了 5 年学徒满师后被挑选进大学学习的。他们共同的导师是希尔豪斯（Percy Archibald Hillhouse，1869—1942）。希尔豪斯是土生土长的格拉斯哥人，1888 年毕业于格拉斯哥大学造船系，后在附近潘特豪斯（Pointhouse）地区和克莱德班克（Clydebank）的船厂里当制图师。1898 年，他来到日本,被聘为东京帝国大学造船系教授。1902 年,希尔豪斯回到格拉斯哥,任费尔菲尔德造船工程公司总造船工程师;1921 年起任格拉斯哥大学造船系艾尔德讲席教授直至去世①。希尔豪斯教授大约每星期到学校两天,指导学生。由于有到日本的经历,他对东方的情况也比较了解;看到杨槱这个东方来的、最年轻的学生,也爱护有加。

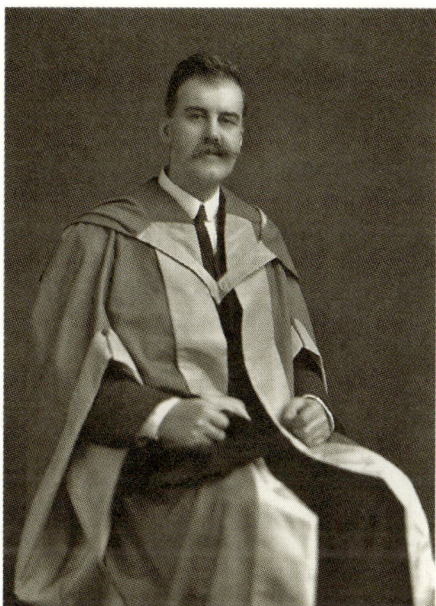

杨槱他们这一届造船系只有 6 人,除了 3 名学生和一名教授外,还有一位管理绘图室、中学学历的青年,以及一位讲师伊凡斯(David Leslie Curzon Evans)。伊凡斯主要负责造船系的日常教学工作,为人谦和。有一次,杨槱发现两本书上的同一公式有差异,他立即查阅资料,花了两天时间重新推导,终于明确哪一个公式是正确的,深得学生敬重。

图 3-3 杨槱的大学导师希尔豪斯教授②

格拉斯哥大学几乎对每一门课程都设立了奖学金,用于奖励该门课程考试成绩较好的学生。造船系当时有两个奖学金的名额,由于杨槱和詹姆森的成绩较好,两人均获奖学金。而希尔豪斯教授觉得韦尔奇的学习也不错,故自己拿钱奖励他。钱虽不多,只够买些参考书和小仪器,但可获得教授的签名贴在书首,表示考试名列前茅的荣誉,所以能激发起同学们之间的竞争。杨槱比别人做得成功的,是在进行船体强度计算时,"使船舶重量与浮力相等,并且把重心和浮心的纵向位置对准",使"得到的剪力曲线和弯曲力矩曲线在船的首尾两端均为零值",因而获得教授嘉许。

---

① 据格拉斯哥大学校史网,网址:http://www.universitystory.gla.ac.uk/biography/? id = WH2052&type = P,2009 - 08。

② 来源:格拉斯哥大学校史网,网址:http://www.universitystory.gla.ac.uk/image/? id = UGSP00573&o = &start = 0&max = 20&l = H&biog = WH2052&type = P&p = 2,2009 - 08。

　　杨槱在格拉斯哥大学的生活虽然紧张,但是很规律、健康。他每天上完课或实验后回宿舍或去图书馆做作业,写实验报告,复习功课,但往往只做到晚上 11 点,以保证足够的睡眠休息时间。特别是考试的前一天,杨槱认为更要休息好,常到公园去轻松一番。每天晚餐后,他都和一个同屋住的同学去散步一小时,他们走的速度很快,一小时可走 4 英里(合 6.4 公里),已经接近于慢跑的速度了。星期六和星期日休假,除了有时候要赶一些功课之外,杨槱基本上不读书,一般是和同学、老师到郊区去远足、参观和游览。

半工半学(1937—1939)

　　格拉斯哥大学工学院,有着一种强烈的"兰金传统",就是兰金(William John Macquorn Rankine,1820—1872)一向主张的工程科学上理论与实践的相互结合。这种传统不但影响了格拉斯哥大学,甚至影响了格拉斯哥,乃至十九、二十世纪之交的大不列颠和爱尔兰联合王国。

图 3-4　兰金①

　　兰金,爱丁堡人,1838 年爱丁堡大学肄业。1842 年当选为苏格兰皇家艺术学会(Royal Scottish Society of Arts)会员,1853 年成为英国皇家学会会员。兰金最为著名的,是他的热力学研究。他和当时的另一位著名物理学家克劳修斯(Rudolph Clausius,1822—1888),分别从不同角度对卡诺原理进行研究,提出了类似克劳修斯"熵"的"热力学函数"概念。另外,他还是一位土木工程学家,1855 年起担任格拉斯哥大学王室讲席教授。其后他编写的教材有:

---

　　① 来源:格拉斯哥大学校史网,网址:http://www.universitystory.gla.ac.uk/image/? id = UGSP00025,2009-08。

《应用力学手册》（*Manual of Applied Mechanics*，1858）

《蒸汽机和其他主要动力机手册》（*Manual of the Steam Engine and Other Prime Movers*，1859）

《土木工程手册》（*Manual of Civil Engineering*，1861）

《造船之理论与实践》（*Shipbuilding-Theoretical and Practical*，1866）

《机器与磨坊手册》（*Manual of Machinery and Millwork*，1869）

从1864年开始，兰金把注意力集中在波浪运动、船舶摇摆等问题上，为此还特意跑到一个小岛上进行观察。他还多次到皇家造船和轮机工程学校讲课，学生中就有上节提到的弗兰西斯·艾尔加。兰金的这些教材，在经历了四分之三个世纪以后，仍是格拉斯哥大学工学院的教科书。杨槱回忆，他上大学那会儿用的还是兰金等人编写的教材，但大家都觉得太老了，于是就拿美国人的教材作参考，比如铁木辛柯等人较新近出版的书。其评价是："英国人认为美国教材比较简明扼要，一本书什么都有了。"

杨槱等一众工学院学生，除了沿用兰金所编写的教材外，还贯彻了他的思想——工程科学须理论与实践和谐一致。早在兰金前来格拉斯哥大学、并向大学评议会致就职演说时就论及此问题，后来更成为一篇文章，题为"关于力学研究理论与实践和谐一致之初步论述"（*Preliminary Dissertation on the Harmony of Theory and Practice in Mechanics*）。兰金以教授的身份，与格拉斯哥的造船者相交过从，为他们彻底改进船舶的设计和动力系统。为了实践其教学理念，兰金引入了著名的三明治课程，要求学生利用假期时间到地方的工程公司工作，接受学徒训练。

另一方面，兰金强烈争取学术界支持，让他们认可工程学（Engineering）作为学位颁授。1863年工程科学熟练证书（Certificate of Proficiency in Engineering Science）的首次引入，很大程度要归功于兰金的努力。杨槱回忆，一位来自张学良东北军系统的中国留学生，比他早两年到英国学习汽车制造的，却因连续三年都未能通过数学课程考试，失掉了获得学士学位的资格。考虑到他已听过大学不少机械、电机课程，并考试及格，而且每年暑期都到美国福特公司在英国的汽车工厂实习，大学经审核后决定发给他一张杨槱所称的"工程精通（熟练）证书（Proficiency in Engineering Certificate）"。这位中国学生回国后,当上了汽车修理厂长和中央大学教授。杨槱认为这种按实际情况给考试失败的学生一定的出路的政策是可取的。从另一个角度则可以很明显地看出,这与1863年首次引入的工程科学熟练证书一脉相承,亦可视为"兰金传统"的痕迹之一。

格拉斯哥大学工学院延续了这个传统一直到20世纪的前几个十年,杨槱作为求学者之一,也不例外。1937年夏,通过中国驻英使馆商务处介绍,杨槱以学徒身份(apprenticeship)进入格拉斯哥西区克莱德霍姆地方(Clydeholm,意即当地克莱德河边低地)的巴克莱柯尔造船厂(Barclay Curle)实习。

巴克莱柯尔造船厂肇始于1818年,1862年在格拉斯哥承接过大宗工程,其后不断扩张造船业务,一战期间,曾为英国皇家海军生产过几艘"昆虫"级(Insect class)炮舰。1930年代中期,该厂也曾为中国招商局轮船公司造过2艘3 000吨级的客货船。在杨槱之前也有中国学生在该厂实习过,因此该厂职工对中国学生并不陌生。该厂有职工500余人,有万吨级造船台4座,可造各种客船和货船,号称能年产船舶10万吨。但由于大萧条的影响,以及英国的几个竞争对手——德国、法国等对本国造船业实施补贴,英国造船业开始萎缩,所以实际上巴克莱柯尔造船厂当时年造万吨级货船和客船仅4到5艘。

第一年,放样间

一进巴克莱柯尔造船厂,杨槱就被安排到放样间工作。所谓放样,就是按设计图纸,以十足尺寸进行船体型线和构件的放大工作。船体型线放大后,略作修改,使其光顺,并把每档肋骨的形状用划线刀刻画在放样间一个角落的地板上。以后船体构件样板就要根据地板上的肋骨形状制造出来。杨槱写道:

> 开始时,我一窍不通,只能跟着老师傅做一些诸如拉线、打格子、打地钉把木样条固定等简单工作。半年后,就能自行光顺船体型线和做一些简单的样板了。有时我也跟老师傅到船台上检查船体装配质量,校验船体结构实际尺寸,结果误差常不超过1.5毫米,可见铆钉船的制造和装

配的精度是比较高的。

有一个与我同时进厂的挪威学生，在放样间只干了一个星期，就没有耐心，嚷着要更换工作岗位。厂务经理就把他安排到船体钢材加工车间去，在那里他跟老师傅和其他徒工把吊起的钢板放在剪床上剪切或在冲床上冲铆钉孔，据说他在那里干得挺欢。

很快我就和船厂的许多徒工混熟了，他们的言行虽较粗俗，但心地善良。当时工厂老徒工对新徒工都要来一个"下马威"，新进厂的徒工的脸部和身上要被涂满油漆。他们对我特别优待，没有那样做。船厂里的重活脏活都交给徒工们去做，因此徒工们抱怨说"干活的是徒工，拿钱的却是老师傅。"

从另一方面讲，虽然学徒拿的钱不及老师傅多，但像杨槱一样的新学徒则能耳濡目染，从实践中获得宝贵的经验。于是，杨槱就从最基层的学徒做起，踏踏实实干。有些经验和教训与造船设计工艺并没有直接关系，但对他日后负责造船管理岗位也有影响。杨槱就经历过这样一次意外：

夏天，船厂有两周假期，工人们都想在度假前多挣一点钱，船厂也就多安排一些加班加点，但工伤事故也就在这时频繁发生。我就看到一艘正在装配的客船上的一个铆钉作业台架突然倒塌，导致三个工人连同烧铆钉的炉子坠落舱底，顿时丧生，大家看到高架吊车把他们的尸体一个个地吊出来时感到寒心和悲哀。

第二年，在木工车间

1938 年夏，杨槱被安排到造船木工（shipwright）车间。造船木工是机器大工业以前、造木帆船时代船厂的主要工种，在造钢船时，造船木工的工作除了铺设木甲板外，就是装配船体设备和配件了。这个夏天，杨槱跟一位名叫吉列斯皮（Gillespie）的老工人干活，就住在他家里。在这段时间里，在造船木工车间的杨槱除了跟着师傅完成工作任务以外，还了解到了工人的失业问题，还有工人沟通用语、造船厂轶事等：

工人们最怕失业。在造船业萧条时期，船厂只保留工人骨干如领班、工作组长等。船厂接到订货时就招收一批工人，任务完成就把他们解雇，因此工人的流动性很大。对企业讲可以免背包袱，但工人就常有失业之苦了。在格拉斯哥斯几年，我从街头聚集的失业人群的多少，就可明显看出当地经济状况的变化。人们说10%的失业率是可以忍受的，但20%的工人失业就成为严重的社会问题了。

在这半年的时间里，杨槱所在的车间完成了一艘客船"Bullulu"号的舷侧栏杆的安装任务，又在一艘运兵船"Dilwara"号上装了通风筒和救生艇吊架，真正的木工活却做得很少。然而，由于工作地点在船体装配现场，他所见所闻就要比前一年在放样间多了很多，包括工人们的沟通方式，还有关于造船厂的一些轶事：

船厂工人十分和善，不同工种的工人也想叫我体会一下他们的作业。一个铆钉工人就让我试打几颗铆钉，当看到我打得不合格时，他就赶紧补打几下。在船上用气锤打铆钉，用气动工具割边和捻缝时，噪声严重。不少工人都患有耳聋症，而且在船台现场相互对话，往往是听不清的，于是许多工人都会手语。他们也教了我一些，除了用手势表示26个英文字母外，还可用简单手语表示时间和日常用语，如几点几刻和吃饭、休息等。

造船台和建筑工地一样是高空作业。那时的脚手架很简陋，只有单列木板，没有扶手，站在上面作业，带有一定的危险性。至于在船舱内，特别是在双层底内作业，由于空间狭小，空气不流通，因此十分艰辛。

船台在河边，在那里可经常看到各种大小船只往来。巨型客船的前面有2艘拖船拖带，后面还有一艘拖船控制船尾摆动。一位老师傅指着河中一艘在上甲板上聚集着许多人的船，笑着对我说："这是格拉斯哥'香蕉船'。"开始我还真以为是运香蕉的。后来，恍然大悟，原来这是一艘把市区的粪便运出海去倾倒的船。这船也免费为一些单位的职工提供[出海]一游的机会，这就是为什么在甲板上挤着那么多人的原因了。

我所在船厂的对面是著名的 Alexander Stephen and Sons 造船厂。老师傅告诉他，55 年前该厂发生了"Daphne"号沿海货船在下水时翻沉的事故，当时在船的甲板上的人很多，致使 127 人死亡，这是造船界的一次重大事故。后来又几次听到英国人取笑日本人的故事。他们说：英国造船厂常接到日本轮船公司的询价单，并要求提供较详细的设计方案。船厂都照办了，但以后就没有音信了。过了一两年，一艘同样设计的日本船在海上出现了，显然日本人骗取了英国船厂的设计。当日本轮船公司继续向英国船厂发出询价单时，英国船厂决心终止日本人的这种剽窃勾当，于是就提供了稳性不足的船舶设计方案。当日本人把船造好下水时，船立即倾覆沉没了。对这个近似笑话的故事的真实性，我是抱怀疑态度的，但这也反映了英国人对日本人剽窃他人技术的痛恨心情。

这样，杨槱就与工人们有了不少共同语言。因此，这段经历，也是他在回国后不管哪里都能与工人打成一片、服膺共产主义的重要原因之一。

第三年，设计制图室

1939 年夏，杨槱被派到船厂办公楼顶层的设计制图室工作。全室有制图师 40 人，由一位年老的总制图师（chief draughtsman）主持。总造船师（chief naval architect）则在下面一间办公室办公，但常到制图室来指导工作。总制图师的周薪有 12.5 镑，约为技术工人的 3 倍。设计制图室主要分成三个小组，分别是钢结构，总布置与舾装，以及科学与计算。钢结构组主要负责绘制钢结构图、改图和按图纸计算钢材用量等工作。杨槱首先来到钢结构小组，在一位青年制图师（组长）的指导下工作：

组长给我大小记录簿各一本。小簿子要记每天从事的工作项目，既可作为考绩的依据，又可作为以后拟定制图工作计划的参考。大簿子是技术原始记录簿，凡自己的计算手稿，从规范、参考书、刊物、图纸、计算书上查到的和采用的数据与资料都要记录在这个簿子上，并且要注上日期。

徒工初来制图室，首先是做改图工作。那时正式船图都画在较厚的蜡布上，因其不易破裂，便于长期保存，多次使用。如果所造的是过去已造过的同型船，则可以利用旧图。但新船在设计上总有一些改动之处，这就要修改旧的船图。制图师就叫我和其他徒工把旧图中要改动的部分用橡皮擦去，再画上新改的部分。老制图师告诫我们要轻而均匀地擦，千万不要把图布擦破。

随后，我们担任绘制一艘新设计的货船的外板展开图的任务，还要编制外板钢板的订货清单。船厂的木模间根据放样间已光顺好的船体型线图和型值表制作一个 1∶48 比例尺的半边船模。我们先在船模上画肋骨线，再根据船体结构图画上船底和船侧纵桁，然后再画上一列列的外壳板，最后列出外壳板钢材订购清单。制图师告诉我设计船体结构，除了要依据船级社钢船建造规范的要求和参考以往同型船的图纸资料外，还要参考两份资料：一是船厂的加工设备表；因为所用钢材的大小和尺码必须能在船厂的机床上加工；二是船厂现有库存材料单，以尽可能多地利用库存材料，当时英国船厂的钢料利用率可达 90% 以上。

可以看出，杨槱此时接触到的造船学相关知识比前两年更加深入，以至于做了这样巨细无遗的记录。杨槱对钢结构组的印象很深，因为这个小组的存在是当时英国造船工业经济、节约思想的体现。他回忆道："那时订购钢板是这样的，如果裁一边、剪斜一点能够正好适用，就订斜边的钢板，（虽然）要稍微增加一点（附加）费用，但你可以（避免订一块完整的钢板，）省一点钢板购置和加工费用。所以英国船厂的钢板利用率可以达到百分之九十几，起码 90% 以上。到现在为止我们中国造船厂还不行，只达到 88%，（钢材的节约）这一方面你一定要想办法，（要把利用率提高到）百分之九十几，（他们达到）94%，都是有的。"

后来那位年轻的制图师被调到科学计算组去工作，他知道杨槱是格拉斯哥大学造船系的学生，特别擅长于理论计算，于是也带他过去。在 3 个月的时间内，他们完成了一艘货船的舱容、吨位和稳性计算。杨槱先单独计算，然后由制图师校对，结果毫无差错，受到赞扬。当时厂方有些数据是对外保密的,锁在一个柜子里,但因杨槱计算需要,也不把他当外人,对他开放。

总布置与舾装组,主要负责绘出船的总体布置和各种设备、装置图。所谓舾,就是船上锚、桅杆、梯、管路、电路等设备和装置的总称;舾装就是把这些设备和装置布置安装妥当。杨槱的绘图能力不如计算能力强,也没有到这个小组实习,但他常去看他们的工作,并和制图师们交谈。他得知:

> 当船厂接到轮船公司的询价单后,总造船师确定船型、主要尺度和船的一些特征。然后要求总布置与舾装组迅速绘出一张总布置图。该组的制图师都有较好的美术修养。他们所画的有关房间布置的图纸,看上去犹如一件美术作品。

由杨槱在造船厂的实习经历可以看出,厂方对于学徒的安排并非毫无章法,而是按照个人的兴趣、长处,循序渐进。杨槱首先工作的放样间,做的是基本的工作,如对工作不感兴趣,还可像挪威学徒那样到其他加工车间工作,以提高他的积极性。第二年,杨槱到造船木工车间,重在培养造船工程中与人沟通的能力,这让他增广了见闻。第三年,他的理论和实践知识都基本具备,就可以到船舶设计室胜任改图、计算甚至绘图等更加复杂的工作。另一方面,船厂方面也没有设置壁垒,以至于把保密资料交给杨槱这个东方人使用。

留学生活

除了在格拉斯哥大学课堂和巴克莱柯尔造船厂以外,杨槱在英国的生活也是多姿多彩,主要有以下几个方面。

(1)造船学会的活动

因为杨槱的导师希尔豪斯曾是英国造船师学会(Institution of Naval Architects)主席,以及苏格兰工程师和造船者学会(Institution of Engineers and Shipbuilders in Scotland)主席。所以在刚刚接触造船时,杨槱就请教授介绍他作为学生会员参加这两个学会。因为学生会员缴纳的会费很少,除无选举权和被选举权外,却可拥有正式会员的所有权利,可参加所有的学会活动。

希尔豪斯教授称赞说:"这是个好主意。"杨槱回忆:

> (苏格兰工程师与造船师学会)有时在晚间举行学术研讨会,在周末组织参观工厂和建筑工地。我都是积极参加的。后来我又参加英国皇家造船师学会。会址在伦敦,我不能前去参加活动,但能收到学术研讨会的通知和学会年刊等。两学会学生会员的会费是很少的,但可获得很多专业信息,见到一些名人。颇有裨益。大学也设有一个工程学会,会长是一个有成就的毕业生,每学期都组织一些学术会议和参观活动。高年级时我当选为该学会的委员会委员。这些活动对我回国后从事学术会议的组织工作打下了一定基础。

(2)参观舰船和造船厂

有一次,有一艘新造的法国轻巡洋舰到达格拉斯哥,欢迎当地市民去参观。杨槱立即就去了,除了不让参观的机舱和驾驶、指挥部位外,他在甲板上仔细看了各种武器和设备,还参观了军士的住舱和餐厅。另外,1939年初,西班牙内战,政府军失败,国际纵队部分人员取道英国,乘坐"公爵夫人"号(Duchess of Bedford)回美洲,杨槱代表大学学生前去慰问,也顺便参观了这艘装潢不错的大客船。

1939年夏天,杨槱考虑到即将毕业回国,便争取多参观几个造船厂,就以一个留英的中国学生名义写信给格拉斯哥的一些船厂,要求去参观一次。那些著名的大船厂给杨槱回信说"厂中有大量军品任务,不能接待外国人参观。"但也有三个各具特色的船厂回信同意杨槱去参观。第一个是以建造价廉物美的货船和油船闻名布莱斯伍德(Blythswood)造船厂。他在该厂看到了在钢板上冲铆钉孔的多冲头冲孔机,认为他们在节约劳动力、提高加工精度方面动了不少脑筋。第二个是保龄(Bowling)地方的斯科特父子(Scott & Sons)造船厂,厂主是格拉斯哥大学毕业生,因此对杨槱特别热情。那时厂中生意清淡,只有几艘小驳船在船台上。厂主告诉他"这些船的外壳板基本上都是靠滚板机加工成形的,每艘船只有4张外壳板需要火工压敲成形。"第三个是殷格里斯(A & J Inglis)造船厂。该厂以造旅游客船和游艇闻名,但当时只有 3 艘拖船在厂建造。杨槱在那里见到了导管螺旋桨,这种能增加拖船拖航时拖力的附属装置,那时才刚刚试用。经过对不同船只和其他船厂的实际考察,杨槱学到了在格拉斯哥大学或巴克莱柯尔造船厂所学不到的关于造船方面的知识。

(3) 在寄宿人家的生活

在造船木工车间的那年夏天,杨槱寄居在吉列斯皮的家。当时的生活情景,他还历历在目:

> 这个家庭有老夫妇和一子一女共 4 人。主妇是家庭妇女,常和我聊天。她说"女人的活没个完!"她早上为我们做简单的早餐,并发给每人 4 片大面包,内夹有奶酪和甜果酱,有时也夹有炒蛋和火腿,还有一包茶叶。我们在船厂到上午 10 时左右就用一个铁罐泡茶,吃两片夹心面包,中午工休时再吃一次,这就算午餐了。晚上 6 时左右大家陆续回家,女主人已为他们准备好称为"高茶"(high tea)的晚餐了,也只有一个荤菜,外加面包、奶油、果酱和茶。这个家住在郊区的一组四层楼的工房内,一套只有两间房,一间大的既是厨房、吃饭处所,又是他们一家 4 人的卧室。一间小的是客厅,租给我住用。厕所中有一个洗脸盆,但没有浴缸,因此洗澡只能去公共浴室。由于当地天气不热,我们也很少出去洗澡,平时在家用水抹抹身,洗洗脚算了。由此可见,当时英国工人的生活水平还是较低的。这家的儿子是一家摩托车厂的徒工,女儿是"胜家"(Singer)缝纫机公司的打字员,他们都不到 20 岁,特别喜欢跟我打闹。

(4) 假期中的郊游活动

在平常的周末假日,"我有时踏自行车或搭乘公共汽车去苏格兰的名胜古迹远足郊游,一方面饱览山川之美,同时也可与同游的同学们交谈思想,增进友谊。晚上往往在名胜点的青年旅社住一夜。晚上的联欢会上还可以遇到世界各地来英国学习或旅游的青年学生。"杨槱回忆道。

在巴克莱造船厂做徒工的半年内,有两周假期。期间,青年工人都到海滨的旅游胜地去结交女友,进行各种有趣的娱乐活动,也拍一些照片留念。

回厂后,大家就相互交谈自己的奇遇和乐闻。但杨槱则利用这个假期进行更有意义的消遣:

1937 年夏,杨槱应中学同学梁宗恒之约去法国巴黎,参观了当年在那里举行的世界博览会。当时的主题是"现代世界的艺术和技术",杨槱觉得对他今后的兴趣爱好颇有影响。1938 年夏,他和格拉斯哥 3 位中国留学生合伙用 12 英镑买了一辆已有 12 年车龄的旧汽车。经我国驻英使馆商务处的帮助,到英格兰曼彻斯特、利物浦、谢菲尔德和伯明翰等几个大城市,参观工厂,游览了莎士比亚故乡,并参加了留英中国同学的一个夏令营。1939 年,杨槱则和一位留英同学胡敬侃骑自行车周游了爱尔兰全岛。

(5)其他社会活动

格拉斯哥大学校内有保守党、社会党、苏格兰民族党等 6 个政党团体,可以随意参加,6 个党派都参加也可以。杨槱虽未参加这些团体,但参加过几次星期三晚上由辩证学会组织的、在学生俱乐部举行的模拟议会。会上,可以听到各党派对当前形势的议论和他们对执政党施政纲领的辩论。这样,杨槱对英国的政治活动有了一点印象。

当然,杨槱也没有忘记远方的中国:

> 那是一个动乱的时代。国内的抗日战争是我们最关心的事。在各种场合都要为祖国出点力做点事,例如宣传和捐款活动。1937 年 7 月,西班牙内战爆发。我们这些有正义感的大学生,当然支持民选的西班牙政府,而反对法西斯性质的佛朗哥叛军。我们几次上街募捐支援为政府军出力的国际纵队。

1939 年,在印度和埃及同学的鼓动下,杨槱作为一名大四学生,当选为大学学生代表会的代表,而且还是工学院学生的唯一代表。他要代表工学院全体学生,特别是外国学生与大学当局共商如何安排优良的学习条件。随后,第二次世界大战爆发,情况就更复杂,问题更多了,比如晚上要有灯火管制(blackout),给学生带来不便,便要求学生会去交涉。但因为客观环境所限,杨槱等代表也是无能为力。1940 年初,杨槱考虑到即将毕业,就推荐一位品质高尚热心工作的印度同学接替了他的职务。

学有所成

杨槱在英国接近 5 年时间，平时除了认真上课、勤于自学，按时休息外，对于应付考试还有一个方法："先搞清楚自己的听课笔记，必要时翻阅参考书和请教别人（我偶然也在课后当场向教师提出问题）。把课程要点、重要的公式等简明扼要地写在另一个小册子上。考试前夕，没有时间翻阅全部笔记，这个小册子就可帮大忙了。"杨槱所在的造船系毕业也不需要撰写论文，只要求独立完成一艘船的设计。杨槱做的毕业设计，就是一艘几千吨的货船的设计以及相关参数性能的计算。因为时间有限，设计仅仅画了一个纵剖结构图，一个船体型线图，还有各种主要计算，如重心、稳性、船舶强度等计算。但因为这些方面杨槱均已经驾轻就熟，所以也并不是很难的事情。

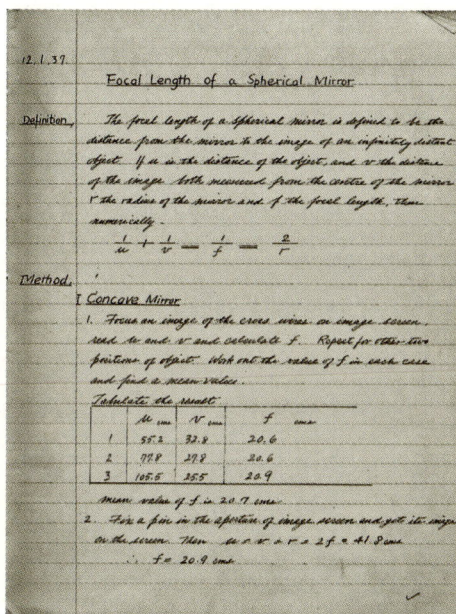

图 3-5　杨槱在格拉斯哥大学的课程笔记

1940 年 3 月，杨槱在格拉斯哥大学的学习生活走到了终点。他记得：

> 1940 年 3 月，我领到了理学士文凭。记得在毕业典礼上，和我同时受顶戴礼、得到文凭的毕业生中，有一位头发花白、年已 60 多岁的老人，全场向他报以热烈的掌声，这种学习进取精神使我钦佩。

在近 5 年的时间里，杨槱的兴趣广泛，精力充沛，能充分利用当时英国良好、和平的条件，抓住一切机会学习、锻炼。杨槱认为，这几年学习的最大收获是：学会了自学方法，养成了好学的习惯，并且培育了独立思考以及解决实际问题的能力。

杨槱当时以一等荣誉学士毕业，按惯例可以直接升读博士，因为当时英国学制，文科和理科的本科为三年、硕士为一年，而杨槱所在的格拉斯哥大学工学院，则是四年制。

杨槱的毕业证书以拉丁文写成，彰显格拉斯哥大学悠久的学统。上面"第某等荣誉"中的某，系用红色墨水填写，现已严重褪色，只留下淡淡的"Prime"（拉丁文"第一"）字印痕。证书全文的中文翻译为：

格拉斯哥大学评议会向本状之读者致礼

特此公布。格拉斯哥大学慎重宣告与众人及校友：

杨槱

遵守国王法律及大学规章，表现出色，为一等荣誉科学学士；他与同获此荣誉之校友一样，在本学术中心内享有使徒传统规定、皇室令状与王国法规给予之个人自由、特权及豁免。

为鉴定公告之信实，本状有大学之印章。

1940 年 4 月 20 日

修读之课程：

数学

自然哲学

化学

数学（高等课程）

通用工程学

自然哲学（高等课程）

热力学

工程经济学

□□力学①

---

① 此处字迹漫漶，依稀呈现"Sci Mach"字样，依上下文应为"某力学"，可能指结构力学或流体力学。

工场生产学

空气动力学

数学(提升课程)

(签名)负责人

(签名)学术评议会书记

(签名)工学院院长

    毕业证书中所开列的大多是工学院学生的必修课程,造船专业的选修课只有空气动力学(Scientia Machinae Volaticarum)。物理学依然保持"自然哲学"(Philosophia Naturalis)这个古老的名字,可见格拉斯哥大学对传统的保持。

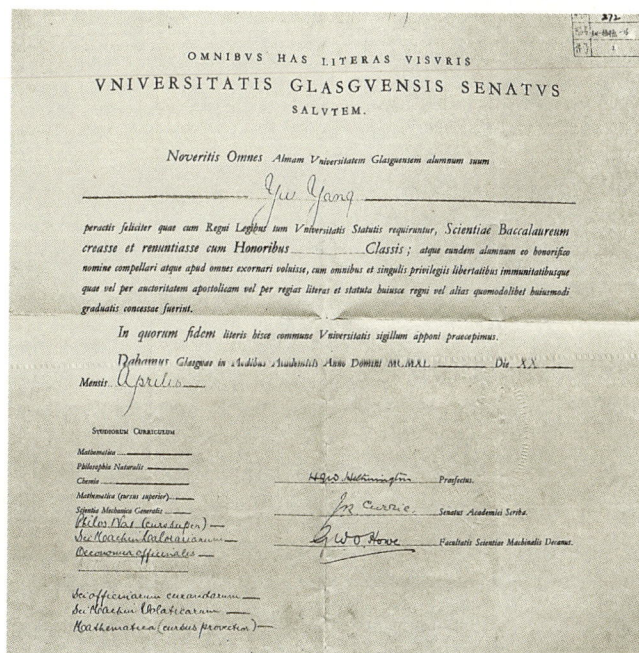

图3-6　杨槱一等荣誉学士毕业证书

第二编

造船·教船

第四章
崭露头角

归国抗战（1940）

1938 年 9 月，英、法、德、意四国首脑在慕尼黑举行会议，签署《慕尼黑协定》，把苏台德区割让给德国，然后把此协定强加给捷克斯洛伐克（1918—1992），史称"慕尼黑阴谋"。慕尼黑协定是绥靖政策的顶峰。英法绥靖主义者做了法西斯的帮凶，把世界推向战争的边缘。1939 年 9 月 1 日，德国入侵波兰，英法被迫对德宣战，绥靖政策走向失败。

虽然也有不少造船厂希望杨槱留下来工作，但他深知祖国正饱受战火之苦，杨槱还是决定回家报效祖国。1940 年 4 月，杨槱买了意大利邮船公司的船票，从英国渡海到法国，然后坐火车到意大利，仍然登上来欧洲时所乘的那艘"康梯·凡尔地"号客船，踏上归国的旅程。

"康梯·凡尔地"号所经过的地方跟 5 年前差不多，可谓是"海天不减来时路"，只是包括杨槱在内的整船旅客，都笼罩在愁云战雾当中。船上每天都发行英文报纸，报道战争的最新消息。5 月中旬，船开出后不久，乘客们在印度洋上听到了德国发动"闪电战"，绕过法军马其诺防线攻占荷兰、比利时、卢森堡的消息。同船有一批中国留德学成回国的学生，还有一大批被德国纳粹分子驱逐出来的犹太人，他们的目的地是上海。船上众人都很担心,因为意大利随时都可能参战,这样的话,在船上这些人的命运如何就不得而知了。

国民党高级将领贺耀祖①也在船上,由于杨槱是船上懂英文的少数人之一,贺的秘书每天都要找他去头等舱为他们翻译报纸。贺耀祖一行在船到达新加坡时,便上岸转道回国了。杨槱和同船旅客只获得登岸半天的许可,还是在晚上。市中心商业区灯火辉煌,市面比5年前扩大了,中国人经营的商店也明显增加了。据说抗日战争爆发后,上海等地的工商业者迁到新加坡的不少。这一次航行,船还停靠了菲律宾的马尼拉港,旅客准许登岸,但要检查你有没有患沙眼症。杨槱和几个同船的留学生雇了一辆出租车游览了市区。这里是热带风光,住屋只有一两层,屋顶高大,而且上面有很厚的草垫。本来,杨槱也有机会留在菲律宾。当时他有一位留英同学,是菲律宾华侨,原籍福建厦门,家族在菲律宾的宿雾开有一家造船厂。这位同学想以美金等优厚待遇罗致杨槱,杨槱不以为意,一心想着祖国。

经过三个星期的海上航行,杨槱终于到达目的地——香港。他要坐轮船到海防,取道越南到云南昆明。杨槱所坐的轮船本为招商局轮船公司的"海贞"号轮,但由于沿海地区已被日本侵占,这船就卖给了英商怡和洋行了。杨槱一如既往,上船后便仔细观察轮船的结构和各种布置:

> 这艘3 000吨级的蒸汽机客货船是我在英国实习过的 Barclay Curle 造船厂建造的,设有头等舱位12个,二等52个,三等55个。我上船后就仔细观察船上的各项装备,注意到操舵的蒸汽舵机设在上甲板的机舱棚后端,通过钢索驱动舵扇和舵杆。另外引起我注目的是桥楼前端有一个铁栅室,据说这是准备囚禁海盗用的。

由越南到昆明的火车上,小偷众多,幸好杨槱一路有惊无险,并无书籍、

---

① 贺耀祖(1886—1861),湖南宁乡县人。留学日本陆军士官学校,早期同盟会会员。1939年底,贺任苏联专使,签订关于抗战的商务与换货协定,次年5月应召返国。参见朱昌福:贺耀祖。见:粟海亮(主编),《湖南民主人士》。北京:中国文史出版社,1991年,第587页。

财物的损失。在昆明,经由妹夫陈廷祐①的介绍,杨槱来到同济大学机械系造船组任教。

早在 1936 年 8 月,同济大学工学院电工机械系内增设造船组,聘请德国汉堡造船专门学校教授魏禄伯(Gustav Wrobbel,又译吴罗伯)博士开设造船专业课程。1937 年 8 月日军袭沪以后,同济大学开始内迁,师生历经浙江、江西、湖南、广东、广西、越南等地,于 1939 年春节前到达云南昆明。造船组在内迁期间,由胡亦欣教授授课,但他在来昆明的途中不幸负伤,不能继续工作。几经努力,校方聘得张稼益主持造船组教务。

杨槱初到昆明同济,便在张稼益教授的指导下任教,第一节课讲的内容是船舶稳性,他按照所学的教材和以前的笔记来讲。开始时神经非常紧张,嘴里总觉得口干,幸好学生对他还表示欢迎。可是过了一个月就放暑假了,同济大学准备从昆明迁到四川宜宾附近的李庄。

这时,杨槱父亲杨宗炳已从监察院审计部审计,转任贵州审计处处长,因而身在贵阳。母亲郭定权和弟妹则在重庆附近的四川江津县。于是,杨槱比其他同济师生早一步离开昆明,先乘汽车到贵阳看望父亲,随后又到江津县见母亲和弟妹。

民生造船(1940—1944)

杨槱见过双亲,并在四川江津休息了数天以后,便到重庆找留英时的王世铨学长。王世铨(1906—1987),山东潍坊人,字公衡,1940 年代后渐以字行。他在 1931 年毕业于交通大学唐山工学院土木系,1936 年、1938 年先后毕业于英国格拉斯哥大学和格林尼治皇家海军学院(Greenwich Naval College)造船系。1939 年,王世铨在民生机器厂担任工程师,负责 10 艘"民同"型木质蒸汽机川江客货船的建造工程。

那天,杨槱来到民生机器厂找王世铨,但不凑巧,他因公出差去了。厂里

①　陈廷祐,高级工程师。江苏盐城人。1934 年毕业于同济大学土木工程系。1937 年毕业于德国汉诺威大学,获德国特许工程师学位,同年回国,曾任同济大学教授。

图 4-1　王世铨

的副总工程师叶在馥接见了杨槱。叶在馥（1888—1957），生于广东番禺，广东黄埔水师学堂毕业，先后赴格拉斯哥大学造船系和美国麻省工学院学习，1917 年获海军工程硕士学位。因为杨槱的童年还有高中三年都在广州生活，所以能和叶在馥用粤语交流，大家一见如故。当得知杨槱刚刚从格拉斯哥大学造船系毕业，叶在馥便立即邀请他到其主持的厂属船舶设计室工作。杨槱考虑到在船厂可以学到许多实际的造船知识，对于日后在学校的教学会有帮助，于是就答应了。到了晚上，王世铨也回到厂里。

第二天，杨槱就到民生机器厂上班，设计室主任郭子祯让他画一张川江船的舱壁图。杨槱认真地画了两天，画好了，但经郭主任审阅后，认为有好一些错误，又批评图画质量太差，责备比较严厉。叶在馥听闻，便立刻赶来为杨槱解脱，并说："他很快就能赶上别人，成为优秀的设计师，并且比你们都要好。"

事实上，杨槱一进民生便不太顺利的原因有大概有两个：其一是他擅长于理论计算方面，而在巴克莱柯尔造船厂实习的时候，对于绘图这一块他也做得不多。因此初到船厂，作为新手的杨槱，其绘图能力尚不及有几年经验的绘图员。其二是跟民生公司主打特殊船型——川江船有关，这是一种比较特别的船，适应于途经三峡、行船艰难的川江航运。这对杨槱来说应该是一个全新的课题，在尚未对已有川江船和各种实际情况作充分调研的基础上，他也就只能凭一般知识绘图，这样一来，错误肯定是不可避免的。叶在馥深知这一点，会以发展的眼光看杨槱这位年轻新晋。后来的事实证明，叶在馥确实是

图 4-2　叶在馥

杨槱这匹千里马的伯乐。

　　杨槱自知绘图技术不及那些老技术员,对于要成为真正的船舶设计专家,路还很远。因此他决心加倍努力,认真虚心地向别人学习。此后一连几个月,杨槱一方面跟民生机器厂磨合,一方面在叶在馥手下做事,并尊称后者为老师。因此,杨槱的表现也没有太多令人惊喜的地方。厂长周茂柏见此情形,便把本来说好的 3 个月试用期一再延长。因此,杨槱生活颇为拮据,几乎到了"忍无可忍"的程度。这时,王公衡学长慷慨相助,并且勉励他说:"在叶老师指导下工作,对你业务上的成长是很难得的机会,其他我们会帮你的。"他坚持了下去。

　　后来,杨槱接到了一个任务,要负责设计把一艘川江货轮——"民万"轮——由烧油改为烧煤。当时因为能源紧缺,根本没有石油,所以船只能烧煤。而原来是烧油的船,现在也只能改装成为烧煤的了。杨槱以前在英国没有学过这方面的知识,就探索来实现这个船舶设计。当然,关于机器方面事情另外有搞机器专家来做。杨槱就是按照最终的要求,考虑会不会影响船的结构、稳性等,比如要用人来铲煤,锅炉前面可能要预留大一点的地方。这样一来,船体重心也就变化了,这都是要杨槱来计算的。杨槱就是这样经过计算和综合考虑后,便得出了总的设计方案。最后改装的图纸也是由他亲自绘制。

　　设计图纸和报告书最终获得了民生实业公司张文治副总工程师的好评。同时,该公司的李允成总工程师也说,如果民生机器厂再不确定录用杨槱,他将把杨槱调到民生公司去工作。这样,工厂才任命杨槱为副工程师。

　　1941 年冬,工厂有几个主要的工程师与周茂柏不和,相继辞职离厂。杨槱了解到,周茂柏似乎在人员的任用和管理上有点问题。周常以其湖北家乡话自称:"茂柏为人诚恳。"但杨槱记得有工程师讲:"什么'茂柏为人诚恳',他最不诚恳!"因此,杨槱也受到他们的影响,辞职转到重庆商船专科学校去教书了。在学校,学生们对杨槱热烈欢迎,声誉日隆。

　　1942 年年中时,杨槱回到民生厂和过去的同事闲聊,厂长周茂柏突然找他,希望他再回厂工作,并聘他为工程师,还同意他每周到学校任教两天。叶在馥也赞成杨槱回到设计室工作,并说:"可以在这里多获得一些船舶设计实际经验,又可以拿两份工资,何乐而不为?"这样,杨槱又回到民生机器厂的船舶设计室工作了。

川江航船(1942—1943)

川江,是四川宜宾到湖北宜昌一段长江及其支流的泛称。1925年,实业家、四川合川县(今属重庆市)人卢作孚,因服膺孙中山的民生主义,在故乡发起成立民生实业股份有限公司,"首先以嘉陵江渝(重庆)合(川)段航运为主业,促进四川交通,开发产业。"当初,民生公司旗下船舶均冠以"民"字,至1928年已有"民生""民用""民望"3艘船,但维修任务较重。当时重庆尚无一家正规的机器修造厂,船只的中修、大修必须开到上海才能解决。为提高效率和节省开支,民生公司于本年在重庆创建轮船修造厂,亦即民生机器厂,作为附属事业。抗战爆发后,民生公司总经理卢作孚负责撤退西南的抢运工作,而为了适应战时需要,民生机器厂在此时扩大发展。1938年底,以卢作孚为主任委员的船舶建造委员会成立,着手建造一批功率大、吃水浅的新型船舶,以适应川江航运。这标志着,民生机器厂由以修为主过渡到以造为主的新阶段。杨槱也是在这样一个背景之下,来到民生机器厂的。

图4-3 20世纪40年代重庆民生机器厂的大门

来到民生机器厂之后，杨槱一直在造船界老前辈叶在馥手下工作，因此，叶在馥对杨槱的影响也很大。叶在馥曾经记载过早期川江航运的情况：

> 昔日行驶川江的枯水船，上水需时约3个月，下水仅需六、七天，因而颇多船户自川省运载货物抵达宜昌后，就连船带货一起出售，由此足见川江航运之艰难。

所谓上水，即逆流而上，下水则反之。为了改变这种入川不便的情况，叶在馥就精心设计了"隆茂"号，由江南造船所于1920年为隆茂洋行建造完成。这艘吃水浅的客货船，排水量800吨，航速14.5节，洪水期间不用绞滩就能逆流驶过急流险滩直达重庆，打破了川江行船一大惯例。而此型川江船的开发成功，为江南造船所吸引来了约30艘同型船订单。入川以后的1939—1943年5年内，包括叶在馥、王公衡在内的民生机器厂工程师，又主持设计了多款"民"字号和"山"字号的川江船，它们是："民文""民捷""民悦""民武""民同""营山""屏山""名山""秀山""彭山""眉山""璧山""巫山""梁山""乐山"和"彭水""字水""生财"等；另外还建有机动工作船1艘。

当杨槱再次回到民生机器厂的船舶设计室时，因为多艘川江船正在开工，设计室任务不多。叶在馥就指导杨槱设计一种新的、尺度是当时最大的川江船。以当时物力，这艘船还不能建造，因此叶在馥等人的想法是在抗战胜利后，条件成熟之时付诸实施，这就是后来由中华造船厂建造的新"民俗"号[①]。叶在馥设计的这艘川江船，长度为253英尺（77米），因此暂定代号为"两百五十三"。

叶在馥还定了这艘新船的满载吃水为12英尺（3.66米），这样就要探讨一个问题：应该怎样确定这艘船的合适宽度，使得这艘船不因为太窄而保证稳性，同时又不会因为太宽而具有较高的航速，以便超越险滩急流。为此，杨槱专门写了一篇名为《川江船型之检讨》的论文，并于1943年在中国工程师

[①] 旧"民俗"号于1927年建成，1932年并入民生实业公司。1941年8月被日机炸沉。1946年，民生公司为补上"民俗"船名，决定重新委托中华造船机器厂建造新的"民俗"号。

学会年会上发表。杨槱在提及近数十年来在川江航行的各船后就提出：

> 试观川江轮船之马力，远较通常同型船舶为大，而其速率则系平常，浅水轮船之湿面积（Wetted Surface）及附属物阻力（Appendage Resistance）及空气阻力固较大，但相差亦不应过远，故川江轮船，实有研究之必要。欲研究川江船型，因国内无模型试验池及试车记录之不可靠，作实际之研究工作，当不可能，故吾人只能就已有欧美诸先进之试验记录作初步之检讨。

利用国外先进的航模试验资料，使杨槱这篇论文颇具说服力，但既然是讨论川江船型，那就不能离开已有的川江船凭空说话。因此他接下来说："吾人可先考察以往川江船舶型式之发展，再研究最理想之一种船型。兹将'蜀亨''隆茂''嘉和''民本'四船之特点列表如下。"随后，四船之船长、宽、深、吃水、排水量、棱形系数、载重量、指示马力和速率等数据被列成一表。其后又列出由"蜀亨"改成的"民贵"，以及由"隆茂"改成的"民权"两船的参数。由参数绘得各船（包括文章最后计算得出的新船尺度参数）排水量每吨及载重量每吨所需指示马力曲线，并得出以下结论："总而言之，即船舶日益增大而已，此时吾人可注意，船宽则始终无显著之增大。"实际上，杨槱已经意识到，川江船要保证有足够的航速，不在于把船造得狭长、瘦削，他指出：

> 船之宽度对于推进方面而言，由以往试验之结果，在某限度内关系不大，但要保持相当之稳度，船也需要一最小之宽度，川江中没有风浪，所以"稳定高度"（Metacenter Height）大些没有关系，所以船可以在某限度内尽量加宽，在客船中，宽度当然愈大愈好。

后来新"民俗"号船最大长度是 253 英尺（77 米），最大宽度 36 英尺（11 米）。叶在馥评价这船的设备不错，快速性好，但由于上部重量较大，稳性略差一些，杨槱就认为："实际上这船只要宽度增大一些，就可以克服这个缺点。……川江船属中高速船，船的兴波阻力主要由船首和船尾兴起的波浪造成，因此只要把船首尾两端削瘦，就可以减少阻力，船宽增大一些并无多大影响。”

《川江船型之检讨》的另一个亮点，是利用了美国人泰勒（D. W. Taylor）的试验结果。泰勒曾于 1923 年著有《船舶阻力学》（*Resistance of Ship*）一书，是研究船舶阻力的专家。故杨槱将新船“长及吃水定为二百四十英尺及九英尺，而将船宽及棱形系数改变，考察其对于阻力之关系。”具体方法是，取四种宽度：34，36，38，40 英尺，每种宽度取五种棱形系数，共 20 种船型，看它们在 6 种速率（12.4 节—16.27 节）情况之下，考察船宽与棱形系数对阻力的影响。最后得到的是 6 幅曲线图，每图均以船宽为横坐标，以棱形系数为纵坐标，绘以数条曲线，每条曲线表示同一阻力，故称为“对应于船宽与棱形系数的等阻力曲线”亦无不可。但“在推送方面，船舶这成绩视每吨排水量阻力而定，但在商业上［对］每吨载重量阻力更感兴趣，故图表亦所需指示可以每吨载重所需指示马力数。”所以，得出的图实际标注的是“载重量每吨所需指示马力数”的等值图。

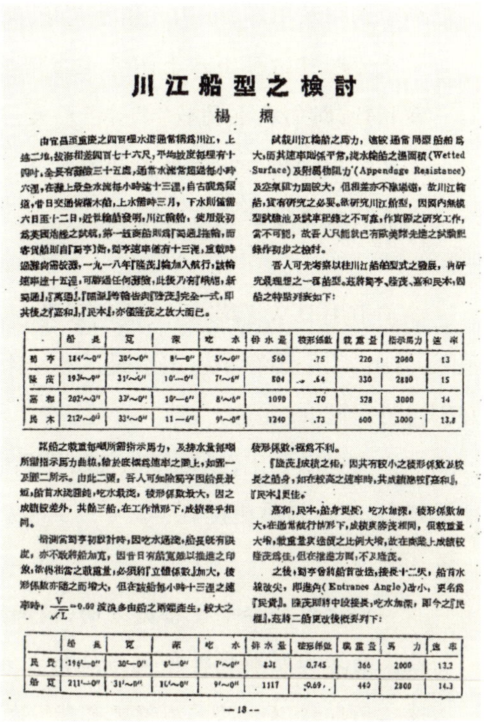

川江船型之檢討

楊 槱

	船長	寬	深	吃水	排水量	稜形係數	載重量	指示馬力	速率
蜀亨	184'~0"	30'~0"	8'—0"	5'~0"	560	.75	220	2000	13
隆茂	193'~9"	31'~6"	10'—0"	7'~6"	804	.64	330	2800	15
嘉和	202'~3"	33'~0"	10'—6"	8'~6"	1090	.70	528	3000	14
民本	212'~0"	33'~0"	11—6"	9'~0"	1240	.73	600	3000	13.8

	船長	寬	深	吃水	排水量	稜形係數	載重量	馬力	速率
民貴	196'—0"	30'—0"	8'—0"	7'~0"	831	0.745	366	2000	13.2
[illegible]	211'—0"	31'~0"	10'~0"	9'~0"	1117	0.69	449	2800	14.3

—18—

图 4－4 杨槱的第一篇专业论文——《川江船型之检讨》

然后，就可以定新船长 240 英尺，吃水 9 英尺，净载重 500 吨，航速 14 节，以排水量吨数为横坐标，指示马力为纵坐标，画出等船宽曲线图。这样就得到新船的参数：

欲得适当之稳度及宽敞之舱面，取宽度为三十八英尺，排水量为一三六〇吨，棱形系数 0.62，将此船之每吨排水量及每吨载重需马力曲线，加于图一及图二,可见该船之成绩,应较以往诸船为佳,只需二千五百指示马力即可达每小时十四海里半之速率矣。战前川江有洪水船十艘经常驶行,新船载重量较"民本"尤大,而"民本"欲达十四海里半之速率,至少需指示马力四千匹。较新船多百分之六十以上,故如改变船型,每年节省之燃煤量亦大有可观。

除了引用 D.W.泰勒的试验结果外,杨槱还讨论了应用此结果时的适用范围,得出"船型虽有稍超出泰氏试验结果范围之外,用比例方法算出之马力亦相当可靠"的结论。

从论文可以看出,杨槱多从经济性着眼,行文中"商业考虑""经济"一类字眼颇多,文章最后更提到:

以上仅对船舶之推进方面,稍加检讨,但船舶之经济相关因子甚多,最重要者如船舶载重每吨与造价之比例,亦未详细讨论,如二只较窄较瘦之船舶代以一较宽体较肥之船[舶](舱),二者之载重量相等,在推进方面即马力及燃料前者较经济,但在造价,保险,码头捐,每年修理费及管理费用,前者则较后者为大,因缺乏可靠资料,容待日后讨论。

后来建造的新"民俗"号,虽未完全依照杨槱所计算的尺度,但他这第一篇专业论文,在贵州遵义举行的中国工程师学会年会发表时,就获得了三等奖。这证明,杨槱的工作是得到学界的认可的。事实上,当时造船界中人撰写专业论文还是比较少的。而继杨槱之后,叶在馥也撰文,专门论述了新"民俗"的设计与建造,并针对其试航情况作出检讨:

川江船多无如是窄(以 L/B 相对而言),设计本轮时,曾准备牺牲若干排水量以求此船身达到相当瘦削之目的,用以减少马力和增加速度,此点显已达到,但川江船员多习惯于更稳定之船只,猝然偶受摆,可能不惯,若对此点而言,船身若增至 38′-0″或 40′-0″,则可更为稳定,但恐因此而多费若干马力也。

图 4-5　新"民俗"号轮

除了设计新型的川江船以外,杨槱依然对重庆江面上的大小船只特别留心。所谓"失败乃成功之母",他非常善于从失败中总结经验教训。比如对1943 年夏天的沉船事故,杨槱开始就进行细致的调查,然后写出系统的研究论文。

当年夏天,从重庆朝天门开往江北头塘的一艘渡船,由于超载,船的干舷过小,在洪水大发、浪大流急的江水中,船身倾侧进水,导致翻沉,百余人遇难,其中包括一位民生机器厂的副工程师。这次事故引起杨槱对船舶稳性的重视。那时川江船翻沉事故很多。有一艘在枯水季节也能直达重庆的客货船,在急流中因摇摆角度很大,江水从船侧的波门大量涌入船内,致使该船迅速翻沉。

因为多次发生沉船事故,以至于当时有的技术人员提出了"船总是要沉"的论调。杨槱认为不一定,每一次事故都要分析它特定的原因。为此,实际上并没有接到任务的杨槱便开始对翻沉的船进行了调查研究,对这艘载重几百吨、载客数百人的川江船作了详细的稳性计算和分析。根据这些要点,杨槱最后写成了一篇《川江枯水船的稳性》。这篇文章本来要在 1944 年 2 月 11日中国造船工程学会年会上宣读报告,却因第二届理事长徐祖善和几位来宾发言过长，几篇准备宣读的论文都没能在会上报告，后来便由徐把这几篇论文拿到当年在贵阳举行的中国工程师学会年会上发表。

“我就认为，船的稳性完全可以保证的，只是有些地方没注意。像船边的门——波门，没关紧，水就跑进去了，进到船舱里面，船的稳性就丧失了。……如果样样都注意的话，不要增加什么材料，也不要经过很复杂的构造改建，完全可以保证船只稳定安全。”杨槱后来回忆道。

当时，杨槱每次到重庆市区去，常看到一艘上层建筑较多的客货船倾斜一个相当大的角度停泊在江面上，有时倾向右侧，有时则向左倾。杨槱听说，该船在装满货后倾斜就消失而正浮了。从船舶静力学原理知道，这种情况被称为“负稳性”，对船舶的安全不利。以后当杨槱讲授船舶稳性时，就把这船的情况作为一个实例。

杨槱在船厂工作，不但能够不断增长造船实践知识，而且还能帮助解决一些实际问题。有一次主管船舶修造的麦乃登工程师告诉杨槱，厂里多次发生小船沿着滑道下水时，船底往往被滑道末端所损伤。杨槱一听就知道，这是船下水时的尾落现象①。这是由于在下水过程中，船的重心已越过滑道末端，而船尾仍未浮起，导致船底以滑道末端为支点而转动，在该点受到巨大的集中压力而损伤。由此杨槱提出的解决办法有两个：一是把下水滑道再向水下延伸一些；二是在船的前端底部加压载，使船的重心前移。他听了杨槱的话，采取了相应的措施，解决了这个问题。

在夏季，川江江水暴涨，而在冬季也会江面骤降，杨槱了解到，这些都是修造船舶时不能忽视的情况。民主机器厂大沙溪分厂，曾有一艘货船在江坝(即江水退落后的岸边土地)上修理。在船的外壳已经修好，但甲板还没有完全用铆钉连接好时，江水暴涨，船体浮起。由于纵向强度不足，先是甲板断裂，随即船体折为两段，后来用驳船支抬，把船拖到浅水处，多耗费了大量工料才把船修好。还有一次，停泊在船厂前江面上的一艘较大的客货船，在江水突然降落时，船底触礁而洞穿。后来，只好在船底洞穿处用水泥堵塞。

① 尾落，tipping，旧称仰倾、艉弯、艉沉下等。指船舶纵向下水过程中，当重心离开滑道末端，而船对滑道末端的力矩仍大于浮力对滑道末端力矩的瞬间所发生的尾部下落现象。

杨槱还多次参加了川江船的试航,船在川江航行,都有一位"领江",即经验丰富的领航员领航,他不时发出"满舵!""偏左一点!"等指令。每次试航,都有老船长和老轮机长上船指导,听听他们的议论,对设计川江船是有益的。例如他们说,在川江航行,由于受船的航速限制,往往要靠近流速较缓的江边逆流而上,但江边水浅,又有搁浅触礁的危险。为了航运安全,最好在水深的江中央航行。但那里流速较高,逆水上行,船须具有较高的航速。因此川江船的储备功率要比其他航区的船大一些;蒸汽机船的锅炉供汽能力要有更多的储备。他们还说,顺水下行,则要求操纵灵活,使船能迅速转向。提高航速和改善操纵性能一直是川江船设计的重要研究课题。事实上,杨槱的《川江船型之检讨》一文中也援引了船员们的经验之谈。

交大任职(1941—1944)

1940年,杨槱刚回国时在昆明的同济大学电工机械系造船组任教了大约一个月的时间,后来学校迁到四川李庄,他也就离开学校了。大学的张稼益教授次年离开学校,教学工作由助教钟思照管,一直到1944年毕业班迁至重庆溉澜溪,与交通大学造船系毕业班一起上课为止①。

当时也有另一所造船学校,其遭遇与同济大学造船组相仿。1909年,邮传部尚书盛宣怀鉴于"商业振兴,必借航业。航业发达,端赖人才",将南洋公学(今交通大学前身)改为高等实验学堂,在南洋公学原设置的路电、土木工程专业外,又增设航政科,办航海一班。1911年,该校监督唐文治鉴于航海专业与一般工程专业性质有别,为振兴航业,广植人才,奏准将航政科分出另设专校,定名为邮传部高等商船学堂。借上海徐家汇南洋公学对面屋宇暂作校舍,招生开学,学制2年。同时征得上海吴淞炮台湾百余亩空地为校基,筹款

---

① 据《同济大学史》,同济大学造船组在李庄时期,聘请了叶在馥任造船系主任。然而造船组至1945年扩为造船系,叶似乎应是造船组主管。又,笔者认为叶在馥的正职在重庆民生机器厂,造船组主管一职也属兼任性质。惟造船专业学制五年,第五年实习时李庄条件并不具备,"只好安排到重庆头塘溉澜溪的民生轮船公司上课和实习"。可以推测,同济大学造船组五年级学生的实习当是叶在馥安排的。参见翁智远(主编):《同济大学史·第1卷(1907—1949)》。上海:同济大学出版社,1987年,第91页。

建校。1912 年,校舍建成,遂将高等商船学堂自徐家汇迁至吴淞,改名为"交通部吴淞商船学校",聘海军上将萨镇冰为校长,设驾驶一科,分正科和预科两种,学制均为 3 年。吴淞商船学校自建校以后采取理论与实践并重的方针,理论课驾驶科开设天文、船艺、船经学、水道测量、航政、海商等 28 门学科。学制 3 年中,在校学习理论 2 年,上船实习 1 年。1915 年,该校因经费缺乏停办,由海军部接办为海军学校,1919 年秋复校,招生开学。定校名为交通部吴淞商船专科学校。1932 年"一·二八事变"时,校舍工厂毁于日军炮火,书籍仪器也遭劫掠,学校被迫迁入上海租界亚尔培路(今陕西南路)临时租屋上课。1933 年春,校舍修复,学校迁回原址;1937 年日军侵华,校舍再度毁于炮火。1939 年该校内迁重庆,改名为"国立重庆商船专科学校",设航海、轮机、造船等科,学制 4 年。

1939 年秋,重庆商船专科学校成立之时并无校舍,先借用重庆附近江面上停泊的一艘 3 000 吨级"江顺"号客货船开课。次年,学校迁至江北人和场,借用民房上课。1941 年,溉澜溪校舍建成,才有了固定的校址。校舍虽然简陋,但有足够的教室,还有礼堂和运动场所。该校除设有驾驶、轮机两科外,还新设造船科,叶在馥兼任主任。造船科之学制为 4 年,上课 3 年、实习 1 年后才能毕业。每个班级仅有十几名学生,在校学生最多时有百余人,教师十余人。

除了在民生机器厂任职以外,从 1941 年起,杨槱也在重庆商船专科学校造船科兼课。除担任造船科的"船舶原理""船体强度"等课程外,他还担任轮机科的"水力学"和驾驶科的"造船大意"课程,周讲课 14 学时。该校还试行导师制,杨槱曾担任卞保琦和鞠鸿文这两个轮机科学生的导师。朱淑新、陈玉书、宋国瑞等造船科学生也非常活跃。据杨槱回忆,他们热爱造船专业,写出了对造船专业前途充满希望、热情洋溢的文章,出版了几期《造船简报》。杨槱也撰写了两篇关于造船新技术的介绍文章。同学们和杨槱的关系比较亲密,他们在简报上称杨槱为他们的良师益友。

杨槱记得,卞保琦和鞠鸿文两位学生,经常跑到杨槱的办公室。由此可见,当时他跟学生的关系还是比较密切的。有时候如没有特别事情,或者吃过晚饭,空余的时间,杨槱就带学生到河边上去。修船、造船就在河边,也没有围墙围着。走到船的旁边,他就跟学生讲船的构造,指出船上各种设备和配件的名称和功能。一般能够看到实物,这样学生也觉得很好,他们也写参观日记,在学校的刊物上发表。学生的心情杨槱也理解,师生的关系还是很好的。耄耋之年的杨槱先生认为,如果教师都像他在重庆时那样子,那这个教师就算是比较成功的了。教师的一举一动,具有示范作用,学生也会学的。后来这两个学生一个去了美国一个去了台湾,都成为著名的学者。虽然杨槱是新来的教师,但学校对他还是很重视的,并让他做图书馆馆长。他还获得一笔购置图书的款项,因此杨槱特意跑到龙门书店去购买参考书。

1942 年,叶在馥接受了当时的"总理(孙中山)实业计划研究会"的委托,编制建造 1 000 万吨船舶的计划。杨槱是叶主任的主要助手,就指导毕业班学生定出船型,确定船的主要尺度和特征,绘出总布置图,并估算所需的造船主要材料,在 3 个月内就完成了这项任务。这是他首次从事的一项与造船有关的计划工作。

虽然是在战时,但重庆与巴东之间还可以通航较大的轮船,学生们上船实习也较方便。杨槱认为,只要能吃苦耐劳,肯虚心向老师傅们学习,就可以学到许多船舶航行操作的实际知识。后来,这些学生在战后都能胜任驾驶员和轮机员的职务,有的成为有名的船长和轮机长。

1943 年 5 月,重庆商船专科学校因师生抗议学校当局侵占经费图谋私利,酿成学潮,导致被当时的教育部停办。当时的校长是宋建勋,经常拖欠老师的工资,迟发薪水。倘若薪金迟发一个月,那么他就可以把这一个月的利息收入囊中。在那个通货膨胀的年代,银行利息颇高的;因为货币贬值,那些不能及时收到工资的老师就吃亏了,因此矛盾很大,特别是除造船科外另外两个科系的主任。造船科主任叶在馥主要在民生机器厂工作,不太管事情,也没发表什么意见。据杨槱回忆,主要是轮机科主任王超,跟校长矛盾最大。驾驶科主任也跟校长有矛盾,但不及王超,因为他们都是福建人。教育部方面则支持校长,矛盾最终不能解决,学生、老师都出来抗议。于是,教育部就决定停办重庆商船专科学校。

同年 9 月,交通大学接办重庆商船专科学校,成立造船系及轮机、航海两个专修科。根据代理校长吴保丰奉命接收重庆商船专科学校情况报告记载:

移交教职员名册内有王超、郭懋来、叶在馥、张令法、李铭藩、杨槱、沈梦超、崔钟秀等66人;学生数计造船科99人,内一年级56人,二年级18人,三年级25人;轮机科44人,内一年级24人,二年级20人;驾驶科66人,内一年级31人,二年级21,三年级14人,合计209人。本学年起增设造船、运输管理、财务管理、工业管理4系及轮机驾驶两专科。即将商船专科学校未毕业的学生,均并入这两系,科主任分别由王超和郭懋来担任。全校教员增至130余人,学生后增至1 000余人。

在组建造船系的过程中,杨仁杰起了主导作用。他是1935年中英庚子赔款委员会招收的第三届留英学生。1937年秋,杨仁杰也曾以"私人学生"的身份,插班进入英国格林尼治皇家海军学院造船科二年级,与王世铨为先后同学。交通大学造船系成立之时,系主任仍然由叶在馥担任,杨槱则被聘为副教授,次年被提升为教授,那一年他27岁。

当时,杨槱做教授的时候是每月四百块钱左右工资,教龄较长的教授是五百多法币。因为战时物品供不应求,后来这些钱也不堪敷用,所以教授在正式工资外另有米贴。米贴的多寡依据家庭人口,有的人报家里有五、六口人,米贴就多,成为主要的收入。其时杨槱还没结婚,家里只有父母,所领得的米贴较少。杨槱一家显然是不太富裕的,但是能够算得上宽裕。因为在民生机器厂还给他发薪水,差不多有也四百元,虽然也不是很多,但日常开支也足够了。

1943年2月1日,在原海军江南造船所所长马德骥的倡议下,中国造船工程学会在重庆千厮门街航业大楼成立。学会即以单位会员的身份随即加入当时的中国工程师学会。中国造船工程学会"以联络造船、机(造船用机器)同志,研究船机学术,协力发展造船机事业为宗旨"。根据当时的章程,学会主要任务是以下六项:

(1)编印与发行刊物事项。

(2)接受公私机关之委托,研究并解答关于造船及造机工程上事项。

(3)举行造船、造机工程学术演讲,并设立研究机构事项。

(4)征集图书,调查国内外造船、造机工程事项。

(5)协助会员介绍职业事项。

（6）其他造船、造机工程事项。

学会的这几项主要任务紧紧围绕着学会的宗旨，希望成为造船、造机工程师个人与各种相关事业需求者或机构的纽带，撮合两者，互惠互利。特别是协助会员介绍职业一项，用产权经济学的理论，这可以大大降低造船、造机用人机构在市场中搜寻人才的交易成本，促使人尽其才。新中国成立以后，此项任务改由国家包办。但可以想象到：由于相关部门没有造船工程学会所具有的信息优势，其调配造船、造机人才的效果可能不如学会好。

中国造船工程学会以会员大会为最高权力机关，会员大会闭会期间，则由理事会代行职权。在成立大会上，各会员选举了理事会成员（简称理事），以及监事会成员（简称监事）。其中，理事为马德骥、宋建勋、王超、张令法、徐祖善、叶在馥、王荣瑸、张文治、王世铨；监事为郭子桢、吴贻经、周亨甫。其中，倡议者、海军江南造船所所长马德骥被推为理事长。

杨槱后来回忆：这个造船工程学会成立是中国造船界一件很重要的事情。因为这是国内造船行业第一个全国性的行业学术组织，而在此以前，只有中国工程师学会。当时的学会章程规定，会员分为五种，即正会员、仲会员、初级会员、名誉会员、赞助会员。凡在国内外造船或造机工程专科以上学校毕业，从事造船、造机工程事务5年以上者，由正会员三人证明申请入会并经理事会审查合格，缴会费后成为正会员。专科以上学校毕业，从事相关工程事务或担任造船、造机教职3年以上，则可成为仲会员。按年月算，杨槱自1940年5月底开始在同济大学任教，至中国造船工程学会成立之日实际上还不足3年，按章程规定只能成为初级会员。但因为杨槱后来除了在民生机器厂任职以外，还在重庆商船专科学校兼任教职。而且杨槱的工龄离3年之数只差几个月，兼任教职的时间或可合并，于是杨槱便成为学会的仲会员。仲会员有选举权，而没有被选举权。

造船工程学会成立后，杨槱担任秘书工作。由于杨槱工作比较积极，而且是大学造船系毕业的，基础扎实，并于此后两年他都提供了论文，因此他也被认为是学会的骨干之一。马德骥成立学会后不久，就到美国筹办中国海军造船人员赴美服务团去了，理事长一职由徐祖善继任。徐祖善跟杨槱关系更加密切，几乎无事不找杨槱办。当时学会开展活动主要是一年开一次年会，其他的活动也不太多,因为会员们住得都比较分散——有些是在重庆,有些在溉澜溪,有些在民生机器厂,要集合起来也不是太容易。尽管有这样那样的困难,中国造船工程学会不断积累,工作一直延续下去。

喜结良缘(1944)

1944 年,杨槱在重庆和黄玉岚结成伉俪。关于这段姻缘还有一段有趣的插曲。

黄玉岚是江苏南京人,父亲黄奎原是晚清武举人,早年曾经留学日本,追随孙中山,投奔革命。经过黄奎的苦心经营,黄家十分富裕,据说当时的房产连成一片,差不多占据了今天南京长江路的半边。黄玉岚的母亲跟杨槱的母亲郭定权,则是南京附近一所女子师范学校的同学。她哥哥黄玉珊与杨槱同年出生,是当地有名的神童。因此,黄家和杨家很早就彼此认识,而且交情不错。

哥哥黄玉珊 15 岁时就已经考上国立中央大学,18 岁于土木工程系毕业,便进入大学的机械特别研究班——实为中国第一个航空工程系——研习航空工程。1937 年,黄玉珊前往去英国深造,1939 年于英国伦敦大学获航空硕士学位;1940 年,又在美国斯坦福大学受世界著名力学教授 S.P.铁木辛柯指导下,获得博士学位。

妹妹黄玉岚,大家闺秀,美丽端庄,开朗健谈,毕业于西北农学院。她毕业之后觉得西北不如重庆,就在重庆工作。当时哥哥黄玉珊已是中国航空界的知名人物了,正筹建一个滑翔机制造厂,恰好是用人之际,就找她去了。因为制造滑翔机要一种粘胶,黄玉岚对制造这种粘胶有贡献。

杨槱学成回国,也到了成家的年龄了。杨、黄两家既是旧交,还想两家结亲,便让杨槱和黄玉岚两人见见面。本来,作为长兄黄玉珊一开始也看不上杨槱。因为他年少成名,又在英国和美国拿到硕士学位和博士学位,所以自视甚高。

事实上,据杨槱回忆,当时中国,乃至世界其他国家的人才到美国留学的还不像现在那么多。"二战"以前的 1930 年代,美国人还比较看重欧洲的学位,而欧洲人却认为美国的博士学位含金量不高。杨槱讲了一段佚事:大约在 1938 年,一位留美的学者回英国作了个报告,吹嘘了美国的许多优点:"比如电压,美国是 110 伏,我们是 220 伏。220 伏电压的触电危险性比较大,这是美国的优点。"在场的英国学生出来就跟杨槱讲:"他这个报告 very cheap(很平庸)。"意思就是英国人对美国也不怎么佩服。

后来,黄玉珊也得知,那时候英国的造船专业,格拉斯哥大学只有学士,而纽卡斯尔大学则有硕士,像杨仁杰、辛一心他们就是硕士。而实际上,他在英国拿的硕士学位跟杨槱这个荣誉学士学位一样。因为在英国,比如在剑桥大学,获得荣誉学士学位后,马上就可以攻读博士学位了。因此黄玉珊对杨槱的看法有一个改变的过程。

而关键的,还在于黄玉岚小姐是否愿意嫁给杨槱,因为她第一次看到杨槱时,由于杨槱穿衣不甚注意,给黄小姐的印象颇为不佳,婚事几乎要告吹。这时,黄玉岚的舅舅来到重庆,要找一份差事,便通过关系到杨槱所在的学校当了一份秘书之类的闲差,他平时也常跟杨槱交谈。相处了一年左右,他知道了杨槱的人品和学识,就给家里写信说:"像杨槱这种人,天下难找。"

因此,黄家的舅舅一定要杨槱再到黄家走一趟。杨槱开始不肯去,因为第一次碰钉子了,后来杨槱也就又去了一次黄家。而且也不再像第一次那样不修边幅了,改善了衣冠。这一次,黄玉岚的态度就变化了,开始对年轻的教

图 4-6　杨槱与夫人黄玉岚

授另眼相看,印象也改善了不少。

1944 年,在重庆的一个饭店里,杨槱和黄玉岚举行了隆重的婚礼。除了双方的家长和亲朋外,杨槱造船界的前辈和同事如叶在馥、王世铨等人都参加了婚礼。

结婚之后不久,杨槱就随"中国海军造船人员服务团"到美国去了。黄玉岚正好被调往成都工作,而且已怀有身孕。为了得到比较好的照顾,就住在成都杨槱父母的家里。

第五章
赴美汲新

赴美服务 (1944)

1944 年 11 月,"中国海军造船人员赴美服务团"（Chinese Naval Construction Mission）从重庆启程,前往美国。关于这个服务团,杨槱写道:

> 第二次世界大战爆发后,德国潜艇在海上十分活跃。尽管很快盟军舰艇就装备了声呐和深水炸弹与之抗衡,但海上舰船仍然受损严重。为了保持海上交通线,受损舰船必须迅速补充,于是美国建立起庞大的造船工业体系。这时我国沿海地区被日本侵略军侵占,造船人员集中于战时首都重庆,但船舶修造业务清淡。在这个情况下,1944 年夏海军江南造船所所长马德骥组织了"中国海军造船人员赴美服务团"。该团共有 25 名成员,主要由江南造船所原班人马组成,包括造船与轮机人员,也有个别的电气与兵器工程师。

既然这个赴美服务团由马德骥组织,那就不得不从这位传奇人物讲起。马德骥(1889—1962),江西南丰人,1910 年从南京江南水师学堂第五届轮机班毕业,后被派往英国学习造船,1915 年又转往美国麻省理工学院

图 5-1　马德骥

专攻舰船制造，1917 年毕业回国，相继担任海军艺术学校①校长、福州船政局工务长、局长等职。1926 年 5 月，福州船政局收归海军部管辖，更名为海军马尾造船所，马德骥任所长。1927 年 9 月，国民政府海军部委派马尾造船所所长马德骥兼任江南造船所代理所长，半年后正式调任江南造船所所长。

1928 年，马德骥所长又把江南造船所的绘图室改为设计处，分设造船课和造机课，叶在馥和郭锡汾②分任课主任。设计处技术人员最多时达到上百人，集中了众多一流的技术专家，彻底改变了以前技术大权由洋人垄断的局面。从 1929 年起，马德骥先后选派所中王荣瑛③等十余名技术人员到欧美学习造船技术，为此后数十年海军江南造船所的发展培育了新一代的技术中坚力量。

然而，日军的入侵阻碍了江南造船所的正常发展。随着太平洋战争的爆发，日军占领有"孤岛"之称的上海租界，隐蔽其中、颇具"流亡"性质的江南造船所办事处亦被查封。原江南造船所的工程师如叶在馥等人，比马德骥较早入川，多在民生公司旗下效力。因而马德骥手下无人，仿如"光杆所长"，一时无事可做。因此，他便倡议筹办中国造船工程学会，并成为理事长。

1943 年下半年至 1944 年初，美国政府同意借给中国 8 艘军舰参与战事，其中有护航驱逐舰、驱潜舰各 2 艘，扫雷舰 4 艘，并要求中方派员赴美受训学习驾驶等技术，为接受军舰做好准备。马德骥想，这是一个复兴江南造船和中国造船的良好机遇。因此，刚担任中国造船工程学会理事长的马德骥，便

----

① 前身为创建于 1868 年福建马尾船政艺圃学堂，1913 年改称海军艺术学校，归福州船政局管辖，实际上成为一所海军预备学校。

② 郭锡汾（1892—1957），天津人。1909 年于烟台海军学校毕业后，被派往英国维克斯船厂实习，2 年后考入英国杜伦大学（University of Durham）造船系，1915 年毕业，获学士学位。回国先后在海军大沽造船所、上海江南造船所任轮机设计工程师，1949 年转任交通大学轮机教授。

③ 王荣瑛（1903—1989），福建福州人。1925 年毕业于马尾海军飞潜学校制机班，后供职于江南造船所，1964 年任上海船舶工艺研究所首任所长，是中国第一代国产潜艇工程技术的主持者。

把会务交给徐祖善,并向国民政府提出了一个《复兴江南造船所并发展我国造船工业计划书》,建议组建一个"中国海军造船人员赴美服务团"。服务团以抗日战争前曾在江南造船所工作的技术人员为主,并以帮助美国建造军用舰船的名义,学习造船技术,尤其是潜艇制造技术。这个计划最后获得重庆国民政府军委会批准。

"服务团"以马德骥为团长,一行共 23 人。杨槱以少校军衔厕身其中,是一特例。他估计的理由是:"(马德骥)他让我参加服务团,主要他也是看我年轻,也在造船方面干

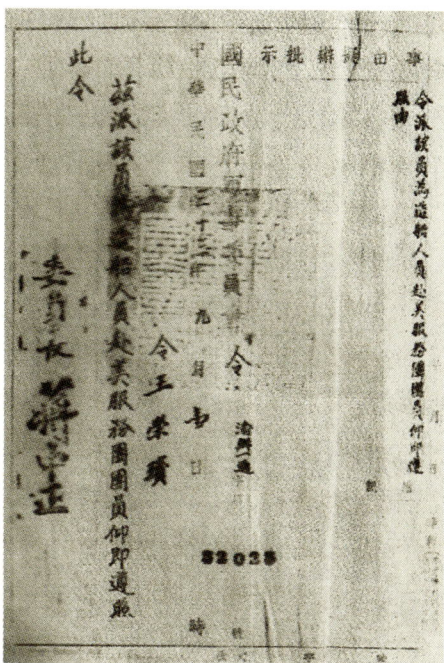

图 5-2　赴美服务团令

过一些事情,所以就邀请(我)了。到美国去也是要汲取最新的造船技术,以便将来江南造船所发展。"既然马德骥的计划旨在复兴江南造船所和发展中国的造船工业,当然就是要为将来储备人才了。而杨槱在"服务团"中最年轻,当时年仅 27 岁。

杨槱本来没有军职,而参加服务团后,便得到少校军衔。但马德骥告诉他,中方的军阶级别比较高,到美国后对外宣称一律降一级。服务团一行首先从重庆出发,乘坐美国的军用运输机飞往昆明。休息一天后,第二天晚上起飞,被告知要飞越著名的"驼峰航线"①,有一定的危险性,因此上了一堂跳伞课,但后来他们也没能用上。深夜到达印度东北部阿萨姆邦一个小镇的空军基地,他们在军营里睡了一晚,第二天登上正规的客机,大部分时间沿恒河飞行至印度当时的首府——德里。嗣后,服务团一行乘坐飞机,以巴基斯坦

---

① 驼峰航线(the Hump)是二战时期中国和盟军一条主要的空中通道,因要飞越被视为空中禁区的喜马拉雅山脉,下方群山耸立似骆驼背,故而得名。

最大的港口城市卡拉奇和埃及首都开罗作为中转站,最后到达大西洋东岸摩洛哥港口城市卡萨布兰卡。服务团一行在市区游览一番后,再南飞至塞内加尔首都达喀尔,从这里便要启程飞越大西洋,到地球的另一边——西半球。杨槱记载了当时的情形:

> 这里是非洲距离南美洲最近的地方,航程不过 3 000 公里,但也要飞行 9 个小时。飞机贴着水面飞行,大海茫茫,一无所见,非常单调。但这次飞行要越过赤道,到达地球的南半球,也算人生的一次经历吧!飞机到达巴西的 Natal 港时已将天黑,服务团住进一家设备完善的旅馆。第二天外出,搭上当地的仅有顶篷、两侧敞开的公共汽车,游览了市区。人口不多,虽有不少白种人,但多数是印第安人或混血儿。这里地处赤道,当地官员告诫他们,在太阳下暴露的时间不要超过半小时,否则皮肤将受到损害。过了一天又乘飞机向北航行,再次越过赤道,回到北半球。中途在圭亚那的乔治敦作短时间停留,再次起飞 3 小时后到达波多黎各岛。同机的美国军人欢呼"到达美国领土了。"这两处机场的设施都很简单。很快继续飞行,夜色来临,忽然看到下面灯火辉煌,到达了飞行的终点站——美国南方海港城市迈阿密。

汲取新知(1945)

服务团到达迈阿密机场时,美国海军早已派了一位名叫鲍尔的少校联络官来迎接。在之后的两天里,他带服务团参观了一个海军训练基地,这也就是后来中国海军到美国接收那 8 艘军舰的官兵受训的基地。此外,他们还参观了海岸警卫队的一个水上飞机基地。随后,服务团便乘火车北上,开始一段夜间行车,虽然经过几个大站,但所见很少,第二天沿途似乎比较荒僻,第三天到达美国首都华盛顿。

在华盛顿一个月的时间内,服务团每天都去海军部的舰船局(Bureau of Ships)学习。杨槱记载道:

美国军官们向服务团介绍该局各部门的职责与工作情况,并带他们到各部门去实地参观,从而知道了一种新型军舰的产生过程:作战指挥部门提出对新舰的设想和具体要求;舰船局组织研究并初步确定一个或几个方案,该局的设计部门按确定的方案进行方案设计,并制造一个装备齐全的模型;作战部门对这个设计和模型作深入细致地考察和研究后,提出修改和补充意见,并正式下达设计任务书。舰船局设计部门根据任务书进行基本设计,基本设计经审议批准后就进行合同设计,合同设计相当于中国过去的技术设计,是海军与造船厂签订建造合同的基础文件。等到造舰预算批准落实后就可确定造船厂和担任详细(或施工)设计的单位,造船厂可以是海军船厂或民营船厂,担任详细设计的单位可以是造船厂,也可以是民营的船舶设计单位。战时民营船舶咨询设计单位也有了很大的发展,例如纽约的 Gibbs & Cox 公司在最盛时有职工4 000 人。舰船在船厂建造完成后要经过系列的检验和调试,证明完全符合,才交船编队服役。

这一年的圣诞节,服务团也是在华盛顿过的。因为当时在欧洲战场德军发动了几次较大规模的反击,美军损失很大,因此杨槱注意到这一年的圣诞节是特别冷清严肃。

有资料称,当时的美国政府为保守军事技术秘密,根本不允许中国"服务团"成员参加军用舰船的制造工作,更不允许学习潜艇制造技术,改为一般的学习和参观。服务团不被允许学习潜艇制造技术可能是事实,而从杨槱的经历来看,他还是参与了军用船舶制造。杨槱回忆到在航母上的见闻时说道:"他们(美方)对我很客气,也没有一点限制、歧视;也没有什么机密,最多的时候有 4 000 人(在舰上)。"

应该说,服务团一行还是参与了美方军用舰船的制造工作的,但可能在设计过程中的一些关键之处美方未能倾囊以授。而事实上,美军的军用造船事业是一个庞大的系统,在服务团真正参与到实际建造之前,也有必要进行一系列的参观和学习活动,以作准备。

1945 年年初,美国海军舰船局安排服务团成员参观了美海军在东海岸的诺福克、费城、纽约和波士顿4个巨大的海军造船厂。每个船厂都可修造战列舰、航空母舰、巡洋舰等大型战斗舰艇。厂区的码头可停泊大型军舰数十艘，小船百艘。每个船厂都有职工5万人左右。杨槱因此称，这实际上是个大规模的海军基地。这个基地由一个少将级的司令官管辖，而且在制造舰船设备与配件方面，这几个船厂之间也有一定的分工，例如诺福克船厂设有专门制造钢制家具、锚链和麻索的车间，费城船厂则以铸锻件闻名，产品供应其他船厂。

参观回来之后，服务团先分为船体与轮机两个组，后来又把上尉级以上的工程师和中尉级以上的技术员分别活动。在到海军船厂参加造船工作之前，服务团还被安排到几个培训单位，学习有关技术。杨槱一组首先到的是宾夕法尼亚州费城军官学校（Officer School）中的"船舰损害管制中心"（Naval Damage Control Training Center），参加为期3周的学习。第一周主修舰船浮性与稳性原理在舰船损害管制（以下简称损管）中的应用要旨；后两周学习舰上设备系统的损管工作，同时包括一些实际操作训练。杨槱对此印象十分深刻，以至于到了四十多年以后，还写下了关于舰船损管的回忆文章。

杨槱写道："该校负有轮训美海军各型舰艇军官的任务，每期学员有数百人，大多是副长、轮机官和机电官，他们都曾有几年海上实战经验，熟悉船上设备并有操作维修经验，在讨论课中他们都能发表一些对大家有启发作用的意见，也促进了教官对一些问题的思考与研究。"

损管中心首先让杨槱这些远道而来的学生认识损管工作的重要性，用许多战例说明损管工作的目的是保持舰艇的最大战斗攻击能力。因此，当舰船受损时应尽一切可能保持舰船的下列各项功能：

（1）船体的水密性，保持最佳浮态与稳性；

（2）快速修复损伤部分，以保持机动性、操纵性和适航性；

（3）防水、防化学攻击，以及救护受伤人员。

费城损害管制学校就是以上一世纪美海军的一次战斗中，一个舰长在舰艇受到严重创伤时，升上一面写着"不要弃船"（DON'T GIVE UP THE SHIP）的旗帜，号召全体官兵努力救船，恢复战斗力，而取得胜利的事，从而把这面旗帜作为该校的标志。在课堂上，杨槱还了解到世界海战史中不少的相关战例,明白到即使舰船受到重创,但如舰员训练有素,采取损管措施得法,可有效地保持舰艇的战斗力;另一方面如舰员惊慌失措,措施失当,轻易弃船,则将导致不应有的损失。

学校在教学过程中反复强调组织、教育训练与维护三要素。健全组织是指,首先要在舰上建立损管指挥中心和几个修理站,相互之间有紧密的通讯联系手段。战斗中如指挥中心或一个修理站被摧毁,必须立即有后备组织接替继续指挥全舰的损管工作,同时要建立规章、制度以保证人各有责,各部门协同工作。战时巡航和在战斗中的损管组织有所不同,前者仅需在指挥中心与修理站留少数人值班,有人在舰上巡逻检查门、仓口、阀、开关是否按规定启闭,后者则需全员配备。

在教育与训练方面,舰长与损管长须制订一个学习、训练计划,包括:应用损管原则进行舰船管理的必要性教育;了解自己所在舰船的性能和抗损伤的能力,熟悉舰上的设备和各系统;了解舰上损管组织并掌握从损管观点正确启闭门、仓口、人孔、管阀件、电路开关等;学习其他舰艇在战斗中损管工作的经验与教训。

在维护方面,必须建立有效与可靠的组织。保证舰船损管工作经常处于最佳状态。这包括:舰体的水密完整性;舰上设备、系统的有效操作,保证每件设备配件都有专人负责,经常检查维护,使其处于良好状况;损管器材也要指定专人负责检查保管,保证储存数量适当并安放在适当的位置。除了理论以外,杨槱还仔细记录了相关的细节:

> 第二次大战时舰船的舷部已不开舷窗,全舰的水密门、仓口盖要经常处于良好的操作状况并按规定启闭,损管训练学校也以此作为教学的重点之一。校内有一船模水池,教官在讲授船的浮性与稳性时就用船模演示重心高低和船内自由液面对稳性的影响。学校还有一个巡洋舰的模型,内部主要仓室划分与实舰相同,我们就利用该船模进行了一次演习:该舰中一鱼雷后,舰内不对称淹水造成一小倾斜,经对称灌水后恢复正浮。不久后该舰又第二次被鱼雷击中,吃水增加,淹水仓的一个邻近大仓的仓壁受海水压力变形,舰员用木头支撑、加强,但未能奏效,仓壁破坏,海水在舰内逐

步漫延,这时该舰上部又被敌炮击中起火,抢救工作更加困难,舰内又有一仓淹水,随即倾覆沉没。这个演示生动地显示了一艘大舰丧失浮性与稳性的过程,并表现了稳性丧失的危险要大于浮性的丧失。

舰船损管中心的其他教学重点包括:

通讯联络:情况明才能采取行动,舰上各部门、修理站与损管指挥中心的通讯联络是极其重要的。舰上有船用电话、传声管、广播系统等舰内通讯设备,如果舰只受到创伤,通讯线路中断,则须临时检线连接。声力电话当时已经问世,每个学员都要学会使用。学校还对学员进行通话训练、要求口齿清楚、语句简明扼要,并规定了一些与损管有关的标准词汇,严禁大声喊叫和使用别人不易听懂的土话。

舰船设备与系统:舰上机电、武器、观通设备种类繁多,重要设备都备有几套并分区设置,一套被毁,其余的仍能发挥作用。舰上消防、排水、通风等管系以及电力、压缩空气等系统与损管工作关系很密切,这些管系、线路的设计也要考虑损管的要求。例如,须符合分离、多套、灵活转换与遥控等原则。防震也是重要的要求,因此铸件均采用铸钢或用焊接件代替而不用铸铁。

杨槱等学员也要完成学校布置的"作业":

学校发给学员几张系统布置简图,假定某几部分破损,叫大家研究对策。有一次大家交流操作和维护舰上管系的经验,许多人提出了对管件防腐、防蚀的蒙乃尔(MONEL)合金阀件和污水管应配有铅衬套等意见。

另外,杨槱还进行实战操作演练:

损管训练学校设有综合操作训练室,这是一个水深约四米的水池,水上漂浮着护卫舰的一个区段,长约二十米,宽约十米,它和实舰一样被划分为若干水密舱室,并配有消防、排水、通风等重要管系和电力与通讯线路,中部的一个仓是损管指挥中心,两端各设有一个修理站,配有各种损管器材。所有学员都需在此参加一次或数次演习方可结业。每次演习都选择一个适当的战例：例如舰体被一鱼雷击中，其一仓进水，舰体下沉并有一横倾角，有一段消防水管破裂。学员了解损伤情况后，采取措施堵漏时，该舰又被敌舰炮火击中，甲板室一部分被破坏，并引起大火，部分通讯线路被切断，并有人员伤亡。学员一方面灭火，清理甲板，同时设法恢复动力供应，接通电话，救护人员，当然要堵漏、排水、救船。如能在两小时内完成这些任务，使船恢复正浮状态，演习就完成了。

防火、灭火是损管工作的重要内容，在造船时就应强调不用易燃材料。那时已普遍采用金属家具以代替木制品，软木绝缘多已由玻璃棉所代替，纺织品需经防火化学处理才能装上船。当时还要求损管人员去救火学校受训，美国海军设立了十几所这种学校。我曾在波士顿救火学校见习三天，除了学习灭火原理外，每个学员都要学会操作水龙带、喷水头灭火，还要会开动可搬动的小型汽油机灭火泵，使用泡沫发生器和二氧化碳灭火器。很明显。那些教我们操作的军士长都是熟练的救火队员。

经过3周的学习，杨槱完成学习，还获得了结业证书。在40多年后，杨槱所回忆的舰船损管设备，大多有极大的进步和发展，但他极为注意普遍适用的舰船损管基本原则：

（1）损害管制是一切舰船必须重视的工作。从几十年来我国和国际上的历次海战，我国沿海和江河上大量的海损事故，以及近年来在波斯湾海上众多商船受到攻击的情况看，损管工作做得好一点，舰船的损失就可以少一点。

（2）从事损管工作必须理论联系实际。首先要情况明，摸清实际损伤情况，然后根据理论指导采取对策措施，不论是保持船的浮性与稳性，消除火灾，加强舰体结构和设备系统的转换调整等都需要理论指导。教学也要理论与实际相结合，使学员领会问题的实质，而能举一反三，收到事半功倍之效。

（3）勤学苦练，才能收到预期的效果，任何事情都是熟能生巧的，损管工作也不例外。

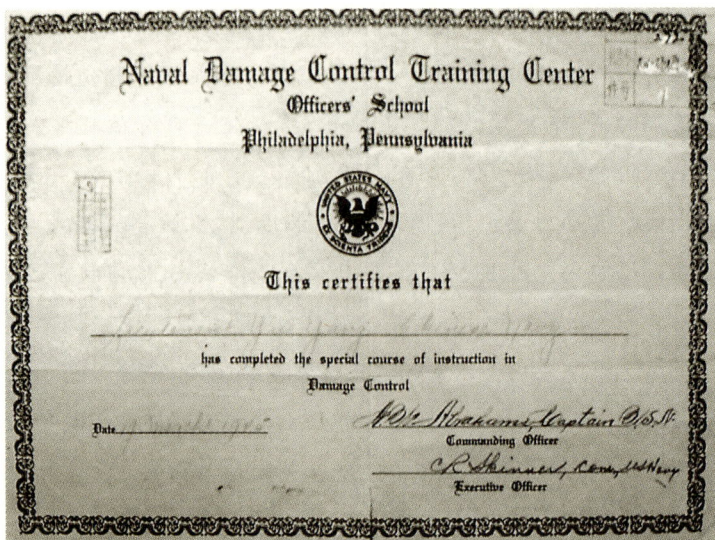

图5-3 杨槱的费城军官学校船舰损害管制中心结业证书

除了学习船舰的损害管理，杨槱等人随后还到纽约"舰船施救打捞学校"学习1个月，内容包括潜水学和水下电焊。杨槱曾经身着重型潜水服下潜到12米深的哈得逊河底，摸黑进行水下作业。

无论是舰船的损害管制还是施救打捞，目的都是尽一切力量挽救失事船只和船上的人员，以达到拯救生命、挽回损失的目的。杨槱一向主张厉行节约，事事力求经济，因而对这些从未学过的新知识产生了极大的兴趣，并且十分认真学习、钻研和实践。

监造航母

完成了一系列的学习后，服务团人员便分组进入造船厂，杨槱所在的这个组分配到费城海军造船厂参加工作，厂方委派厂务监督官弗里斯特（Forest）上校指导他们。起初，有4人被分配到造船厂的船舶设计室工作；后来，弗里斯特新组织了一个"船舶监造官训练班"，还让服务团从事行政管理工作的欧德少校和杨槱两人参加这个训练班，进行为期一个月的学习和培训。杨槱回忆道：

我们先后到船厂的设计、计划、器材供应、财务、人事、保卫等部门，以及几个主要车间和实验室，听取各部门的主管军官介绍该部门的业务范围和日常工作程序，并实地观察操作情况。通过这种培训，可以了解一个船厂的全貌，并可与一些部门的负责人增进友谊。

在保卫部门，了解了全厂警卫机构，参观了武器库和违法人员的劳动教养场所，并对该厂器材被盗的严重情况和厂方采取的防范措施有了一个粗略的印象。我还注意到，该厂为节约淡水，把给水系统分为饮用水、盥洗水和冲厕水、工业冷却水两个系统。

可以看出，这个船舶监造官训练班从大处着眼，着重培养学员关于制造船舶的宏观性。杨槱在培训班结业后，就被分配到一艘埃塞克斯级（*Essex-Class*）航空母舰的建造工地上实习，成为一位年轻上尉级监造官的助手。这位监造官原是土木工程师，在海军造舰进修班学习一年后就到海军船厂当助理监造官。通过两年的监造舰船工作，就升为独当一面的监造官了。作为舰船监造官，不仅负责监理船体建造工程，而且要协调全舰轮机、电气和兵器诸方面的装配工作，因此需要比较宽的知识面。杨槱注意到，这艘航空母舰是在一个巨大的造船坞内建造的，而监造官和他的办公室就在坞边一个备品仓库的楼上，接下来的大半年时间，他们就要和舰上的三、四千人共同为这艘航母付出辛勤劳动了。

杨槱获分派的工作，是检查舰上船体设备和管系的安装情况，有时要爬进双层底内检查管系和配件是否到位。当一个舱的设备与系统均已齐备时，就把这个舱封闭了，所以检查要仔细，之后要是发现问题再次开启，会相当麻烦。杨槱还有一个任务，就是定期到船坞去测量舰体变形的程度。因为是监造官的助手，所以杨槱很多时候也是在工地上看：如整段的几百吨重的船体构件的吊装，重大机器的安装，以及船体舱壁结构的水密、气密试验等的操作。在航空母舰装配的高峰期，每天有大约 4 000 人在现场同时工作情景，其宏大的规模都使杨槱留下深刻的印象。

杨槱在航母工地进行监造实习期间，还发生一段小插曲。有一天，杨槱忽然接到通知，要他到华盛顿去 3 天。同时接到前往华盛顿通知的，还有杨槱在民生机器厂的同事郭子桢。他们的目的地,是华盛顿附近的卡德洛克(Carderock)地方的泰勒模型试验池。这个试验池建于 1896 年,由海军建造师大卫·沃森·泰勒监造,是当时世界上最大的船舶力学实验室,深水船池长 864 米,宽 15.6 米,深 6.7 米。

原来,当时中国的民生机器厂也希望美国能支援建造民用船只,而这时美国已取得了关键战役的胜利,所以美国人也考虑安排送一些船给中国,以援助抗日。因而美国人就设计了两种川江客货船,并在泰勒模型试验池进行阻力与推进试验任务。恰好杨槱等设计建造川江船的行家里手正在美国,便请来提意见。由于试验池白天安排做美海军舰艇的模型试验,川江船的试验只能安排在夜间。于是,杨、郭二人日间进行阻力推进计算,夜晚进行试验,3 天后完成了任务。在试验中,杨槱与试验池的几个技术人员交谈,他们都同意杨槱在《川江船型之检讨》中关于对川江船型设计的意见——即船宽可以增大,但船体要瘦削,棱形系数尽量小一点。后来,川江船果然朝这个方向发展了。在该试验基地,杨槱更有机会和桑德斯(Harold E. Saunders)、赖特(E. A. Wright)、勋赫尔(K. E. Schoenherr)等美国著名的船舶流体力学学者相见交谈。杨、郭两人还少不了四处参观:像大型空泡水筒、结构力学和振动、冲击试验室等。

1945 年 7 月,那艘埃塞克斯级航空母舰终于下水,被命名为"普林斯顿"号(USS Princeton),编号为 CV-37①。至此,杨槱监造航母的工作便暂告一段落。

随后,杨槱则被派到一艘在修的"小石"号(Little Rock)巡洋舰上,仍然当助手,他这次的上级,则是一位年老的少校级监修官。"小石"号舰的推进主汽轮机叶片损坏,还要拆换几个水泵和阀门。杨槱常到机舱去监督机器的拆卸和安装,有时也到船厂的加工车间去看看所需零配件的加工情况。该舰在修理期间还要校验火炮系统转动和俯仰的限制角度,因为火炮转动超过这个角度就会射到桅杆、天线等结构物了。这些问题,杨槱过去从

---

① 杨槱本人已忘记此舰名称,但根据资料,在费城造船厂建造、属于埃塞克斯级的"普林斯顿"号航空母舰,于 1945 年 7 月 8 日下水。此航母于 1943 年 9 月 14 日开工,原名为"巴里佛吉"号,建造中得知轻型航空母舰(CVL-23)"普林斯顿"号沉没,于是继承了它的名字。

图 5-4　杨槱曾协助监造的"普林斯顿"号航空母舰

未接触过，但听他们一讲，也能迅速明白，很快也能为老监修官办一些事了，彼此之间也建立了友谊。有一次，上级一位官员来视察，吩咐他多多帮助杨槱，而他则说杨槱也能给他不少帮助，可见他们之间相互信任，合作无间。

1945 年 8 月 15 日，日本宣布无条件投降；9 月 3 日，日本正式在投降书上签字确认。第二次世界大战以反法西斯同盟国的胜利而画上句点，杨槱所在的费城海军造船厂，也连续热闹了好几天。造船厂在造的大型军舰中，只有全美国最后一艘埃塞克斯级航空母舰——也就是后来的"福吉谷"号（Valley Forge，CV－45）①——继续建造，直到 11 月完工。而其他在船台和船坞中，造了一半的战列舰和巡洋舰均立即停工。杨槱看到一件件精心制作的船体结构和最新式的机器设备都被切割分解，运到钢铁厂去回炉，开始时感到有点可惜，后来想到这些耗费巨大的战争工具，在和平时期是没有什么价值的，因此还不如说句"永别了"好。事实上的确如此，杨槱在费城造船厂期间所目睹的两艘在建航母，后来都参加了朝鲜战争，成为涂炭生灵的庞然大物。但停战之后两个月，整个造船厂只剩下 5 000人，不到鼎盛时期的十分之一，到处冷冷清清，变化之快也确实出乎杨槱的意料。

这时，厂务监督官弗里斯特上校召集了一个关于生产计划的小型座谈会。在会上，杨槱说编制与执行生产计划要有预见性，要有全局观点。弗里斯特对杨槱的发言大为赞赏，立即把他调到自己的办公室，与一位年轻的军官一起研究生产计划的制订与控制问题，并共同写了一个调研报告。后来，杨槱把报告的主要思想结合中国船厂生产情况，写了一篇文章在《中国造船》刊物上发表。在文章中，杨槱指出了近现代造船工业之庞大规模以及其复杂性，因而不能如"昔时之造船厂，规模较小，工人有传统之训练，在一精明强干之厂长指挥之下，生产效率亦能达到最高点"，因而提出"生产计划与管制之重要性亦与日俱增，今日欧美造船厂对此莫不重视加以研究而著有成效"。这一点是针对当时中国的工厂情况而讲的：

---

① 按舷号次序，"菲律宾海"号（USS Philippine Sea，CV－47）是最后一艘埃塞克斯级航母，而按建造日期则是"福吉谷"号。

反观我国工厂，仍多本旧法，规模略大对一厂之生产工作即无法管制。常有某件工程，超过完工日期，经买主催促，加工赶制，因全厂生产能力之限，不得不将他项工程延迟，候该项工程超过完工日期，又经买主催促，工厂加工赶制，又将其他工程停顿。结果每项工程延迟，几乎每项工程非经催促不能完工，否则即一时应工程之需要增雇工人，候工程完毕，工人又无工可做，势必解雇。此种损失实不可以想象，亦皆我国工厂目前之通病。

随后，文章分六点进行讨论：（1）生产计划与管制之执行机构；（2）初步工程计划；（3）生产计划；（4）工厂工作计划；（5）生产管制；（6）结论。

事实上，战后欧美各国的经济指导思想大多出现了"左转"倾向，即偏向于计划和管制，而对于自由放任式的生产方式则予以抛弃。最典型的是美国所奉行的"凯恩斯主义"，强调政府对宏观经济的指导和刺激。在一定程度上，这些政府的政策性支持以及生产计划管制，促使了造船业的繁荣；而自由资本主义和学徒制传统较深厚的英国，其造船业在组织、计划与管制上只有"妥协式"的变革（Enterprise Organization As Compromise），导致了在战后二、三十年间完全衰落。根据哈耶克（Friedrich August von Hayek）的理论，企业（包括造船企业）的规模增长有一临界点，当超过这一临界点时，生产计划与管制亦不能奏效，原来的管制人员又需要更多的管制人员加以管制，造成庞大行政官僚架构，其效率之低下足以抵消企业的规模效应。而杨槱在论述生产计划与管制时，亦有提到其适用范围：即"中等大小、雇用数千人之造船厂"，但其议论之目的不在造船厂的规模上，因而也未作深入讨论。

11月后，杨槱就接到通知，准备回国了。在他们回国前，美国海军组织服务团到一些著名公司和附属的工厂去参观。这些单位包括通用电气公司、通用汽车发动机公司、西屋电气公司（Westinghouse Electric Corporation，一译威斯汀豪斯公司）、阿贾克斯（Ajax）蒸汽机厂、沃星顿（Worthington）水泵厂等，还有匹兹堡的一个大钢铁厂。这次参观，使杨槱对美国战时工业生产的规模和技术水平有了一个粗略的概念。有的工厂很重视生产效率与秩序，把废旧的设备与器材全部清除。在用的器材与半成品堆放有序，对厂内交通线路仔细安排等,都给杨槱较深的印象。杨槱还注意到美国工业界的许多主要技术人员是从欧洲来的移民。他认为,他们能在新大陆施展才能,这也不能不说是美国的一个优势,人才和国民的素质是国家兴旺发达的最基本的因素。

1946年初,服务团一行21人先从华盛顿乘火车前往美国西海岸的旧金山,然后乘坐运兵船,经夏威夷群岛、加罗林群岛和塞班岛,前往上海。在旅途的最后阶段,看到这座繁华的城市,杨槱想到今后国家和民族的前途,心里感到既是忧虑,却又充满了希望。

第六章
军学之间

三载军旅(1946—1949)

1946 年 2 月,马德骥率领的"中国海军造船人员赴美服务团"一行结束了历时一年多的学习考察活动,回到中国。马德骥本人继续担任江南造船所所长职务,其余 22 位成员也全部安排在隶属于军政部海军处的江南造船所工作。

此处有必要简述一下国民政府海军机构的沿革。1927 年 3 月,国民革命军成立海军总司令部,杨树庄任海军总司令。1928 年 12 月,国民党政府裁撤海军总司令部,在军政部下设海军署,陈绍宽任署长。次年 4 月,海军署扩编为海军部,改为直属于行政院。因 1937 年 10 月江阴海战失利,海军舰艇主力丧失殆尽,海军部于次年奉军事委员会令暂行裁撤,另组以陈绍宽为总司令的海军总司令部,直属军事委员会。1945 年 12 月 31 日,海军总司令,于军政部内设海军处,陈诚任处长,周宪章任副处长。1946 年 3 月,海军处升格为海军署。同年 7 月,海军署改为原来的海军总司令部,但隶于国防部,参谋总长陈诚兼任总司令,桂永清任副总司令。

虽然国民政府海军机构常有变动,但大型造船所一直是隶属于海军,因而杨槱也沿用海军服务团的少校身份,参加江南造船所的工作。当时,服务团回到上海的那天正好是春节,造船所派了一艘大拖船来接他们一行。到了造船所,杨槱等人暂时安顿在集体宿舍内。一周以后,杨槱的家属来沪,厂方就安排他家在重庆南路的海军联谊社内暂住。

海军江南造船所是当时中国最大的造船厂,抗日战争期间为日本三菱重工占用,抗日战争胜利后立即由"接收大员"副所长陈藻藩奉命接管。那时该所有职工3 000人,杨槱被任命为造船工程师,但那时无新船建造任务,所以他实际上是在造船所里担任商船修理工作。

据杨槱回忆,江南造船所一直实行包工制,即船来厂修理,先提出一份修理项目单,杨槱就和俗称包工头的承修人一同上船,会同船上大副校对修理项目,并确定下来。然后承修人报出工程价格与完工日期,经船厂生产处核定,并发出指令,开始施工。工程完毕,经过船厂、船方和船舶检验部门检验合格,交付使用,并结算费用。一个监修工程师要负责这一系列的工程准备与实施过程。杨槱还注意到,那时江南所的组织管理系统很特别,有三套班子:一是拥有实权的、以海军人员为主的领导班子;二是江南所与美国殷格斯(Ingalls)造船公司合作而聘请的几十个美国专家组成的班子,主要起到指导船舶设计和技术、管理咨询作用;三是该所原来雇佣的3个英国人,一个名叫克兰斯顿(Cranston)的造船总管和他手下的船体和轮机技术人员各一人,他们只能起一些施工管理咨询作用。

事实上,江南造船所之所以有这么多的美国专家,是海军服务团在美学习期间,马德骥利用了自己的地位及其同美国方面的私人关系,代表江南造船所,与美国海军部和美国一些公司达成一系列协议的"成果"之一。当时,与美方的协议主要有以下两项:

(1)同美国海军部接洽签订《造船物资借款合约》,合约主要内容包括两点:① 规定在订立合约时起的以后若干年内,美国将价值1千万美元的剩余物资贷给江南造船所,该所则须在三十年内以修理美国军舰形式偿还贷款,贷款利息二厘半。② 由美国海军部派遣"技术顾问"若干人,以指导江南造船所技术工作①。

---

① 此合约是由国民党政府军政部海军署副署长周宪章代表江南造船所,与代表美国海军部的海军少将摩勒,于1946年5月15日在上海签字的。

（2）同"美国机器公司"等几家美国公司接洽并签订了有关技术、业务合约,规定美国公司派遣若干技术人员去江南造船所服务,但江南造船所必须优先采用各该公司的机器、材料。

有观点认为这其实是美国将其战时剩余物资倾销至中国,标志着"美国帝国主义势力伸入江南造船所"。但从另一个角度来看,战后的中国满目疮痍,所能依靠者仅西欧、苏联(苏维埃社会主义共和国联盟,1922—1991)、美国而已,欧洲战场同样饱受战火,因而借用美国"过时"的物资和技术以发展造船工业亦不失为一个好方法。可以看到的是,战后的日本就是这样在废墟上发展起来的。

江南造船所的英国传统来自英国机械工程师毛根(R.B.Mauchan)。他在江南造船所及其前身——江南船坞工作了 21 年,而且在很长时期是江南的最高管理者。他几乎把英商船厂的一整套先进的商务化经营管理模式完全照搬过来,船坞内外业务往来、公文通知、单据账目等一律用英文书写,让人感到"江南如外国人开的一样"。

然而,杨槱只在江南造船所工作了两个月。到了 5 月,过去留英同学、新任海军青岛造船所副所长兼总工程师夏新要把杨槱调到他那里去帮忙。马德骥所长当然不愿意,但是海军署还是把他调到青岛所当工务课长。按在英国格拉斯哥大学的年级讲,夏新比杨槱低两年。而在英留学期间,夏、杨两人关系还挺不错,曾在同一屋檐下生活过一段时间。杨槱从美国回来之后,大家又开始有通信往来,夏新便想邀杨槱一同到青岛工作。又因为夏新跟海军的一位主管关系比较密切,故而得到海军方面的支持。因此马德骥纵使有千般不愿,杨槱最后还是被调到青岛。

实际上,位于荷泽路 4 号青岛造船所旧名为"海军青岛工厂"①,工厂由海军第三舰队司令沈鸿烈于 1931 年创办,厂内建有万吨级干船坞一座:长,上部 156.97 米,底部 147 米;宽,上部 29 米,底部 18.28 米;深度,高潮时 8.01 米,低潮时 5 米。以后又增添车间若干、船台两座,除修理中外船舰外,还制造手榴弹、地雷和枪支等军用物资。1938 年,工厂被日军占领,职工增至

---

① 1946 年 6 月 1 日,海军青岛工厂奉命更名为海军青岛造船所。

1 500 人,规模更有所扩大。1945 年 10 月,工厂被国民政府接收并于次年更名,职工减至 1 200 人左右,但青岛造船所底子仍然不薄。杨槱来到造船所时,该所还准备接收美国海军转让的一座 2 800 吨举力的浮船坞。除了发电机、锅炉和空气压缩机等动力设备外,此浮船坞的坞墙上还装有 15 吨起重吊车,并附有 2 艘装备齐全的工作船。1947 年浮船坞正式为造船所接收,所里的技术人员和工人仅花了一周的培训时间就掌握了全坞各项设备的功能和操作方法,舰艇也可以入坞修理。

图 6-1　青岛造船所鸟瞰图

　　经过 1946 年一年的整顿,国民政府于上海、青岛、海南榆林、澎湖马公、广州黄埔、天津大沽各处均设有海军造船所,但拥有造舰造艇能力的,仅有江南造船所和青岛造船所。杨槱在青岛所的权限较大,派工、用料都由他决定。并主持修理过多艘海军舰艇,还开拓了商船修理业务。比如,国营招商局轮船公司有一艘新购的坦克登陆舰来厂修理,只见该舰中部上甲板的舷边列板隆起。杨槱判断,这明显是由于船满载(也可能是超载)时,在大风浪中航行引起过大的中垂弯曲力矩(犹如一根扁担,从两头抬中间的重物),甲板纵向结构失稳而造成的。此船虽然由杨槱主修,但却是随船来的美籍工程师出主意。他认为:"船的强度是足够的,也只要船厂把隆起的甲板部分切割掉,然后再制造一段新的焊接上,把甲板弄平就可以了。"船修好后,杨槱还不忘提醒船主和船员,劝他们以后装货时注意不要超载,并且在遇到大风浪时还要加压载水,使船体负荷均匀,避免再造成这种损伤情况。

1946年冬,有一艘海军拖船入坞修理完工后,正在放水入坞,拖船浮起时,突然向左舷倾侧30度,幸亏船舱没有进水,未酿成重大事故。后来查明,该船在修理期间,由于船员们不断取出右舷边煤舱中的煤,拿回家去供取暖和烧饭之用。到船出坞时,这个煤舱已被挖空,而左边煤舱还是满的,未动用过,船的左右重量不平衡,自然会产生严重的倾斜了。由这次事故,杨槱总结了一个经验教训:当船出坞时,必须对船进行仔细的检查。

1947年,杨槱主持建造一艘载重340吨的钢骨木壳蒸汽机货船"天运"号。实际上,杨槱在接手建造的时候,这艘船已经开始在造船台组装船体了,所需材料也都基本上准备好了。但船东要求他们做些改动,最主要的是操舵装置,原来是人力操作,现在要改为操舵机。这对杨槱他们是一个新的课题,以前没做过,于是就到江南造船所找资料,找操舵机的图纸,决定自己仿造一个操舵机。因此,杨槱在改造的时候,对这个船也花了不少力气。然而,在"天运"号试航的时候,作为试制品操舵机突然发生了故障,操舵不灵。而正好这时,恰好有一艘万吨级货船进港。虽然两船均已停车,但仍避让不及,结果"天运"号左舷被大船撞裂,幸好裂缝在水线之上,海水没有侵入船内。随即由拖船拖回船厂,一个月后修复交船。在碰撞的当时,杨槱站在驾驶室左侧的栏杆边。眼看船要被撞,就赶紧抓住栏杆,在船被撞的瞬间,全船剧烈振动,站在甲板上的人全部跌倒在地。这次事故,使杨槱知道船上设备,特别是像舵机这样的关键设备,必须经过严格的试验程序,完全合格方能装船。

在青岛造船所工作期间,杨槱创办了徒工(学徒)培训班,类似于现在的职业培训。船厂经常发生有的工种不足和停工待料的情况,杨槱则尽量利用闲散人工和库存材料,搞一点基础建设:锯木车间和柴油机发电间就是这样建成的。建设之余,杨槱还比较注意工人的困难处境。由于内战,国民政府滥发货币,造成物价飞涨,货币贬值很厉害,而银行利息也变得很高。杨槱知道,青岛造船所里有人利用职务之便,把本来要发给工人的工资存在银行拿利息,因此工人常常不能按时拿到工资。杨槱有时候要为工人公开抗争:"工人们总要吃饭的嘛!"后来夏新也跟他讲:"你要为工厂着想。"杨槱就讲:"我就是为工厂着想,所以我才叫你们发工资的。"

另外,在杨槱的建议下,青岛造船所吸收了十几位清华大学和同济大学机械、电机和造船系的优秀毕业生前来工作。他们很快就显示了各自的才华,也使造船所呈现出朝气蓬勃的景象,为造船同行赞赏。

军民之间(1948—1949)

根据 1947 年国民政府的海军序列,海军总司令部下设有三个学校,包括位于台湾高雄左营的军士学校,位于青岛的军官学校,以及位于上海的机械学校。杨槱在青岛的时候,就曾应聘到海军军官学校,讲授"船舶原理"课程。

到了 1948 年初,杨槱又被调回上海,任海军机械学校教务组组长,原青岛造船所王先登副所长任该校校长。学校刚刚建成仅有数月,校址在江南造船所西侧原大公职业学校的校舍内。杨槱到校时,学员刚刚军训结束,学校正准备开学。学校设造船、造机、电气与兵器 4 个学科,杨槱在几位专家协助下,很快就制订了教学计划,确定了课程设置,还聘请了交通大学、兵工学校等单位的教授和学有专长的海军技术人员到校任教,同时购买教科书,建立起物理、化学、电工实验室和金属工艺实习工厂。杨槱一向主张学生要具有真才实学,教师也要因材施教,因而在开学前就对全体学生进行基础课测试,基础差的学生另编一班,补习数学、物理和英语,一年后再参加正规班的学习。

由于海军机械学校就在江南造船所的旁边,杨槱还担任了造船所中一名没有具体任务的工程师。除了所里有不少熟人,他也比较愿意跑以外,杨槱所想到的还有另一方面:希望将来学校跟工厂密切结合。这似乎是杨槱有意无意从格拉斯哥大学继承而来的,工程理论和实践相结合的"兰金传统"。

虽然没有具体任务,当然也没有优厚的待遇,但杨槱每周仍去所里两个半天,了解到当时在建的"伯先"号沿海客货船的设计与建造情况。同时,他又是所里附属的艺徒学校的顾问,因而有时晚上去了解教学情况。杨槱还应邀为所里发行的厂报写了几篇关于加强计划管理与振兴船舶工业的文章。

杨槱的学生还没来得及到船厂实习,国内的战争形势急剧改变。1948 年下半年,国民党军队不断溃败,机械学校也逐渐收到海军陆续拨给一批轻武器,火炮和雷达装置等,教室不再平静。

1949年4月初,上海海军机械学校被迫迁往福州马尾。杨槱也随校到了那里,但家属留在上海。在马尾这个中国近代海军圣地,杨槱和总务组长庄怀远常到处游览,除了福建船政局遗址(现在的马尾造船厂)和海军学校被日本侵略者破坏的遗址外,还凭吊一些马江战役遗址和制造我国第一架水上飞机的地方。杨槱注意到,由于战乱,中国在该地的造船工业不仅没有发展,而且破坏殆尽。然而,马尾的造船还是代有薪火,当地的技术人员仍然在马尾办了一所勤工学校,培养了一批又一批技术人员,还利用废旧物资建起了一座小型蒸汽机驱动的发电厂。

4月21日,当从广播听到人民解放军百万雄师过长江的消息,杨槱立即向校长王先登提出要去上海"接家属"的要求。王先登没有阻拦,还给了杨槱一点旅费。听说杨槱要走,学校里也没有人来劝阻,但几乎全体师生都到江边来送杨槱——因为大家都知道,他这一走,也就再也不会回机械学校了。关于是去是留的抉择,杨槱回忆道:

> 我经常参加造船界一些人的聚会,以辛一心为首。大家一谈,包括许多老人,如叶在馥,他们都不想离开上海,我也受这个影响。我父亲当时也有工作……做审计方面的工作,但真正有来头的人你也审计不了他。……(连蒋经国在上海"打虎")都没办法,何况这个小小的审计处长呢?
>
> ……
>
> 他(父亲)也看到,我是大儿子,是最主要的(收入来源)。还有我的大妹夫(陈廷祜),他也有一定的工作。我们两个人的去留对他影响很大,他一看我们两个都准备留在大陆了,他就没动。

恰好,这时有一艘"太和"号护卫舰要开到上海,杨槱既是海军中人,又正好顺道,便上了舰。何姓的舰长十分欢迎杨槱搭他的船,并安排报务员的房间供杨槱住宿。在舰上,杨槱整天听到关于渡江战役的消息。第二天早晨,

"太和"号进入吴淞口,见到黄浦江中有很多外国军舰,有的军舰看到中国军舰来到还列队致礼。杨槱还看到一艘桥楼被解放军打坏的英国巡洋舰。"太和"舰一靠码头,立即就有英国海军军官上船探询长江战况。何舰长说是从福州来的,未进长江,英军官失望地走了。不久以后,当时国民党海军第一舰队司令马纪壮上舰,要何舰长把"太和"号开到某地去轰炸解放军。何舰长拒绝说,没有炮手,几个炮手都开小差离舰了。马纪壮看到杨槱在船上,就说:"原来舰上还有客人,先请客人下舰。"于是杨槱就下舰回家,在家里等候着上海解放。

杨槱也一直跟高校造船系很有缘份,他一回国就在同济大学造船系教了一个月的课,后来又在重庆商船专科学校及其后继——交通大学造船系兼课。1948年4月下旬至6月初,这正是杨槱从青岛调回上海后不久,"国际海上人命安全会议"在英国伦敦举行,旨在订立新的"国际海上人命安全公约"。交通大学王公衡(世铨)教授正要去英国参加这个会议,于是杨槱就代他讲授"船舶阻力与推进"课程。此外,他还指导毕业班的船舶设计与制图作业。暑假后,王公衡回国,杨槱便应同济大学之聘,任造船系教授,担任"船舶原理"与"实用造船学"两门课程的讲授。同时,他也在交通大学兼授船体计算制图课程。

1949年5月27日,上海解放。已经脱离了国民党海军系统的杨槱,征得解放军代表的同意,成为同济大学的专职教授。暑假过后,工学院院长李国豪更推荐杨槱为任造船系主任。那时,同济大学造船系主任是叶在馥,但他供职于民生公司,而且也兼任交通大学造船系主任。李国豪认为叶在馥只是挂名兼职,于是就找到了杨槱。

在担任了同济大学造船系主任后,杨槱当即聘请了范恂如、魏东昇、刘雍等新从英国和美国学成回国的青年专家到校任教。此外,杨槱还购买了一些必需的教学器材,特别是补充一些制图设备。

学会任职(1948—1949)

自从抗战胜利复员以来,中国船舶已达百万余吨,行驶的航线也由沿海渐及远洋。根据国际惯例,所有在建和营运中的船舶,都要由验船机构或船级社,定期检验其船体结构、动力装置、材料和设备的质量和完整性等,并颁发船级证书。航运公司则以此证书为依据,向保险公司投保。当时中国的航运公司,如旧国营招商局等认为,"惟航驶国船舶,其各项国际间必需置备之船舶文件,莫不仰仗于外国验船机构。举凡船舶之检验,各项证书之申请,处处受制于人,使我航商遭受种种不必要之损失与困难,亦为我独立国家莫大之耻辱"。因而,航运界和造船界人士都认为,中国应建立自己的船舶检验机构。于是,由招商局总经理徐学禹,船务处处长黄慕宗,及中国油轮公司总工程师朱天秉等四十余人发起组织,于 1948 年 4 月 29 日在招商局召开筹备会议。辛一心、杨槱等也被邀参加筹备小组,负责起草验船规范。当年 7 月 20 日,"中国验船协会"(The Chinese Corporation Register of Shipping)在招商局召开成立大会,当场通过协会章程并选举出理、监事。不久以后,在第一届理、监事联席会议上,该会的技术委员会章程得到通过,15 人被选为技术委员,他们分别是:

主任委员:杨俊生。

常务委员:辛一心,叶在馥,朱天秉,齐熙。

委员:黄慕宗,李允成,张令法,王世铨,萨本炘,王超,袁晋,张耀,郭锡汾,杨槱。

这些委员都是经验丰富的航运和造船专家。技术委员会后来又分为法规、人事和财务 3 个小组,王超、辛一心、王世铨、张令法、叶在馥、郭锡汾和杨槱为委员。

杨槱等人的主要任务,是负责"钢船建造规范"的编制工作。法规小组成员认为,英国验船协会(British Corporation)的规范比较科学,可以作为中国规范的蓝本。于是,王公衡和辛一心教授组织交通大学造船系毕业班学生,翻译了英国规范的入级章程、船体、轮机和材料等部分。然而学生的水平参差不齐,原译稿文体不同,错误不少,而且版本太旧,杨槱校阅之后认为,依照新的版本并聘请专人,重新翻译较为可靠。他还建议,加聘电气方面的专门委员翻译电气部分的规范。上海交大两位教授王超和陈宗惠,以及同济大学教授杨槱三人,分别物色人选,聘请了朱淑新、叶于沪、罗续甫以及沈肇熙前来

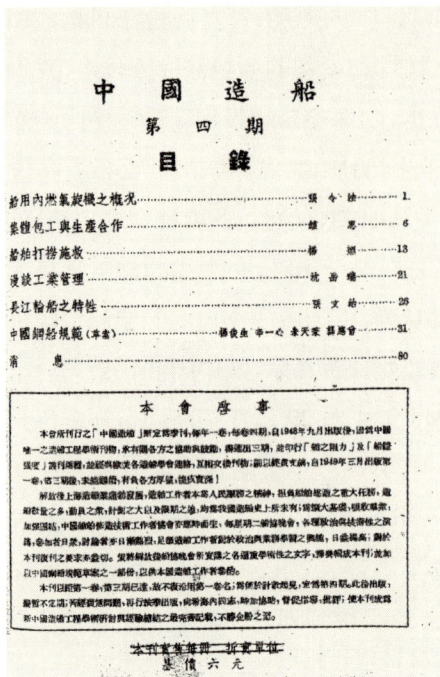

图6-2 《中国造船》第4期目录,上有杨槱的文章

协助翻译。因此,这个规范实际上是经过了这7人之手,重新翻译修订而形成的,后来在《中国造船》第4期至第8期上,以连载方式陆续刊登。当时《中国造船》稿件时常短缺,规范的刊登占了一定篇幅,对稿源起了调节作用。

1948年10月3日,中国造船工程学会假座上海徐家汇"国立交通大学",举行第五届年会,由叶在馥担任主持。会上选举了第五届理、监事,杨槱以28票当选为理事,并宣读了《造船工业之生产和管制》一文。

杨槱当选为中国造船工程学会理事后的12月3日,招商局轮船"江亚"号从上海开出,前往宁波。晚6时许,大船驶至铜沙洋面,突然一股巨大的爆炸声震荡了海面,"江亚"号船身即剧烈抖动倾斜,迅速下沉。经过仅仅三四分钟,"江亚"轮便完全沉入水中。这时,途经此海域的只有几艘小渔轮与货轮,因船太小,只救起了近1 000人,遇难者达3 000人左右。事故后不久,《中国造船》上还刊登了一则消息:

招商局"江亚"轮,原为沪甬线之定期班轮,于年前由沪赴甬途中,忽在吴淞口外海面发生爆炸,渐即沉没,且下沉甚速,其破坏之烈可以想见。出事后,交通部会同上海航政局,组织"江亚"轮失事调查委员会,函邀本会与中国验船协会参加。由本会杨理事长俊生,与中国验船协会叶在馥先生,分别代表出席,并前往出事地点作实地调查。从捞获之甲板与肋骨等被炸材料提供宝贵之意见,备受各方重视云。

杨槱也参加了"江亚"轮失事调查委员会。他们一行乘一艘拖船去长江口沉船处察看,当时海上风浪不小。杨槱原来以为,会有桅杆、烟囱什么的会露出来,结果一无所见,最多只能想象"江亚"轮被炸时孤立无援的悲惨处境。原来,调查委员会也曾想从打捞上来的尸体探索产生爆炸的真实原因①,但后来人民解放军将要渡江的消息传来,在兵荒马乱的情况之下,调查工作也只好随即停顿。

　　1949 年 6 月 20 日,"为加强团结,扩大基础,吸收群众,对新中国船舶建设作更有效的努力起见",部分中国造船工程学会会员,联合学会内外的造船科技人员共 300 余人,在上海广东路招商局召开大会,成立"中国船舶修造技术工作者协会",简称"船协"②。

　　当时船协选举出辛一心等 11 人为理事,叶在馥等 5 人为监事,制定出 8 条纲领:

　　(1)本会以致力船舶建设工作,提高全体人民生活水准为最高目标。

　　(2)革除技术上的个人主义和宗派主义,提倡学术公开的风气。

　　(3)配合全国性的建设计划,修造船舶的人才必须有合理的分工和密切的合作。

　　(4)智力劳动和体力劳动同等重要,理论和实际必须配合。

　　(5)船舶修造,应尽量利用我国产品,以自力更生为最高原则。

　　(6)吸收外国优良技术,作有系统的选择、学习及介绍。

　　(7)联络其他科学技术团体,互相商磋,交换技术智识,协力推进建设事业。

　　(8)我们自己的福利,必须以全体人民的福利为前提。

　　同时,船协经常举办船协晚会,于每周二由会员或另请专家作政治性和技术性的演讲。1949 年 7 月 5 日,船协晚会第一次开讲,演讲者即为杨槱,讲题为"船舶打捞之技术"。由于内容较多,在接下来的两个星期,杨槱就这个

---

　　①　当时"江亚"号严重超载,而爆炸的原因,一说是锅炉爆炸,一说是飞机挂载炸弹不稳掉落,一说是船只触及水雷。

　　②　1952 年 2 月,船协与中国造船工程学会合并,组成中国造船工程学会临时工作委员会,同时成立中国造船工程学会上海分会。

题目继续演讲。

原来,杨槱积极参加上海港的沉船打捞工作。因为得知他在美国学习过打捞施救,所以打捞公司便请杨槱来当技术顾问。国民党政府离开上海时实行过"焦土政策",把一些开不走的船弄沉,打捞公司把这些船打捞后加以维修,有好些还可以继续航行。因此,杨槱常常有机会亲自到打捞现场视察,与施工人员共同研究打捞方案。所以,他在船协晚会上讲授打捞时,除了原来在美国所学习的理论之外,还有很多是经验之谈。他指出,船舶遇难的方式不外搁浅和沉没两种,但因船体、水文、天气等因素而各异,因而施救的方法和工具也有不同,其中还涉及一些计算。后来,杨槱把这个讲稿变成文字,并且为各种救生工具绘制添加了大量的图画,在《中国造船》刊物上发表。

第七章
东北五年

大连造船（1949—1951）

1949 年秋季学期开始后不久，旅大行政公署派陈耀华率团来上海招聘技术人员。当时造船界前辈叶在馥十分热心，自告奋勇应聘前去，但要杨槱和朱淑新二人当他的助手。同济大学方面同意暂时借调杨槱，以半年为期。因为杨槱同时是交通大学的兼职教授，所以他也向交大提交了辞呈。当年 11 月中旬，叶、杨 3 人随同第一批去大连的技术人员，乘火车经天津、沈阳，前往大连。

旅大，指的是位于辽东半岛最南端的两个港湾——旅顺口、大连湾。

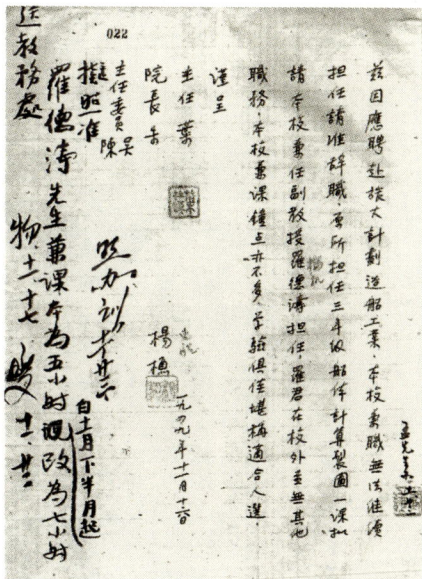

图 7-1　杨槱辞呈①

---

① 图片来源：上海交通大学档案馆。

甲午中日战争后,《马关条约》签订,清廷被迫割让台湾和辽东半岛。由于德、法、俄三国干涉,清廷后以三千万两"赎辽费"从日本手里拿回了辽东半岛,但俄国则以"还辽有功"为名,强行租借了旅顺和大连。1898 年,李鸿章"老来失计亲豺虎",与俄国秘密订立密约,企图依靠沙俄租借旅顺、大连附近水面以"保卫中国",是为《旅大租地条约》。旅大一词由此产生,但俄国则将这一地区称为"关东州"。1904 年日俄战争后,旅大地区被战胜国日本称为"关东州厅"。抗战胜利后,中共旅大地委成立;1947 年,旅大地委又组织旅大地区各界人民代表大会决议成立行政机关——"关东公署"。1949 年,东北人民政府改关东公署为旅大行政公署,次年又成立旅大市人民政府,直至 1981 年改称为大连市。因此,从广义上讲,杨槱当时前往的是旅大,从狭义上讲就是大连。

当叶、杨一行到达大连后,旅大行政公署工业厅张有萱厅长就任命杨槱为该厅的造船工程师。工业厅准备在大连湾内香炉礁地方新建一所规模宏大的造船厂,称为"大连造船厂"。

1945 年 2 月,罗斯福、斯大林、丘吉尔三巨头开会,并达成了《雅尔塔协定》,当中规定欧战结束后两到三个月内,苏联将出兵对日作战,条件之一为

图 7-2 旅大工业厅工程师聘书

恢复"由日本 1904 年背信弃义进攻所破坏的俄国以前权益",其乙项为"大连商港须国际化,苏联在该港的优越权益须予保证,苏联之租用旅顺港为海军基地须予恢复"。8 月,苏方与国民政府在此框架上签订城下之盟——《中苏友好同盟条约》;同月 22 日,苏联红军解除旅大地区的日军武装,进驻旅大。苏由此开始为期 5 年的军事管制。初到大连的杨槱回忆道:

> 老的、大的造船厂,大的机械制造厂都被苏联征用了,所以当时我们就想,利用建码头的地方自己造个新的造船厂。当时航运还没发达,有一个码头在建,但还没建成,(我们在那)建造船厂。

事实上,大连原有的造船厂可以追溯到 1898 年。其时,清政府与沙俄的《旅大租地条约》刚刚签订,沙俄政府即着手筹建大连商港及配套的修造船工场。大连修造船工场隶属于中东铁路公司,有时也被称为"大连造船厂"。此厂在日本占领东三省的年代,也由日人精心经营过,历名满州船渠株式会社、大连船渠株式会社。在进驻旅大的第二天,苏联方面即接管了大连船渠株式会社,易名为大连船渠修船造船机械工厂,隶属于苏联海运部,并将其作为苏联在远东的船舶修造基地。苏军初到时,纪律散漫,到处拆毁机器。在大连的另一家造船厂,他们就拉走了两座造船用的吊塔,一批造船用的钢板,还有一些已制作成品的铁路货车车辆等。因此,旅大工业厅意图筹建的,是一个以中方人员为主的造船厂。当时,工业厅已经落实了 大笔建厂资金,同时也准备派人去香港订购材料。而杨槱的第一项任务,就是研究设计适合中国沿海航行的货船船型,计算建造这种船所需的主要材料规格和数量,而建设船厂、船坞和厂房所需的材料清单则由土木工程师提出。到了 1950 年初,大连造船厂建厂委员会成立,杨槱被任命为工务处长,负责船厂规划和新船建造工作。当时的委员会决定,建厂与造船同时进行,并先造一艘急需的 662 千瓦蒸汽机拖船。他们在香炉礁很快就建了一个小船台,在船台边上,搭几间简易厂房作为钢材加工车间和仓库。与杨槱一同前来的朱淑新是设计处长,负责船舶设计工作。一切工作都在紧张有序地进行,直到抗美援朝运动开始。

1950 年 2 月,《中苏友好同盟互助条约》签订,其中的附件——《中华人

图 7-3　杨槱于 1973 年重回熟悉的大连老虎滩

民共和国——苏维埃社会主义共和国联盟关于中国长春铁路、旅顺口和大连的协定》规定，苏联军队将于 1952 年末前从旅顺口海军根据地撤退，并移交该地区的设备；在此之前，设立中苏联合的军事委员会，管理旅顺口地区的军事事宜。有意见认为，苏方协助中方在旅顺海军根据地驻防，有助于中方建立自己原来没有的海军力量。

在此背景之下，并差不多同一时间，中国海军在大连建校。杨槱先是到位于老虎滩的指挥学校，讲授船舶原理课程。讲义全由苏联教官编写的，由翻译官和杨槱翻译成中文，再由后者在课堂讲授。杨槱记得，考试采用口试形式进行。苏联教官出了许多套考题，考试时由学员抽取其中的一套。学员看清考题后要向考官表示题意清楚后，就在座位上准备；准备完毕，他就利用黑板回答考题。其间，考官可随意提问，学员回答，直到考官们认为满意为止。杨槱认为，这种考试方式虽然费时较多，但可真正发现有才能的学员，而且考试舞弊现象可以完全消除。

以后几个学期，杨槱则到位于南山的海军工程学院讲授"舰艇生命力"课程。所谓"舰艇生命力"，其实就是他在美国所学习到的"舰艇损害管制"。当时杨槱家离海军工程学院不远。有一次周末，杨槱长子杨思远跟几个小朋友跑到学院的操场去玩。有人就责问："你们几个小孩在这儿干什么？"杨思远说："我爸爸在这里工作。"

"你爸爸是谁？"

"我的爸爸叫杨槱。"

"杨槱，我知道。"于是，杨思远得以在操场上玩耍。由此可见，杨槱的在海军工程学院也是有名的。

有一个经历与杨槱的船舶设计有点关系，但足以看到杨槱处处留心跟船有关的事。有一次,他去沈阳参加会议,顺便到北陵公园游览,那里有一个人工湖。杨槱租了一只小划船,但用桨向前划时,总控制不了航向,船在水面打转。当他注意到别人都是船尾向前倒着划时,他立即就明白:造小船时把船尾呆木(即踵部)全切掉了,而垂直的船首直插船底。这样船的侧面水下阻力中心就移向前部,使船丧失了航向稳定性。果然,当把船倒着划时,深插水下的船首(现已变为船尾)起着稳定前航的作用,船的航向稳定性得以恢复。

1950 年 6 月,朝鲜战争爆发。朝鲜人民军大举南下,在两月间几乎统一朝鲜半岛全境。那时,北京正在举行全国第一次科学技术代表大会,杨槱作为大连科技代表团的一员参加了大会。但当他回到大连不久,朝鲜形势就开始逆转。9 月中旬,美国军队在仁川登陆,并很快越过"三八线"。此时的杨槱得到的任务是:把日本人在抗战胜利前后一段时间内设计的一些渔船,改造成为武装渔船,主要是经过计算后在甲板上安装火炮。杨槱注意到,这些船的稳性比较差,所以在船底加压铁压载。

10 月 25 日,中国人民志愿军跨过鸭绿江,"抗美援朝"开始。而大连造船厂的建厂工作,也因战事而停顿。建厂委员会的机械工程技术人员,也调到沈阳东北人民政府机械局和几个机械企业去了。土木工程师大多调去建设飞机场,这是一项战时的重要任务。杨槱等造船人员则留守待命。期间,杨槱为军队渡河而设计舟桥。空闲的时候,叶在馥、杨槱等人又采用集体讨论的办法,花了大约两周时间,编成英汉对照的《船舶名词》一书。

中苏合作(1952—1953)

1951 年 11 月,大连造船厂建厂委员会全体造船技术人员,均调到大连船渠工厂工作,因而大连造船厂的筹建也暂时中止。大连船渠,就是上一节所提到的旅大地区规模最大、历史最久的造船企业,始建于 1898 年 6 月 10 日。

根据《中苏友好同盟互助条约》及其附件,苏方要将其旅大地区代管和租用的财产,全部移交给中华人民共和国政府,但大连铁路局、大连船渠,以及大连铁道工厂除外。因此,杨槱等人到厂时,全厂职工 7 000 人,其中大多数是中国职工,虽然也成立了自己的党委和工会,但厂领导和主要技术人员都是苏联人。

1952年初，在大连船渠工厂的基础上，中苏双方成立了中苏造船公司。早在这个公司成立之前，国家重工业部即拟定了中苏造船公司的5年发展规划，要求扩大厂区生产作业面积，逐渐发展成为造船为主，积极筹建船舶内燃主机的生产厂，并决心在苏方不同意时，中方将单独建设。这个发展规划方案于1951年11月经中央财经委员会副主任李富春同意并得到周恩来总理批准。根据这个规划，1954年中苏两国达成协议，并具体制定了中苏造船公司5年建设改造计划。1955年1月1日，造船公司改由中国独立经营，定名为"国营大连造船公司"；1957年6月，又更名为"大连造船厂"。

中苏造船公司成立之时，旅大行政公署韩光主席为董事长，苏方人员为副董事长。苏方科斯钦科为总经理，格瓦利洛夫任总工程师，中方原宪干任副总经理，杨槱是副总工程师。实际上，在关东公署年代，由于国民党封锁而造成旅大地区原料、燃料匮乏，和苏军初进驻时的破坏，很多企业处于停工状态，因此，当时提出四大中苏合营公司：中苏合营远东电业公司，中苏合营石油公司，中苏合营盐业公司，中苏合营造船公司。当时规定中方占51%股份，苏方占49%；中方任公司理事长，苏方任总经理。当时是关东公署主席的韩光，就是中苏合营造船公司的理事长，苏联海军少将热尔道夫斯基任总经理，造船公司修理的有的是苏联在二战中损毁的船只。可以说，中苏双方合营造船公司是其来有自。

而杨槱所在的中苏造船公司，所修造的也全是苏联船只。他提到：

> 每年冬季，苏联北冰洋船队的船只都来厂进行年度检修。这些船中大多数是万吨级货船，也有3000—5 000吨级的。有的船的首部外壳板受冰层挤压，严重变形，修理的范围就较大了。此外还有一些非常老旧的船也来厂修理。从经济性考虑，这些船早该报废了，但当时苏联缺少运输船舶，还对它们进行恢复性大修，修理期在一年左右。我记得修这些船时，有一艘船由于一次拆除船体结构过多，发生了船体严重变形、进行校正非常困难的情况，这也是一个教训。
>
> 后来又来了4艘匈牙利制造的、以苏联音乐家科萨科夫和格林卡等

命名的江海直达型货船，要求对船的稳性进行核算。结果发现稳性不足，于是在船的底部加装了压载铁。船完工后，还要进行倾斜试验，以便精确地求得船的重心高度。其中有一艘船在进坞检查时发现尾轴管有点破损，原来这个尾轴管安装时有点偏斜，加工后有一部分管壁很薄，在使用过程中稍有碰撞就破损了。这一件事使我认识到，船上任何部件的加工和安装都必须认真检查，不符合要求的必须重做。

1950年代初是中国学习苏联"老大哥"的高潮，杨槱也不例外，他非常努力认真地学习俄语。工厂规定每天8点到班，杨槱7点以前就提前到达，学习俄语。当时教杨槱等中国工程师的，是有一些长期生活在大连的原俄罗斯人，俗称"白俄"。当时苏联人来了，也就数他们能兼通俄汉，因此就教中国人俄语。那时，杨槱早上俄语课，而平常就跟苏联人一起工作，虽然有翻译人员在场，但是总常常听到俄语，因此慢慢地，能听懂的东西多起来了。大概一年之后，他也能够跟苏联人直接交流了。

后来，船厂里承修一艘名为"捕蟹者"号的渔业加工船。这船又老又旧，却在船首装有一个很漂亮的妇女雕饰，工人们称之为"大娘们船"。船上有全套渔产品加工设备，住舱也很多。由于工人大多数是女性，船上有一间陈设较好的房间，据说是专为女工新婚用的蜜月住房。这船的主机是一部非常老式的柴油机，很难修。该厂后来的总工程师蔡槑，对它的修复作出重要贡献。蔡槑原来是船体设计人员，到厂后他服从组织分配，从事轮机修理工作，最后他成为该厂著名轮机专家，深受工人们的敬重。该厂大型船舶完工时都由他担任新船的试航轮机长。杨槱把这个故事记载在回忆录中，他感到："任何工作，只要下功夫钻研，认真工作，就能取得成绩。但(我)也遇到过有的人对工作挑精拣肥，派他做任何工作，总觉得不称心，时光流逝，一事无成。这种情况，青年们要引以为戒。"

船厂在杨槱等人到来之前，已经成批生产110千瓦拖船及500吨甲板驳和油驳。有一次，杨槱看到一艘油驳由4个支撑架支托，沿着涂有油脂的木滑道拖动移位时，船尾部一个支撑架下的木滑道上的油脂被挤压发热冒烟。很明显，这个支撑架受压过大。杨槱于是就叫人把这个支撑架向尾端移动一个距离,使 4 个支撑架所受压力大致相等,这个毛病就消除了。

1953 年,船厂接受了 883 千瓦拖船、载客 100 人的沿海客艇和水上工作船等较复杂船型的建造任务,杨槱仔细地研究了这些船的技术文件和图纸。原来苏联海运部对发展新船型十分慎重,例如 883 千瓦拖船最初从 3 个可行的方案中,选择一个优点较全面的方案作为开展设计工作的基础,并吸收其他两个方案的优点后,确定设计任务书。随后进行初步设计,确定新船的主要要素和主要设备。再进行技术设计,解决所有的有关技术问题和编制材料设备清单。以上两项设计都要经过严格的审核程序。施工图纸和技术、工艺说明十分详尽,对船厂施工具有明确的指导作用。杨槱还得知,苏联海运部的一个有职工 800 人的设计院,每年仅能提供 2—3 种新船的设计。他谈到这方面,就认为:"苏联比我们要正规一些,样样都有秩序的。设计是他们的强项,比我们中国详细一点,但用人也多一点。几百个设计师,一年不过就设计两三艘船。设计当然是苏联负责的,我们就按照设计来施工。"

每艘大船修理完工后,都要出海试航 24 小时,以保证日后航行的安全。杨槱就参加过多次试航:

> 一般是先到驾驶室了解船在进出港、操纵频繁时,船的主机变速和操舵性能。然后到机舱去观察每台机器,特别是主机的运转是否正常,有无异常声响和油温失常情况等。由于主机试验要在 24 小时内、不同负荷下的运转情况,我们也要多次去到机舱观察。这是很长的一段时间,大家便在休息室和餐厅里相互交谈。总工程师格瓦利洛夫曾在船上当过锅炉生火工、轮机员,在船舶登记局当过验船师。他到过世界各地,曾任苏联船舶登记局驻美国代表。他很健谈,讲述他的一些有趣的经历。船上的苏联船长在他的房间备了一桌冷菜和各种酒类,我们走过他的门口时,他就请我们进去,为庆贺修船成功和向我们表示感谢,一定要我们干一杯。试航完毕回到船厂,大家都已疲惫不堪,整整休息一天才恢复正常。

在中苏造船公司里,杨槱与苏联专家在造船的技术问题上探讨得不算很多，但他对许多准备工作、供应工作这些都提了建议，苏联专家也多有采纳。但其中也经常有误会。1953年，公司苏联籍的总经理和总工程师都换了人，新来的总工程师对杨槱还是很好的，不过新总经理对他就有点误会了。他曾批评杨槱，而且批评得很厉害。在中国，一个主管的人对他底下的人批评这么厉害很少有，因此这件事还在中共党刊上登出来了。不过因为只是内部事件，杨槱也没受到处罚，因为他工作之认真还是有目共睹的。后来，新任总经理知道党刊里登有关于他批评杨槱的事，心中不安，就对我也客气很多了。最终，他自己也承认只是一场误会而已。当然，苏联专家有否受到大国沙文主义影响，影响又有多少，也就不得而知了。

在中苏造船公司，苏方人员只负责修船、造船和处理有关技术问题与经营问题，船厂的其他管理工作就落在杨槱等中国干部身上。例如每年的台风季节，位于海边的船厂受到很大威胁。台风临近时，中国干部就在厂中过夜，并不回家。

另外，劳动工资问题也要公司副总经理原宪干和杨槱想办法解决。当时船厂普遍实行计件工资制，凡能超额完成任务的工人，收入颇丰，每逢节日还可得到一点实物奖励。但有些工人不能完成定额，只拿到70%的基本工资，杨槱觉得那对于那些出心出力的工人来说真是太苦了。后来原宪干和杨槱还为了工人的工资问题，到北京向第一机械工业部段君毅副部长汇报过。

杨槱还主管船厂的劳动保护科，负责工人们的安全保护。杨槱在格拉斯哥学造船时，曾亲眼目睹许多造船的工业意外事故，因此他对安全慎之又慎：

> 凡新工人进厂都要进行一天的安全教育，向工人讲解安全操作规程和使用安全服装与工具，考核及格才能上岗。工厂还发给工人一本安全操作规程小册子，并要工人（阅读并）签名，保证安全操作，但有时还是发生了事故。例如船到厂施工修理前一定要把燃油舱中剩余的油渣清除，先用蒸汽把舱中有害气体除掉。这些油舱一般在船的双层底内，地位狭窄，只能选身材瘦小的工人，有的是童工，钻进去挖油渣，一桶桶地传递出来。一般都是两人一组，相互策应，以防不测。但偶然还是发生工人在油舱内晕倒的情况，这就要立即把工人抬出来，送到医务室抢救。就

此事,杨槱曾书面向总工程师建议新造一套机械清洗油舱的设备,但由于经费无着落未能实现。

工地或车间失火和工人操作不慎而受伤的情况也发生多次,我总是到现场去及时处理,对受伤的人采取紧急救护措施。所幸运的是,我在该厂的两年间没有发生死亡事故和重大火灾。我深深感到,生产安全是工厂的头等大事,千万不能因为生产任务忙或追求高的经济效益而予以忽视。

杨槱所在的中苏造船公司还有一个特点,就是特别重视培养干部,并且把培养干部作为建厂方针之一。因此,船厂每年都吸收很多大学毕业生,他们初进厂时,往往被分配到车间去当工段长的助手,使他们和工人们同呼吸共命运。据杨槱的记载,有一次某工段出了废品,那位正在工段的大学生主动承担责任,自愿被扣去30%的当月工资。后来,这位经过了磨练的大学生就成了大连造船集团公司的领导人。所以,这些技术人员在工段干了1—2年后才担任车间的技师或工程项目的主管技师,往往会得到较好的基层锻炼,较全面地了解工厂情况,能和工人打成一片。杨槱认为这样的大学生在工厂里多多益善。后来大连造船厂成为支援兄弟船厂、向外输送干部最多的船厂之一,是有其根源的。

杨槱在中苏造船公司期间,有时也会参与到朝鲜战事中一些与船舶相关的工作。1952年冬,朝鲜战争正处于相持和阵地战阶段。一天早晨,有人突然通知杨槱和一位技术员说:“晚上就走,到沈阳。你们可能要到朝鲜,有光荣任务。”这就是说,杨槱要去参加抗美援朝战争了,但什么任务也没讲。第二天,他们到了沈阳,杨槱本以为是到朝鲜去了,实际上第三天到了丹东就停下来了。当时就有海军的将领跟他们联系,交代了具体任务。原来为了防范敌军再次从后方登陆,要作反登陆的作战布置,因此军方要建一个鱼雷快艇的修造基地。在那儿也有苏联专家,但杨槱却没跟苏联专家接触。后来杨槱提了一些意见,写了一些修船设施设计方案的设想,供军方和苏联专家参考。他们最后采用了杨槱的一个意见:就是用吊艇架把鱼雷艇吊起来维修,而不是在船坞或浮船坞修。

当其时,美国和韩国向我方派遣的谍报人员多数是乘船潜入,因此军方也急需巡逻艇,以作堵截。杨槱曾协助造船厂,把已经造好的一艘 110 千瓦拖船,改装为有武装的巡逻艇。

俞宝均,1963 年毕业于上海交通大学船舶制造系,中国船舶及海洋工程设计研究院,船舶总体设计性的学科带头人。他回忆道:"给我们上第一堂课的老师是杨槱教授,教船舶概论,他是造船界的前辈,现在 90 多岁了身体还很健康。20 世纪 50 年代他在大连船厂当总工程师,不完全按照苏联专家的做法,有自己的思想原则,坚持走中国人自己的道路,维护了我们国家的利益……我很佩服他这一点。杨教授很刻苦努力,对新知识新领域总能去研究、学习、掌握。改革开放后,他已经 60 多岁了,还在钻研经济学分析,电脑的使用,这给我们树立了很好的榜样。杨教授是我班同学,航母总设计师朱英富院士的研究生导师。"

两易其岗(1953—1954)

1953 年,我国开始第一个五年国民经济发展计划,其基本任务是:集中力量进行以苏联帮助我国设计的 156 个建设项目为中心的、由 694 个大中型建设项目组成的工业建设,建立起我国社会主义工业化的初步基础,同时对我国的各种非公有制经济进行社会主义改造。但应当注意到,这个计划是于 1955 年 7 月第一届全国人民代表大会第二次会议上正式通过的,在此之前,大规模的建设工作已经展开。

1953 年 11 月,第一机械工业部船舶工业管理局指派杨槱带领 10 名技术人员去葫芦岛参加第一造船厂的建厂工作。事实上,杨槱的这一次岗位调动,是有一定历史背景的。

根据过渡时期的总路线,"一五"计划的中心是发展以重工业为主的基础建设,因而造船工业的建设也被提到议事日程上。造船工业的发展不仅能带动交通运输,而且也能壮大和发展中国海军。

朝鲜战争开始后,大连等沿海港口颇受战争威胁,我国有意在有一定重工业基础的东北内海、沿江一带建造军工造船厂,以加强海军建设。当时,交通部的苏联顾问沙士柯夫考察了葫芦岛,并提出了葫芦岛修复意见书。他的意见是,无论从经济条件、地理环境还是国防地位,葫芦岛都优越于其他地区。1952 年 10 月,第一机械工业部决定筹建第一造船厂。11 月,一机部船舶工业管理局会同海军组成调查组,进行实地选勘厂址,初步决定在葫芦岛建立第一造船厂。

1953 年 4 月,船舶管理局调江汉造船厂筹备处主任薛蔚等 6 人组成船舶管理局渤海工作组,前往葫芦岛筹备兴建造船厂。薛蔚任组长,对葫芦岛及其附近地区进行详细调查,并从中苏造船公司调来技术干部一起参加工作。因此,杨槱就从中苏造船公司副总工程师的岗位上调到葫芦岛,参加渤海工作组的建厂工作。杨槱记录了他最初到达时的印象:

> 那里是一个尚未建成的港区,有一座用沉箱作为岸壁的伸出式的巨大码头,还有一座用钢板[桩]建成的较小的伸出式码头。1949 年“重庆”号巡洋舰起义北上,就停泊在后一座码头旁,并遭到美蒋空军轰炸。那时码头被炸坏的部分尚未修复。大码头上建有一些仓库,港区两边山上还有多幢住房。

苏联专家的意见书被称为“修复”,杨槱看到的是一个还没建成的港区,都暗示了葫芦岛一度是东北重镇。事实上,早在日本从沙俄手中夺得旅顺、大连后,东北驻军总督徐世昌等人积极主张在葫芦岛筑港。当时清政府认为,葫芦岛位于辽西走廊,水陆交通方便,严冬时节港内冻而不坚,便选定在葫芦岛筑港,后因辛亥革命爆发而暂停。其后,张学良时期、日治时期及抗战胜利后的国民政府时期,葫芦岛均有不同程度的建设和维护。至解放前,葫芦岛共有码头 7 座,岸线总长 2 210 余米,护岸 2 200 米,180 米小型滑道一处,仓库、住宅等建筑物 47 000 多平方米。

杨槱一行来到葫芦岛后,便和船舶工业管理局的工作班子一同工作。既然是要建厂,就要对葫芦岛及其附近地区进行详细地调查。渤海工作组于早前已经提出了“葫芦岛厂址调查报告”,报告中阐述了葫芦岛地形和历史沿革,历次筑港概况,现在建筑工程及各种设备、水文、气象、地质、交通运输、水电供应、劳动力来源等情况,并绘制了地形图。杨槱来时,则参加了港区建设的工程地质勘探。

其次是建立一个小型气象、水文测量站。每天要多次测量和记录当地的气温、湿度、雨量、风速、风向和潮汐的涨落。他们从水利部取得该港过去建港的资料,从国家气象局得到历年该地区的气象资料,从供电部门了解近期与远期供电计划。淡水供应也是一个大问题,他们于是考察了水源地和供水设施,并了解了将来可能利用的附近河流的水资源。

1954 年初,船舶工业管理局接到一机部通知,成立船舶工业管理局第一造船厂筹备处,渤海工作组撤销,后来任船舶工业管理局局长的陈扬被任命为筹备处主任。与此同时,苏联造船工业部设计院造船工艺设计工程师阿·康·塞尔柯夫,与另一名土木工程师组成苏联专家小组,前来协助工作。

3 个月后,筹备处完成了建厂计划任务书的编制工作,任务书的主要内容为:

(1) 第一造船厂定于葫芦岛;

(2) 交船站设于青岛第 5 码头;

(3) 建造驱逐舰与潜艇;

(4) 建厂于 1955 年开始,1959 年建成;

(5) 厂分为扩大初步设计、技术设计、施工图设计三个阶段进行,由苏联提供设计。

然而就是在这个时候,杨槱却接到第一造船厂暂缓建设的通知。很快,工作组的技术人员分别被调到船厂基本建设、船舶设计部门和造船厂工作去了。杨槱和他的主要助手王本立则调去筹建造船学院。

原来,1954 年正值“一五”计划的第二年,重点工程项目繁多,其时中苏商定的 141 项苏联援助设计项目中还没有包括第一造船厂。鉴于中国当时的船厂设计能力薄弱,没有能够承担规模如此庞大的船厂设计的单位,因而国务院未正式批准第一造船厂的设计任务书,建厂工作于是暂停。后来,苏联援建我国的重点项目由 141 项增加到 156 项,当中包括一机部的第一造船厂。造船厂于 1956 年破土动工,并更名为"渤海造船厂"。

杨槱到葫芦岛虽然只有短短的半年,但却"学到不少有关基本建设的知识,不仅有关于造船厂设计、厂址选择、工程地质勘探、港口和码头建设等方面的知识,而且在气象、水文方面也增加了一些知识。"

第一造船厂筹建工作暂停后,船舶工业管理局副局长柳运光通知杨槱,让他到大连工学院报到。原来,当时我国要依照苏联体制,成立独立的造船学院,杨槱到大连的任务,就是要参加筹建大连造船学院。在这之前,大连工学院已于 1950 年成立,由屈伯川①任院长,下属有机械系造船组。杨槱到院后,便将已有的造船组扩充,并正式成立造船系。杨槱本人被任命为系主任,李铭慰教授为系副主任。他们共同研究造船学院的规划并选择校址。

1954 年暑假以后,又有船体构造、蒸汽机和内燃机学科的 3 位苏联专家前来,协助进行教学改革和筹建新的学院。造船系成立了船舶原理与设计、船体结构、船舶结构力学、蒸汽动力装置和内燃动力装置 5 个教研室。

新学年开学后不久,杨槱又接到第一机械工业部通知,造船学院的地点改设在上海。这也是考虑到上海不仅造船厂较多,而且造船的科研设计单位也集中在那里。另一方面,朝鲜战争告一段落,有关造船学院的选址也有重新考虑的余地。1955 年春节期间,杨槱和大连工学院造船系的教师 20 余人,连同家属,包了一节车从大连去上海。对于这件事,杨思远印象很深,他说:

> 他从大连回到上海的时候,院校合并,工学院的全部人马,包括工友,全部都搬到上海来。那时候我还小,在工友来之前,有一天晚上吃过饭,我父亲要出去了。我问他出去干什么,他说要问问回来的人情

---

① 屈伯川(1909—1997),原名屈伯传,四川省泸县人。著名学者、教育家,德国德累斯顿工业大学化学工程博士,延安自然科学院创始人之一。1947 年 1 月前往大连担任"关东工业专门学校"校长,后主要负责筹备成立大连工学院。

况怎么样。我小孩子没事,跟他说:"我跟着你去玩去。"所有的要搬到上海来的这些人家,有什么困难有什么要求,他全部打听得仔仔细细的。我在旁边看到,大家都握着手,这个印象很深的。这时候他是系主任,对于这件事情他很关心,也做得很细致。事情虽小,但我跟着,印象很深。

杨槱认为,他在几年时间内工作岗位屡次调换,主要原因是都是各地缺人,特别是缺少主要的业务骨干。当时的葫芦岛是全国生产生活供应最差的地区之一,杨槱回忆道:"我看当时是要预备发展潜水艇了,那要找人。到上海找人去就有点难,因为葫芦岛是个偏僻的地方,离开上海远,就没多少人愿意去了。"然而,杨槱总是听从组织调遣,甘愿到国家认为最需要人才的地方去。

第八章
教学生涯

重回交大（1955—1957）

时隔 5 年，杨槱又回到上海。

根据一机部拟定的方案，杨槱原来所在的大连工学院造船工程系，首先要与交通大学造船系合并成一个更大的、全国唯一的造船系；以此为基础，日后成立上海造船学院，院址初定上海军工路原沪江大学旧址。早在1952 年，交通大学造船系的实力在院系调整时就得到很大的加强。当时，包括同济大学、武汉交通学院和上海市立工业专科学校的造船系科均合并到交大中来。

1955 年 1 月 7 日上海造船学院成立筹备委员会。第一机械工业部、高等教育部联合通知指出：为了顺利建成这个学院，交通大学在师资培养、教学，行政组织等准备工作方面，都负有更多的责任。筹备委员会主任委员为彭康，副主任委员为姚志健，李葵元，另有委员七人。1 月 29 日原大连工学院造船系教师 20 余人及三、四年级 100 余人并入交大造船系，苏联专家三人也随同来校工作。

2 月 17 日，春季学期开始后不久，交通大学造船系与大连工学院造船工程系正式合并，李永庆教授和李铭慰教授分任正、副系主任。杨槱则被任命为副教务长,担任造船系部分课程的讲授,同时在上海东北的杨浦区踩点,筹建上海造船学院。不久,高等教育部发下通知,要求全国高等院校加快学习苏联先进教学经验的步伐。除了以苏联高校的教学文件为蓝本修订教学计划和教学大纲、编写教材外,交通大学原则上要求,1955 年度毕业班学生要按照苏联高校的要求完成毕业设计。

据冶金专家魏寿昆院士回忆,新中国成立以前,大学的教学计划中并没有毕业设计一项,大学毕业生或写毕业论文,或写读书报告,或做小实验,均是科研形式,而不是比较贴近实际和工程需要的毕业设计。杨槱虽然有丰富的实践和教学经验,但毕竟没有接触过毕业设计,至于怎样指导学生做毕业设计,也是不甚了了。因此,他决定花几个月的时间,自己先尝试做一个。这个毕业设计以研制破冰船为题,为什么要选择研制破冰船呢? 杨槱说道:

> 我在大连中苏造船公司,修理过一艘天津海河的巡逻艇。而且渤海也有一段时间要冰冻,天津海河全部是冰冻的。葫芦岛冬天也冰冻,但不厚,平常还可以,但特别冷的季节就比较难航行了。因此我对破冰船也有一定的兴趣,所以我就想研究这种破冰船,我便亲自到天津实习。

除了查阅有关文献资料外,他登上天津港务局的一艘破冰船,在船上实习,亲身体会海河上的破冰作业情况。那时,海河每年冬季都结有厚达50 厘米以上的冰层,渤海的西部也结冰。杨槱了解到,破冰船一般在夜间作业;破冰船的首部呈斜翘形,便于驶上冰层,靠船体的重量把冰层压碎,给后面跟随航行的船形成一条畅通的航道。晚上,杨槱就睡在甲板下船员休息室靠舷边的长条沙发上,冰块撞击船壳,产生很大的声响。但经过一整天的观察作业,杨槱十分疲倦,在这种情况下,居然熟睡了。杨槱经常和船员们交谈,了解到这艘船冬天在海河破冰,而其余时间还要出海,担任拖带运输任务。另外,破冰船要开辟出一定宽度的通航水道,因而船宽要比一般船大些。船宽大,初稳性也大,但其适航性就差了:即船在有风浪的海面航行时,摇摆剧烈,船员们颇以为苦。破冰船没有装舭龙骨,据称舭龙骨对破冰不利,而且受冰块撞压容易损坏。杨槱询问过船员们的意见,认为可以装活动的,也就是他们俗称为"水老鼠"、可拆卸的舭龙骨,或者在船内装减摇水舱。杨槱感觉到,这是一个将来可以深入研究的课题。

经过几个月的调查研究,杨槱亲自做的毕业设计完成了,包括主要尺度分析、总布置、船体型线设计、静水力曲线、稳性计算、航速计算、破冰能力计算、横剖面结构设计、基本结构图等,还设计了一个装在甲板上的炮座。苏联专家看到杨槱白天忙于教学行政工作,却能在几个月间利用业余时间完成这样全面的作业,都感到很惊奇:"你那么忙,居然几个月时间就能够搞出这个设计!"当时,交大还请著名造船学者辛一心主持了杨槱亲自做的毕业设计的评议和答辩会,他对杨槱的设计颇有好评。有了这个毕业设计,杨槱指导起来也驾轻就熟,在这个学期,他就指导了 3 名毕业班的学生,完成了以内河拖船为题的毕业设计。

20 世纪 50 年代中期,中国高校学习苏联教育经验达到高潮。从 1955 年到 1959 年,交通大学造船系聘请的苏联船舶专家共有 9 位,分别来自列宁格勒造船学院、尼古拉也夫斯基造船学院等院校。苏联高等院校的课程设置和教学内容都比较多,学制比较长,一般是 5 年,实际上有部分学生要读 5—6 年才能毕业。苏联和欧陆都不设硕士学位,通常认为,欧陆的大学毕业生已相当于英美的硕士,再读 3 年就可以获得博士学位。当时苏联设有副博士学位,现被认为相当于英美的哲学博士学位。

1955 年 6 月,高教部决定,交通大学自下一学年起改为五年制,上一年招收的大一学生亦同时改为五年制。在学习苏联的高等教育体制之前,中国的大学一般是四年制的,少部分学校专业是五年制,如同济大学工学院。因此,在改革之后,大学生的课业负担普遍加重。另一方面,包括交大在内的多数中国高等院校基本上是机械照搬,几乎全盘苏化。有些教师把苏联教科书逐段讲授,因而即使改学制为五年,仍嫌课时不够,"出现教学中的忙、乱现象和学生负担过重、健康下降等问题",教学效果实际上并不理想。

杨槱曾对留苏大学生的课堂笔记详加研究,感到在课堂上所讲的内容要比教科书少得多,而且更加结合实际。他得出结论,苏联大学课程的教学内容虽较多,但在课堂讲授还是比较简明扼要的,只讲授基本原理。因此,中国教师也不必照本宣科,把教科书一字不落地教授给学生。另外,杨槱又仔细阅读了苏联人的课程作业和毕业设计,发现其内容充实,特别是对表面质量要求严格,书写整齐,图表清晰准确。苏联和欧陆的大学平时很少测验或小考,但学位考试非常严格。因此杨槱认为,学习苏联是否得益关键在于能否学到它的精神实质,而不是其外在形式。

虽然杨槱在交通大学的主要职务是教学组织工作和专业教学工作,但是他也抓住机会接触当前的造船实践。如1955年冬,他就参加了"民主十号"客货船的试航,这是建国以来所建造的最大的以载客为主的沿海船。为了缩短新船的建造周期,早日投入营运,采用了边设计边施工的办法,从放样、下料、上船台、下水、主机与设备的安装调试,一直到试航仅花了10个月的时间。但是在建造过程中返工的情况较多,质量问题不少,对保养、修理考虑欠周。杨槱认为,对比起苏联人的严谨,这些都是当时中国造船业长期存在的问题。1956年寒假期间,杨槱还陪同交大聘请来的苏联专家普拉夫金到广州,调研参观造船厂,加拿大为民生公司建造的"大门字号"内河客货船,以及有广东特色的"花尾渡"——一种由蒸汽机拖船拖带的木质客船。

在杨槱筹建上海造船学院的过程中,交通大学内迁西安一事对其有很大的影响,因而有必要对此事作一交代。1953年朝鲜停战以后,我国东南沿海一带形势紧张,中央确定紧缩沿海建设,把重要工厂、学校内迁。1955年7月,高教部通知交通大学:"经我部研究并经国务院批准,决定你校自1956年开始内迁西安,并提前于1955年开始进行基本建设工作。"根据当年11月的迁校方案,交通大学准备在1956到1957两学年内,分批将全校师生员工、器材设备迁往西安①。

1956年9月,交通大学西安新校迎来第一个学期。与此同时,筹备了两年的上海造船学院成立,校址就在交大因西迁而留下的徐家汇校区内②。

---

① 其中电讯工程系迁往成都,与华南工学院、南京工学院电讯专业成立无线电工程学院,即现在电子科技大学的前身。

② 当时交大部分西迁后的徐家汇校园,还有南洋工学院进驻。

在两年的筹建过程中,杨槱一直处于第一线;而船院成立后,他则担任教务长一职。上海造船学院成立时,设有船舶制造、船舶动力、船舶机械、船舶电气4个系,以及一个基础部,学生2 000人,教师250人,教辅与其他员工300人。开学时,基础课和技术基础课的实验室均已具备,并有了金属工艺实习工厂。专业实验室如动力机械实验室、电机实验室、110米长的船模试验池和面积达1 000平方米的船体放样间则在筹备之中,这些实验设施都相继于1958年前建成。

船舶制造系人才济济,包括辛一心、王公衡、杨仁杰等著名学者,后起之秀也很多,主要课程都有优秀的教师担任。杨槱觉得,自己是造船系的一员,总应教一门课,最后的安排是他和系主任李永庆负责一年级的专业必修课——船舶概论,各教一个大班。

本来,包括杨槱在内的船院师生都感到,"新学校没有老学校那么多包袱,那么多牵制,要办什么事(都)比较容易推动,大家满怀信心地办好学校"。但事实上,无论是在人员主体还是校址方面,造船学院都和交通大学有着千丝万缕的关系,因而也逃离不了交大内迁事件的漩涡。

至1956年底,交大内迁西安的任务已完成大半,本来有望按原计划完成。然而,到了1957年春天,全党开展以反对官僚主义、宗派主义和主观主义为内容的整风运动,号召党外人士"鸣放",鼓励群众提出自己的想法、意见,也可以给党和政府提意见,帮助我党整风。同一时间,交大内迁必要性的讨论,在广大师生员工中掀起。当时,认为迁校西安不正确的意见占了上风,最大的一条意见是,自1956年下半年以来,国内外形势有所变化,学校内迁的迫切性大大降低,如要搬到西安,势必大伤元气。6月,党内整风转为"反右",对交大内迁持不同意见的一些人员被错划为"右派",至十一届三中全会得到平反。杨槱所在的交大造船系及后来的造船学院,本来就没有西迁的计划,很少直接参与西迁正确与否的争论,所以在交大的"反右"浪潮下,遭受到的冲击还不算太大。

虽然有"反右"运动的影响,但关于交大迁校西安的争论,还是得到了国务院总理周恩来和高教部部长杨秀峰的极大重视。1957年6、7月间,杨秀峰多次前往上海和西安,召开会议,讨论新的迁校方案,决定原则上把交通大学分设为西安、上海两部分,两个部分为一个学校,一个系统,统一领导。7月3日,杨秀峰在上海召集杨樋以及南洋工学院负责人,商讨交大、船院及南洋工学院三校合并事宜。当时,杨樋和一些教师对这项决定,思想上有抵触,但正如杨樋自称,"自己还是一个组织纪律性较强的人",党和上级的决定是必须服从的。杨樋回忆当时的情形:

> 当然都是不愿并的,教育部长杨秀峰、上海市委书记柯庆施跟我讲(合并事宜),意思就是叫我(说服船院师生)合并(到交大)。当时我想,这个不并不行,所以我就(同意了),但绝大多数教师都不赞成合并。因为自己独立一个学院,跟交大一并就听交大的话了;自己独立,可以自己(作)主张。(但)他这样讲,我只好同意并了。我个人同意并,工作我做去了。有些老师还怪我:"你怎么不能坚持自己的意见?"

当时有些教师认为,造船系(后来的船舶制造系)在交大原为相对年轻的小系,造船学院成立,是难得的一次发展壮大的机会,但短短一年就退回起跑线,因而心存疑虑。杨樋虽然有自己的想法,但在高等教育由行政领导的实际情况下,坚持己见亦未必符合船院的最大利益。7月5日,中华人民共和国高等教育部写信给彭康校长,称:现将我部发出的关于处理交通大学迁校问题和上海西安两地几所工科院校的调整工作报告的附件:《西北工学院1956—1957学年第六次院务委员会决议》《西安航空学院院务委员会的决议》《交通大学关于迁校问题的方案》《西安动力学院院务委员会对该院前途问题讨论的意见》《关于上海造船学院和交大合作办校的方案》等5个文件印发,以供参考。7月8日,上海造船学院和交通大学讨论通过《上海造船学院和交通大学合作办校方案》,《方案》共9条。船院和交大上海部分在统一的行政领导下进行工作,专业相近,不必单独设立,可予合并。7月13日由交大、上海造船学院、南洋工学院三校成立联合委员会,委员会下设教务、人事、总务等3个联合小组。教务委员会(教务联合组)成员由交大陈大燮教务长、祖振铨秘书主任,船院杨樋教务长、许海涛教务处长、助理李士敏;南洋工学院单基乾教务长、雷凤桐秘书主任等及各系正副主任组成。联合人事组有三校正副人事处长参加,下设教师、职工、学生、档案四个小组,负责合作、并校的人事安排和人员处理。总务联合组下设总务、财务、卫生、膳食、基建5个小组。10日,有船院王芳荆处长召集会议,分别研究后制定具体计划。实际上,最后的结果是,造船学院和交通大学采取合作形式进行工作,上海造船学院校名保留,但行政上由交通大学统一领导。在交大统一领导下,造船学院保留管理教学工作的小院部,处理日常一般教学行政事务。造船方面各专业的设备费,高教部在批拨交通大学经费时加以注明。而以后的发展也表明,交大造船专业并未受到多大压力,实验室和队伍反而有所壮大。

合并后,交通大学仍任命杨槱为副教务长。由于陈大燮教务长常年在西安办公,上海部分的教学和科研工作就由杨槱和教务处长许海涛两人负责了。这时交大上海部分已有学生5 000多人,设有造船、动力、电机、冶金、机械、机车车辆和起重运输机械等系,共19个专业。很多时候,杨槱都要代表学校参加上海市高教局和中央高教部的会议。

早在1956年春天,杨槱就参加了九三学社,并成为九三上海市委员会委员和上海市人大代表,社会活动增多。但在行政工作如此繁忙的情况下,杨槱仍争取为船制系讲授一门主要课程。由于从事船舶设计工作多年,他就主动提出要担任这门课程的讲授。那时,杨槱已得到苏联大学的有关教材,经过钻研消化,开出了这门以船的主要要素和主要性能分析为主要内容的造船专业综合课程。但只教了一遍,他就让给其他教师担任了。苏联专家维诺格拉道夫来校任教时,进一步充实与扩大了这门学科的内容,并协助建立了船舶设计教研室,杨槱一直是该室的成员。

除船舶设计外,杨槱仍然担任"船舶概论"课程的讲授。他讲课时不仅带了挂图和模型,还制作了一些简易的可演示船的浮性、稳性和强度的小器具,当场表演,虽然杨槱有时候讷于言辞,但这种务求直观的做法,还是受到学生们的欢迎。除了规定的教学内容外,偶然他还讲一点当时在海上发生的对船舶专业有意义的事件。例如他讲到1957年7月在大西洋上,载有旅客和船员1 700人的意大利豪华客船"安德里迪里亚"号(Andrea Diria)和瑞典客货船"斯德哥尔摩"号(Stockholm)相撞的事故。这宗事故因当时海面有雾,能见度极差,两船相遇时均向同一方向避让而形成①。从这个事例中可以看出,杨槱对于国际上船舶、海事等相关方面的新动向具有高度敏感性;他的这一做法还为学生开阔了视野。

1957年12月16日,交通大学兼职教授辛一心不幸得癌症逝世,年仅45岁,洵为造船工业和教育界的一大损失。杨槱对辛一心以学长相称,而早在他逝世以前就建议过杨槱,可对船员居室布置作一探讨。当时还有苏联专家讲,辛一心的这个建议很好,因为有了船员居室布置的经验之后,做客船的设计也可以有些基础。于是,杨槱欣然接受了辛一心的建议,撰写了《远洋货轮船员居室布置设计》(以下简称《设计》)一文。

当时,在我国研制万吨级远洋干货船的时候,造船界的专家们对该型船舶的主要尺度、船体型线、阻力推进、船体结构和动力装置等方面都作了深入的探讨,并发表了一些文章,但对于船的总布置方面则研究较少。正如杨槱在《设计》的"绪言"中所说,船员们"长年累月工作生活于海上,为祖国进行辛勤的劳动,对他们在船上的居住生活条件亦应加以深切注意",而经验亦证明,船员居室设计的优良与否将直接影响到船员们的身体健康,间接影响其工作效率。当时,上海造船工程学会召开了船员和旅客居室设备与布置讨论会。除了各船厂、各科研设计单位都有代表参加会议外,上海联合木器厂也派技师来会介绍船用家具的设计与生产情况,同济大学研究室内装潢的专家也到会指导。与会的还有几位是长年生活在海上的海员,他们对船上生活的舒适性、安全性和工作方便性是最有发言权的。杨槱认为,他们的意见须加以充分的重视。

《设计》全文共分八个部分,分别是绪言、船员居室需要多少面积、船员居室应安排在船的哪一部分、船员居室布置原则、设计居室布置的其他考虑、结论、附录、讨论。在写这篇文章时,杨槱查阅了英、美两国造船师学会的论文集和有关的造船专刊。凡有关船员居室、客房布置和可居性的文章,他都仔细阅读,分析其要点。杨槱回忆,当看到近期杂志上有比较有特色的船员居

---

① 事故造成45人死亡。其时"斯德哥尔摩"号未沉,加上航线上来往船只较多,援助及时,雾散得快,又正值夏季天亮得早,未造成更大损失。

室布置图时,他就会多加留意。当时没有复印设备,主要是靠杨槱自己亲手临摹,布置图的数量前后达百张以上。后来杨槱的学生要搞这方面的研究,他就把这些布置图供他们参考,他们也大吃一惊:"您花了那么多时间画这么多图!"就是这样,杨槱搜集和分析了近百艘货船的船员居室布置图,统计了居室、休息室、餐厅、厨房、食品库和卧具杂物贮藏室,以及过道的尺度与面积。家具的布置、装饰材料的选用和通风设备的安排等都是杨槱的考察内容。

杨槱认为,船员居室不论是在船尾抑或船中,其布置都应考虑以下基本原则:① 尽可能不降低船的使用性能;② 便利船员的日常工作,居室位置应接近工作地点并尽可能由荫蔽的内部通道连接;③ 居室区域应使少受外界骚扰;④ 各类船员分组居住;⑤ 便于保持清洁和卫生;⑥ 造价低廉,尽量采用标准家具及采用预制件。《设计》最后提出了关于船员居室布置设计下一步工作,包括搜集各型船舶的船员居室布置图,并加以分类、编目,这是对杨槱前期工作的进一步深化。此外《设计》还建议对每艘典型船舶的船员居室布置进行一定的计算分析工作,求得一些标准定额,逐步做出一些标准布置设计,以及经常和船员们研究居室布置问题。

《设计》一文初成后,造船工程学会还组织了讨论,讨论的问题都在《中国造船》杂志上附载。杨槱认为,船员居室设计属于船舶建筑学范围,仍有待造船和建筑工程人员去总结和发展。客观地说,杨槱的这篇文章迈出了第一步,参与的专家都认为《设计》对他们今后的工作有很大帮助。后来,中国造船工程学会把《设计》推荐到苏联和东欧各国的造船工程学会交流。同时,杨槱研究船员居室布置的方法和提出的一些设计标准及原则也为一些船舶设计研究单位和高等院校所采用。

在多事的 1957 年,杨槱还应中国造船工程学会的要求,发表了《对造船高等教育的一些意见》一文,学会组织了杨俊生、沈岳瑞、高志希、刘长源、盛振邦、李国栋、袁随善等同行专家讨论。次年,《中国造船》杂志刊登了文章,并把讨论内容附于正文之后。这篇文章,实际上是前一阶段学习苏联造船高等教育的情况作的一个小结。杨槱在导言中说:

自从 1952 年开始学习苏联进行教学改革以来已经历了五个年头。……今日我国的造船高等教育已体现了社会主义教育的特点,即可全面发展、理论结合实际和按计划分专业培养人才。

另一方面,由于教学内容显著地增加,学生的学习负担加重了。近年来,为了减轻学生负担,往往精减了作业和习题或加强指导。这又产生削弱了学生独立思考与工作能力的问题。

虽然杨槱在文中还提到,他所提出的意见是因应 1956 年"全面发展,因材施教"的教育方针,以及后来"百家争鸣,百花齐放"口号的影响下提出的,但实际上,这只是文章发表时的应景之语,他酝酿和执笔还要比这更早。文章首先对不同国家高等院校"船舶制造"专业的教学内容和课程进行了比较,包括有:1934 年的柏林大学,1947 年的交通大学,1952 年的麻省理工学院,1956 年英国的格拉斯哥大学和德兰大学(以上 4 年制),1956 年苏联的列宁格勒造船学院(5.5 年制),1953 年和 1957 年的造船学院(分别为 4.5 年制和 5 年制)。杨槱分析各大学的学制与课程不一样的原因在于所招收的学生程度各不相同。

杨槱还建议根据我国实际情况,新招一年级学生先安排到工厂做一年学徒,并认为这可以更好地理论结合实际,并且在思想意识上有所提高。苏联高等教育当局提出大学生入学前应有两年工令或服役期满的意见,杨槱正好借以说项。事实上,杨槱大学时代所在的苏格兰就是行此制度的,亦即第 3 章所提到的"兰金传统"。对这个提议,大多专家表示赞成,杨俊生则提出学生作为劳动参与者与老师傅计件工资的矛盾问题,杨槱认为学生劳动只会增加师傅的生产量。文章中还提出了口试与笔试相互平衡,建立教学调度组织以解决一班学生人数过多等建议,都引发了热烈的讨论。基于对先进国家和国内前期经验的总结,新的教学建议呼之欲出。然而,新方案正要付诸实行之时,"大跃进"时代到来了。

"跃进"实践(1958—1961)

1958 年 2 月,交通大学成立"勤工俭学委员会",提出工科大学学生每年应有半年时间集中从事生产劳动。同时,学校还要求教授、副教授必须上课和下实验室劳动,青年教师则要和学生一起,参加生产劳动,两年内达到三级技工水平。交通大学(上海部分)船舶制造系还为船舶工业管理局举办了二年制的干部特别班。为了配合去年 11 月 13 日《人民日报》社论中正式提出的"大跃进"口号,学校还开展了"反保守、反浪费"运动。杨槱向来主张书本理论与生产实际相结合,因此起初对这些做法都相当赞成,并抱以积极的态度。

然而,事态的发展并非如杨槱所想。1958 年 5 月召开的中共八大二次会议,制定了"鼓足干劲,力争上游,多快好省地建设社会主义"的总路线,通过了第二个五年计划,为"大跃进"正式制定任务和目标。8 月,中共中央政治局在北戴河举行扩大会议,提出 1958 年钢的产量要比 1957 年翻一番,达到1 070 万吨,并决定在农村普遍建立人民公社。

当全国掀起"大跃进"的同时,在教育界,特别是高等教育领域也在1958 年发起了"教育大革命"。归纳起来主要是三个方面:一是大搞生产劳动;二是大搞教学革新;三是大搞科学研究。之所以称之为"大搞",因为非此不足以表达"大跃进"的年代特征。然而,教育大革命却缺乏了对优秀教育经验的总结和理性的讨论。亲历其事的一位交通大学船舶制造系教师写道:

> 这次"教育大革命"是以群众运动的形式进行的。各项活动都沉浸在"大跃进"的气氛中,不断通过"大鸣、大放、大字报"的冲击,一浪又一浪地向前推进。只要有需要,学校可以随时停课,连"除四害"、打麻雀也都停课。正常教学秩序完全被打乱。由于知识分子特别是年纪大一点的知识分子被认为是"资产阶级知识分子",在"教育大革命"中常处于被动、有时甚至是受批判的地位。

正常的教学秩序遭到破坏,教育规律被忽视,身为副教务长的杨槱凭一己之力难以扭转,有时还被批评为"思想跟不上"。船舶制造系学生提出"学习大跃进",用搞运动的方法温课,用大讨论的办法编教材,用单课独进的方式进行教学。当时实行的"单课独进""双课并进""现场教学"等,都是一些"多快好省"的方法。所谓单课独进,就是指一个时期只上一门课,每门课的教学用 10 天到 20 天的时间完成。1960 届船制系学生用 20 天的时间学完"船舶推进"课程,考试结果比较令人满意,而且学习困难的学生也取得好成绩,单课独进一下子就在学校全面推广。包括杨槱在内一开始也在《交大》上发文,认为单课独进"解决了多年来教学方面未解决的问题、提高了教学质量",还"将使教学工作来一个大跃进",但经过几个月的实践以后,杨槱等在教学第一线的教授还是觉得,各个课程还是穿插上比较好,单课独进试验过一次,就不再尝试了。

图 8-1 《交大》报上关于单课独进教学法的报道

除了单课独进以外,当时的学生还提倡自编讲义,如 1959 届船舶制造专业学生编的《船舶推进》讲义,1960 届学生编的《船舶阻力》讲义等。杨槱对此印象不深;而这一阶段出现学生所编的讲义被个别班级采用,让教师去讲授的情况。

虽然教育界的指导方针屡变,但杨槱还是紧紧抓住"大跃进"时期各个口号中他认为最合理的一个:"教育必须与生产劳动相结合"。只要不是虎头蛇尾,在这个口号下还是可以做一些实事。为了落实这一个方针,杨槱亲自参加了大量的生产实践活动。

1958 年 7 月初,杨槱和十几位教师,在船制系教师党支部书记张寿带领下前去江苏镇江,参加与交通部长江航运管理局合作的大运河船队阻力与航速试验。除了交大船舶制造系以外,前来参加试验单位共 6 个。此次试验的目的,是要探讨拖船与驳船的不同组合在不同航速下的阻力,及与河床截面大小的关系,从而决定适宜在运河航行的最大船队,并为制订河道疏浚规划提供有用的资料。

此时,专题科学研究工作蓬勃开展,有关部门于是考虑疏浚开通京杭大运河,使之成为南北运输的一条重要干道。试航是在长江北岸瓜州至扬州仙女庙一段河道中进行的,杨槱记载了当时的情况:

> 这次试验选了一艘在南京与宜昌之间作业的"长江 301"拖船和 500吨、1 000 吨驳船各一艘,以 4 种航速拖行。在拖航时还要测量船的升降(沉浮)度和纵倾(船前后端吃水差)的改变情况。当时扬州附近大运河的横截面很小,航行时船的吃水和所受的阻力比在深水航道航行时要增加一些。
>
> 当拖船顶推 1 000 吨驳船进入运河时,推航基本顺利,但在运河最浅的一段(水深 2.5 米)操舵不灵,而进入 3.5 米水深的河段后,舵效就恢复了。这样大的船以正常推航速度(约每小时 12 公里)航行时,几乎没有产生波浪。但由于河床截面小,运河水面被船挤压升高,驳船有下沉。这样大的船对大运河来讲是太大了,不适用。500 吨级驳船也还嫌太大一些。试验还表明,顶推(一前一后推行)比绑推(基本上一前一后,但

驳船尾部与拖船首部各有一部分重叠相靠)的效率要高一些。

我们顺便到仙女庙参观。在那里每次有 20 多艘小船过闸。这些船的吨位一般是十几吨到几十吨,大的也不过百余吨。据说这个闸每年的过闸量达 200 万吨。闸门绞车还未机械化,需要 10 个人操作。我注意到苏北民船一般是一家一船,男人撑篙使帆,妇女把舵。婴儿的背部拴有一根绳子系在船上,幼儿则身上缚一葫芦,这些都是安全措施。

当我们所乘的拖船和驳船驶出大运河进入长江测试顶推船队的回转圆直径时,顿时天昏地暗,一阵暴风雨突然降临,预先也未闻有警报。半小时后,雨过天晴,大风已过。这时江面上的救护船艇十分忙碌,据说这次风暴有不少小船翻沉,也有一些人丧生。水上生活的风险要比陆地大一些。

经过这次试航后,在 1960 年初,交大船舶制造系又和交通部船舶科学研究所合作,对"大运河断面系数"进行试验研究,但因为国家经济严重困难,疏浚大运河事宜暂时搁置,研究也同时停止。杨槱在访谈中也提到:

> 当时讲一条运河的运输量可以抵上一条铁路,但是当时运河只能走比较小的船,我们就想看多大的船能走。我们就想做试验。当然大船是能走,但情况不佳。
>
> ……
>
> 真正的建议也没有,后来这个事情就放下来了。至少我是没有参加进一步的研究,也没写什么正式报告。

正是在人民公社化运动之后,脱离实际的"大炼钢铁"运动随后在全国范围内推广。同时,人民公社化运动也严重地伤害了农业生产积极性,粮食产量无法保证,为保证农产品达标,农村开始虚报粮食产量,"大放卫星"现象蔓延开来。但是国家对于粮食的征购却按照虚报产量制定标准。劳动力的转移带来产业结构畸形和农业生产的不足,加之人民公社刮起"一平二调"的共产风,高指标引发的"浮夸风"。在这种浮夸风的影响之下,交通大学校内各系纷纷办起各种工厂,至1958年8月初,交大已办工厂达330个,建起大大小小的炼钢炉227座。关于"大炼钢铁"情形,有交大教师记载道:

> 为支援"钢铁元帅升帐,船制系师生600余人从10月11日起去上钢一厂参加了12天的基建劳动。已经60多岁的李永庆和50多岁的王公衡等教授也不例外。学生们和部分青年老师从事挖运土方和预制板的重体力劳动。大部分教师整理木料,拔钉子。虽然劳动强度相对较轻,但对于从未经历过体力劳动锻炼的知识分子,特别是年岁较长的教师来说,一天下来,也免不了腰酸背痛。

杨槱也回忆道:

> 小高炉的钢炼出来也不能用,破坏也很多。像我以前住的地方大门是铁的,就被拿去炼钢去了。甚至有些壁炉、火炉,因为烧火的炉有些也是铁的,也拆下拿去炼钢了。这样子当然(不好)。不过当时就是这样一股风,你也不能反抗。

当然,除了支援钢铁冶炼,船院的学生还是要跟本专业相关的生产劳动相结合。1958年3月初,以船舶制造系为主,联合船舶动力系的内燃机教研室和电力工程系的船舶电器设备教研室,成立了"船舶产品设计研究室",由杨槱任主任,杨仁杰任工程师。设计室承担企业单位的生产任务,高年级学生每周要抽出一定时间参加设计工作。不久,设计室就承接了为上海市轮渡公司设计一条浦江汽车轮渡的任务,这是交大船制系历史上设计的第一艘投入实际运动的船舶。

在大跃进的年代,各条战线都是热火朝天,天天都有"卫星"上天。这时候,虽然社会上"浮夸风"大盛,但杨槱还是参与指导毕业班学生"真刀真枪"地做事。他最记得的,是带领1959届毕业生完成了受上海海运局委托进行的15 000吨自卸式运煤船的初步设计。同时,他们还做了一个精美的外观模型。原来,当时我国沿海货运中煤炭的运量占一半,用一般的小抓斗,把煤从船上卸下来,效率很低;而美国的大湖区运煤船则早已成功地采用皮带输送办法,连续不断地把煤从船舱转运到岸上。杨槱他们决定,采用类似的卸煤方法,设计一艘新型运煤船:以每小时卸煤 1 500 吨计,10 小时就可把一艘15 000 吨级运煤船装运的煤卸完。1959 年 3 月,他们完成了该船的初步设计,交通部、一机部九局等 14 个设计、科研、航运、检验及工厂等单位通过评审会议等方式进行认真审查。会上,各专家对该船的自卸设备进行了深入而仔细的研究,还谈到岸上受货方也应有相应的输送设备,以便把煤直接送到用煤地点。此外,对船体结构和选用钢材、机舱的机电设备、甲板机械、防火安全措施,以及船的维修等也作了广泛的讨论。最后,评审单位均认为,这艘船基本达到设计任务书的要求,某些指标还达到较先进的水平。然而,这船是万吨级的,国家还没力量建造。在评审会上,也有人建议先造一艘投资较少的 5 000 吨级自卸式运煤船试一试,这个方案也没实现,一直到 1980 年代后期,这种重要的散货疏运船型才重新提上日程。

1958 年 8 月,杨槱所在的船舶制造系和船舶动力系在浦东陆家嘴合建了一个交通大学附属小船厂,并作为学生生产劳动的基地。造船工艺与生产组织专业三年级学生(1961 届)作为党委的试验田,下放船厂实行半工半读。很快,他们就把一艘打捞起来的小汽艇修好,改造成为一艘交通艇。

另外,船舶设计室还计划着手当时急需的沿海货船内河推船、小型渔船和农用船的研究。在沿海货船方面,杨槱想到了运煤船,其实这也和他年初带领学生初步设计的 15 000 吨运煤船相关。另一方面,煤炭也是沿海运输的主要货源,因此他决定全面探索这种船舶。

同时也计划开展船舶总布置与起货、救生、渔捞和挖泥四大设备的研究。但由于目标过广过大,这些计划都未能有效地在暴风骤雨般的运动中进行。

1959 年 2 月 25 日,交通大学(上海部分)召开了三校(交通大学上海部分、南洋工学院、上海造船学院)合并后的第一次校务委员会,通过了《交通大学(上海部分)校务委员会组织简则》,明确规定:"学校体制必须根据中央'在一切高等学校中,应当时新学校党委领导下的校务委员会负责制'的指示,建立和健全校务委员会。"这次校务委员会主席团成员为彭康、陈石英、程孝刚、邓旭初、苏宁、周志宏、胡辛人、杨槱、薛绍清。3 月 12 日会议结束。主要内容是总结 1958 年的工作,规划 1959 年的工作。彭康、程孝刚、陈石英、邓旭初、苏宁、周志宏、胡辛人、杨槱 8 人当选为校务委员会常委;主任为彭康;副主任为陈石英、程孝刚。学校里的教学秩序逐步恢复,不再随意停课,突击性的活动也大大减少。交大还按照国务院于 5 月发布的《关于全日制学校的教学、劳动和生活安排的规定》,制定了一系列的制度,一系列"左"的做法得到了初步纠正。此时,杨槱接受中华人民共和国船舶检验局和中国造船工程学会的委托,与沈肇圻一道领导了该局的《海船稳性规范》的制订工作。每当提起此事,主事者之一的沈肇圻都为之而骄傲,因为这个规范是保证船舶安全,指导船舶设计、建造和运行的重要文件。上海船舶运输科学研究所、船舶工业管理局产品设计二室、交通大学、上海海运局、上海港务局、上海渔轮修造厂、上海船舶修造厂、沪东造船厂和求新造船厂 9 个单位数十位专家参加了工作。

制定这个规范以前,工作组研究了各国有关规范、规定和学术文献,包括苏联、日本、美国、英国的海船稳性标准。他们认为,芬兰学者拉贺拉(Rahola)关于小船稳性标准的博士学位论文也是必读文献。经过一番研读,他们得出的结论是:美国标准虽有形式简单、比较实用的优点,但没有以明确的形式考虑风压力的动力作用和船在波浪上摇摆的影响;而苏联和日本的标准则考虑了以上两项因素。因此,他们决定采用日本标准的形式。

工作成员分 4 个小组分别对下列问题进行分析研究:① 沿海风力、波浪的调查与航区划分;② 船在波浪作用下谐摇振幅计算;③ 对船的稳性曲线的消失角和面积的最低要求;④ 客船、货船、油船、渔船和拖船等类型船舶的营运条件对船舶稳性的特殊要求。

经过一年的紧张工作,1960 年初完成了中国最早的《海船稳性规范》的制订工作。在这同时还选择了一些稳性较好的和稳性较差的各种类型的实船,按所订规范要求进行核算,以证实规范的可行性。在船舶检验局颁布该规范试行时,还出了一本专刊,说明了规范的制订过程,并讨论了尚待进一步研究的问题。例如规范所采用的计算公式和选用的数据尚有待于进一步改进。有些假定尚待证实;对于船受侧向风压力而倾侧时的水下压力中心的垂向位置、各海区的风力标准、船的上层建筑和结构物的风压系数和风压中心的垂向位置、船舶横摇衰减系数与横摇固有周期的计算方法、拖船的急牵稳性等问题均须作进一步研究。杨槱也写了一篇《关于船舶稳性研究》刊登在专刊上。通过这项任务的完成，他对于海船稳性的一些实质性问题又加深了认识。

那时候，由于受到"大跃进"多快好省思潮影响，我国运输战线号召多装快跑。有关方面就提出，在我国沿海有限海域内营运的船舶能否超载运行的问题。理由是，有限航区的风浪总比无限航区要小些，而且到达避风港的距离短得多。为此，杨槱参加了一次老船长的座谈会，与会者包括有马家骏①、金月石②等著名老船长。后者说，在中国沿海，6 米高的波浪是常遇到的，偶然也有 8 米高的浪。他们也谈到，船内装载对船体强度影响很大，例如机舱位于船中部的 5 000 吨货船，在超载时要防止中拱弯矩过大，以免产生甲板断裂情况。总而言之，他们认为对超载运行要慎重。杨槱也认为，有时欲速则不达。

到了 1959 年 7 月份，纠"左"的气氛又有新变化。校务方面，交通大学西安部分和上海部分正式分立为"西安交通大学"和"上海交通大学"。7 月 16 日，校务委员会举行扩大会议，陈石英主持。邓旭初传达教育部青岛会议及市教育工作会议精神。杨槱作为副教务长对修订教学计划中的几个问题作了说明，指出修订教学计划要体现下列原则；一、政治思想教育要与业务教育相结合；二、要以教学为主，教学、科研、生产劳动要三结合；三、要理论联系实际；四、要加强重点学科，提高其他学科；五、要发挥教师的主导作用和学生的主观能动性；六、要全面发展，因材施教。27 日，会议通过《交通大学（上海部分）关于进一步修订教学计划的几项规定》后结束。《规定》并上报市高教局得到批准。而庐山会议之后，原本恢复的教学秩序再度受到冲击，因突击性活动而随意停课的现象再度出现，学生又开始编写教材，还参与制定教学大纲和教学计划。

1960 年 5 月，全国各条战线掀起"技术革新"的高潮。此时，学校让杨槱

---

① 马家骏（1902—1970），上海青浦人。1914 年吴淞商船学校第一期毕业生，是招商局第一位中国轮船长。

② 金月石（1893—1977），上海人。1915 年毕业于吴淞商船学校，为高级引航员。

带领船舶制造、船舶动力和船舶电气设备 3 个专业的师生 20 余人,登上当时中国新近建造的、机电设备全部国产的 3 000 吨柴油机干货船"和平 59"号去搞技术革新。这是一艘机舱在船尾部,有 3 个大货舱的双甲板干货船。主机是"大跃进"期间刚研制成功的 43/82 型柴油机,功率 1 471 千瓦,转速每分钟200 转。他们想搞的技术革新项目主要是无人机舱和在柴油中掺煤作为主机的燃料。另外,动力和电气专业的师生则搞系泊带缆机械化、起货机遥控操作和自动操舵等项目。

杨槱等人还跟随"和平 59"号,从上海满装日用杂货后开往天津。船航行 3 天后到达新港,随即进入海河,4 小时后到达天津市区的码头靠泊。码头上并没有起货设备,因而船舱内的货物要靠工人搬入网兜,再用船上吊杆吊到码头上,然后用载重 1.5 吨的电瓶车把货物运入仓库,速度十分缓慢,5 天才卸完船上所载货物。为此,上海交大船舶制造专业的师生就想搞"快速装卸"技术革新。先后试验过单杆操作(每吊的重量可以大些)和两钩一吊等办法,但都不很成功,还是双杆联吊法快些。后来杨槱认为,对于日用杂货,只有采用集装箱(货柜)运输,才能根本上解决快速装卸问题。在海河,在天津,杨槱对船舶运输的相关情况都很注意:

> 在海河上还可看到当地驳船独特的操作方法。海河水流的流速与流向随潮汐的涨落而变化,河上的货驳可顺流漂行。杨槱看到两只驳船由一艘拖船拖航,逆流前进当船驶过码头后,拖缆脱钩,驳船上的船员就能利用水流进行操纵,使船顺利靠泊到码头上。

> 当时在天津港,还看到一些木质的"对腔驳子"。这种船在装载重质货物,或通过狭窄的航道时,两船的尾端相接,成为一艘狭长的驳船,有利于快速行驶。当船装载麦杆、稻草等轻质货物并堆得很高时,两船并排连结成为一艘较宽、稳性良好的船。

5 月末,交大师生又跟着"和平 59 号"满载生铁返航上海。海上风浪虽然不大,但船摇晃十分明显。杨槱知道,这是船的重心过低,稳性偏高所致。海浪一旦使船倾斜,船的恢复能力很强,立即把船扳回来。这样船的摇摆周期很短，船的颠簸就显得剧烈了。天气晴朗，而且是顺风航行，水手长利用桅和吊杆，挂一张风帆，船的航速提高了 0.5 节。这也是节约能源的一个措施。

在航行中，"和平 59 号"的广东籍船长对杨槱他们十分友好。他还给师生讲课，介绍了天文航海和地文航海的含义，谈了一些进出港口和靠泊码头的技术和经验。他说靠码头时不仅要看风向，还要看潮流。对于船舶操纵，车叶（螺旋桨）、舵和锚这三大设备最重要，千万不能失误。他还谈到驾驶员对航道港口要摸底。如天津内港只能容 100 米长的船掉头；而上海黄浦江陆家嘴一段，河道弯曲，流速变化，行船要特别注意，航海界就有"船长好当，陆家嘴难过"的说法。对驾船来讲，该船的驾驶室在船尾，盲区达 200 米，使出入港不便。当然这个问题现在可用摄像电视来解决。船长很欣赏邻近的码头上靠泊的一艘 3 000 吨级的丹麦籍货船。那船的机舱在船中部，前面 3 个货舱，后面 2 个货舱，船上 5 副起货吊杆可同时操作，装卸货比杨槱他们这艘船要快些。他还介绍了船上的值班制度，并安排师生们轮流到驾驶室和机舱去见习值班。

轮机长则向师生介绍机舱内主机和各项设备的运转和维护。他说机器安全运转要靠勤摸、勤听、勤嗅、勤检、勤修，及早发现毛病和异常之处，及早处理。还谈到这船是"大跃进"时期的产物，许多地方考虑不周到，缺点很多，特别是拆装不便。杨槱则讲了几种船型的发展趋势，受到船员们的欢迎。

这次航行，技术革新成果并不多，但杨槱他们也感到收获不少。船长说，学生每年上船一次很有好处。他还说，船员们很希望老师们给他们多讲些关于船舶原理、柴油机原理、电工常识等方面的知识，并希望得到有关的教科书。杨槱很受启发，他认为，船员们的这些建议是完全正确的，也是不难做到的，"但我们在思想上没有重视，因而也没有努力去做"。

暂回正轨（1961—1964）

"大跃进"的几年时间内，国民经济出现巨大困难，直至 1961 年 1 月，俗称"七千人大会"的中共八届九中全会召开，制定了对国民经济的"调整、巩固、充实、提高"八字方针，"大跃进"运动宣告结束。在教育界也以八字方针为圭臬,教育部制定并经由中央于当年 9 月批准试行了《教育部直属高等学校暂行工作条例》,简称"高校六十条"。"高校六十条"提出了高校必须以教学为主,生产劳动要安排得当、以利教学等原则性问题。这个条例虽然名义上是对教育部直属高校的,但事实上包括上海交通大学等全国绝大部分高校都遵照试行,尽管当时上海交大已改属国防科委领导。杨槱以及大多数教师认为,试行"高校六十条"以后,学校的教学秩序逐渐恢复正常。

此时,杨槱已经担任上海交通大学教务长的职务了。船舶制造系因为李永庆教授的逝世,系主任一职已悬空一年,杨槱又于 1962 年 7 月被任命为船制系主任。虽然有着繁忙的行政职务,但他总认为,作为一个教师,不应脱离教学实践,总应讲授一门课,指导毕业设计,带学生下厂、上船参加生产实践等。在上海交大船舶制造系,主要课程的讲授已出现"僧多粥少"现象,即教师多,课程少。杨槱于是把课让给年轻的教师,自己则争取到一门教师不太热心的专业基础课:"船舶原理"课程的第一部分"船舶静力学"。为了教好这门课,他不仅参阅了苏、英、美、日诸国大学的教材,还翻译了苏联天山斯基所著《船舶静力学》一书。杨槱还专门研究了留苏学生学习这门课时的笔记,以及自己在格拉斯哥大学上学时的笔记。

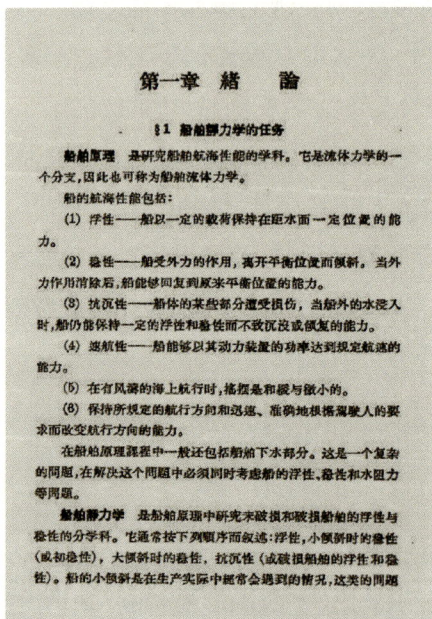

图 8-2 杨槱主编的《船舶静力学》

在此期间,学校教学环境稳定,船制系大规模地组织教材的编写工作。事实上,在新中国成立以前,高等院校主要使用外文原版教材,配以教师自己的讲义。1952 年教学改革以后,船舶院系的各类课程则开始使用从苏联教材的翻译版。苏联撤走援华专家后,一般认为高校中的教师业务水平有了很大的提高,完全具有编写教材的能力。从 1961 年起,船制系的教师们编写出版了一批教材,包括盛振邦主编的《流体力学》和

《船舶推进》；陈铁云等主编的《杆及杆系的弯曲与稳定性》《开口薄壁杆件的弯曲、扭转与稳定性》和《船舶振动》；潘伟文主编的《船舶制图与习题集》；李学道等编写的《弹性力学》。杨槱则以林杰人、魏东昇所编"船舶静力学讲义"为蓝本，并主要参考改写谢苗诺夫·张·山斯基所著《船舶静力学与动力学》，主编《船舶静力学》。另外，他还和助手刘静共同编了一本习题集，其中每一道题他们都亲自做过，并编写了课程作业指导书。《船舶静力学》出版以后，得到了一些高校的普遍采用，可见这确是一部较好的教学参考书。

杨槱始终认为，讲课不应按教科书全面讲授，那样时间不够，学生也难以消化。相反，讲课应简明扼要，使学生掌握基本原理。在教学过程中，杨槱感到船舶稳性和抗沉性对船舶安全营运有着密切的关系。当时每年都有多艘船舶，特别是小船和渔船在海上失事翻沉，造成人员与财产的大量损失。为此，杨槱收集了很多中外船舶失事的资料和有关文献，也作过一些计算分析。杨槱很想以其师希尔豪斯为榜样，写一本简明易懂的《船舶浮性与稳性》，供广大海员与渔民阅读、学习，由于各项紧迫的任务接踵而来，始终未能执笔。

另一方面于1956年编写的《船舶概论》教材，杨槱觉得那时已经有点过时了，而且那时号召师生下厂上船，知识面也需要扩大。1962年，杨槱又主持编写了一本更全面的造船专业启蒙读本。这本教材共201页，先叙述船的一般性能和造船科学的内容；随后讲航道和港口、船舶发展史、船的类型、船的几何特征、船的航海性能、海上安全、船的建筑布置、水面舰艇和潜艇的布置和设备、海军武器、船体结构、船舶设备与系统，以及航海仪器、船舶动力装置、船舶电气设备、无线电通信和导航设备；最后谈造船厂、船舶设计与建造的过程。这本书是杨槱和朱霞等编写的，但当时只能以"教研室"名义发表。除了教课，杨槱每学期还安排一次船上见习课，带领学生登上黄浦江游船，向他们指出江面上各种类型船舶的特点。

赵耕贤，中国船舶及海洋工程设计研究院研究员，从事造船设计。但话说回来交通大学的课堂学习对我来说是很幸福的，有很多人和事值得回忆。先说说造船系中印象比较深刻的老师首先当然是杨槱，教我们船舶概论和船舶静力学，这些教师讲课条理清晰，语言流畅，都是那个年代学界的著名教师，水平很高。教出来的学生没有一个是平庸的，后来都是造船界的优秀设计师。

1963 年,教育部要求有条件的高校要培养研究生。虽然杨槱没有当过研究生,但事实上,他在英国以一等荣誉学士学位毕业,其程度已相当于硕士研究生了,更何况他已当了多年的大学教授以及丰富的实际造船设计经验,理所当然,也应指导研究生。杨槱认为,当时教育部的要求是比较高的,其培养研究生的模式主要是学习苏联培养副博士的经验:研究生既要学习一定的课程以加强学科理论基础,还要完成一篇内容较充实、有所创见的论文。

杨槱所指导的第一个硕士研究生是顾树华,当时前者正在考虑船的稳性和摇摆问题:在有风涛的海面上,船的摇摆对船的安全性和船上人员的舒适性都有密切的关系。那时海洋不规则波理论与船舶的适航性是造船界的热门话题,对船在波浪上运动的预报也是很好的选题。杨槱想另辟蹊径,研究更实用、更易见效的题目,就选了"被动式减摇水舱"作为研究方向。顾树华接受了杨槱的建议,并为此作出了创造性的劳动。他负责设计、监制部件,并装配了我国第一个减摇水舱摇摆试验台。这个试验台实际上是一个复摆,用来模拟船在波浪上的摇摆运动。台上可以安装各种形式的减摇水舱,这样,就可以代替船模在造波试验水池中进行减摇水舱的模型试验。因此,这个试验台有结构简单,费用省,使用方便等特点,一直到世纪之交还在使用。1965年,顾树华的论文《被动式消摇水舱的模型试验及其在设计中的应用》完成,成为船舶设计单位开发被动式减摇水舱有价值的参考资料。当时船舶配备的减摇装置,一般是在船两边各伸出一个减摇鳍,但减摇鳍只在船行的时候有效,静止的时候就没效。比如停在吴淞口的领港船,遇到有风浪来,船就摇摆了,减摇鳍便没起到减摇的作用。减摇水舱就是在船两旁设置两个相互连通的水舱,根据船的运动,水舱里的水向反方向流动,即当船摇向一边时,水就向另一边流去,以减少船舶的摇摆。

传统的减摇鳍依然是重要而有效的减摇装置,杨槱设想可以对之进行深入研究。这个研究不仅探讨水动力学问题,也涉及船摇摆的角速度和角加速度测量、自动控制与液压传动等技术。因此,杨槱与学校有关教研室联系,共同开发,并到船舶特种设备研究所访问,共有 20 多人从事该项研究。杨槱指导的第二个研究生朱英富参与了这个课题组,设计了减摇鳍水动力性能试验装置,仅花费 1 000 元就把试验装置的零配件都加工好了。朱英富,1958 年考入交通大学船舶制造系,1963 年本科毕业,1966 年研究生毕业,第六机械工业部第七研究院 701 所,中国第一艘航空母舰"辽宁舰"的总体设计师。他回忆道:"读研究生时杨槱先生成了我的导师,我又从水下上来,跟杨槱先生学水上,主要是搞耐波性这方面的研究工作,干了三年。我们那一年招考研究生是第一次实行全国统考,要求很严。研究生课的老师说我们招生原则是宁缺毋滥,那年全校共招了九个研究生,造船系就招了七个,其中交大考进来三个,北大两个清华两个。那个时候研究生给现在还不一样,第一届研究生到底怎么弄啊?刚刚开始,都在摸索的过程中,老师带着学生一起摸索。我们与导师接触相对比较多,隔段时间就要给导师汇报一下,那个时候一个导师手下才一两个学生,人少接触多。"然而,"文化大革命"随即开始,不但试验没来得及做,连加工好的零配件也不知去向。

除了重视研究生培养外,这段时间里,高校教师的培养也同样受到重视。1963 年 2 月,教育部发出通知,要求高等学校制定今后十年培养提高师资的规划。上海交大和船制系也相应制定了自己的规划。其时,杨槱参加了船舶科研规划的制订,被指定负责船舶力学部分的科研规划。规划中的师资培养规划明确通过三条途径来实现全面提高师资水平的要求,即个别教师送出国去培养;小部分教师到外校或其他单位举办的学习班去进修;大部分教师通过教学和科研实践增长才干同时旁听一些过去读书时未曾学过的新课程。

这时,上海船舶运输科学研究所和上海交通大学合办了一个为期一年的数学、力学进修研究班,杨槱被聘为班主任,但班主任只是挂名。事实上,钱学森和钱伟长于 1956 年在清华大学举办了工程力学班,为全国高校培养力学师资,交大选送何友声、刘应中、严震三名青年教师前往学习进修。他们回来之后,觉得这个形式很好,提议上海也应该办一个,因此,数学、力学进修研究班亦借此机会办了起来。因为数学和力学是船舶科学的基础,上海交大为了提高教师水平,也派了张寿、朱继懋等优秀教师到该班学习。因为杨槱长期学校担任行政工作,又没有研究生学历,因而自觉数学和力学基础较弱,便也提出脱产去当班主任并随班学习的愿望,但学校领导没有同意。

到了 1964 年,高等学校开始实行教师轮休制度,杨槱借此机会,提出休假请求,学校也同意他休假一年。杨槱便想利用这段时间充实一点数学和力学基础知识。学校于是安排了孙薇荣、江秋涛和柳康宁 3 位青年教师帮助他学习。杨槱要求他们,要把自己当学生看待,对他的"校领导身份"可以置之不理。他们分别给杨槱讲授高等数学、理论力学和流体力学的基础理论。杨槱则用心听讲,认真记录笔记,阅读参考书,并做了规定分量的作业。例如高等数学一门,就做了 1 000 多道题。虽然讲课的内容基本上是杨槱过去学过的,但他感到温故而知新,加深了理解,也就提高了阅读理论性强的科技文献的能力。同时,杨槱也学到一些过去未学过的知识,例如线性代数和概率论,对杨槱后来从事工程项目的技术与经济分析工作很有帮助。原来杨槱准备要学一年,但 8 个月之后,学校因为有任务,又把他调回,仍旧担任教务长职务。

参谋国计(1965—1966)

1959 年年底至 1960 年年初,主持国家科委和国防科委的国务院副总理聂荣臻提出,高等学校每年都要根据新兴科学技术的发展,增设专业或增加课题,大量培养最新科学技术方面的人才。另外,国防科委第七研究院在无锡筹建七〇二研究所,也就是后来的中国船舶科学研究中心,急需船舶流体力学和船舶结构力学两方面的专业人才。这两个专业是当时造船工程学科前沿"船舶力学"的分枝方向。上海交大船制系的骨干教师经过努力,新增了"船舶流体力学"和"船舶结构力学"两个专业,为国家培养了人才。

1961 年春,上海交通大学正式改由国防科委领导,成为一所着重为国防建设培养人才的学校。上海交大当时的服务对象主要是海军,船舶制造系也自然成为老大哥,加上国防保密需要,船制系以代号"一系"称呼。因此,当时系里除了船舶流体力学和船舶结构力学两个前沿学科专业外,还增设了"水面舰艇设计与制造"和"潜艇设计与制造"两个专业。加上原来的"民船设计与制造"专业,船舶制造系属下共有 5 个专业。从 1965 年开始,杨槱参加水面舰艇的教学工作,杨槱回忆道:

那个时候我已经通过审查，可以参加与军品生产相关的教学科研。当时有一部分人，被认为是不适合搞军品生产的，就去搞民用船教研。110 教研室就是搞军品的，112 就是水下的，120 就是搞民用的①。当时我先到民用，后来到 110 去了。我到 110 的第一个任务，就是指导毕业设计。

5 月初，杨槱带领一个班级的学生和 4 位教师去浦东海军船厂，与该厂的技术人员合作设计一艘公安部队的巡逻艇。首先，杨槱查阅了有关书籍和文献，船厂也让师生们参考一艘排水量 100 吨的炮艇的全套图纸和计算书，这是真正有实用价值的参考资料。杨槱一行上海交大师生访问了几位炮艇艇长和军士长，后者讲述了小炮艇在风涛海面执行任务的艰辛：有时艇的横摇摆幅达 40 度，加上夏季炎热，冬季酷寒。在听取了他们的建议后，杨槱师生对艇上的舱室和甲板设备的布置、艇员生活设施等都有了概念。

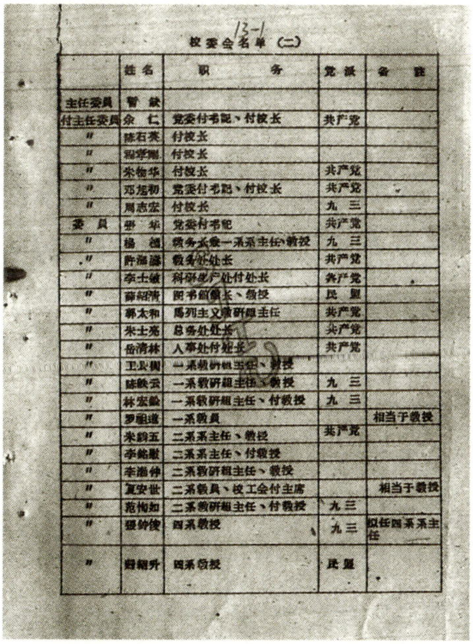
13-1

校委会名单（二）

	姓名	职务	党派	备注
主任委员	[illegible]			
付主任委员	余　仁	党委付书記、付校长	共产党	
〃	陈石英	付校长		
〃	程孝刚	付校长		
〃	朱物华	付校长	共产党	
〃	邓旭初	党委付书記、付校长	共产党	
〃	周志宏	付校长	九　三	
委　員	[illegible]	党委付书記	共产党	
〃	楊　槱	教务长兼一系系主任、教授	九　三	
〃	[illegible]	教务处处长	共产党	
〃	[illegible]	科研生产处付处长	共产党	
〃	薛绍清	图书館館长、教授	民　盟	
〃	[illegible]	馬列主义教研組主任	共产党	
〃	朱士尧	总务处处长	共产党	
〃	岳清林	人事处付处长	共产党	
〃	[illegible]	一系教研組主任、教授		
〃	陈铁云	一系教研組主任、教授	九　三	
〃	[illegible]	一系教研組主任、付教授	九　三	
〃	罗祖道	一系教員		相当于教授
〃	朱麟五	二系系主任、教授	共产党	
〃	[illegible]	二系系主任、付教授		
〃	[illegible]	二系教研組主任、教授		
〃	夏安世	二系教員、校工会付主席		相当于教授
〃	[illegible]	二系教研組主任、付教授	九三	
〃	[illegible]	四系教授	九三	拟任四系系主任
〃	[illegible]	四系教授	民盟	

图 8－3　上海交大校委会名单，杨槱任委员、教务长兼系主任、教授

接下来的工作就是通过计算分析，确定艇的主要尺度、船型要素和主机型号，并由下厂的几位教师分别负责总布置图、艇体型线图和艇体结构图的绘制，杨槱则负责协调工作，并手把手地教学生画图、计算。

杨槱始终密切注意组成全艇的各项重量及其重心位置，艇体的每一个构件，艇上的每一台机器、设备和系统的重量都要求准确计算。过去的经验告诉他，舰艇造好后，重量总要增加，而且重心也一定

① 按何友声先生的说法，112 是民用船教研室代号，120 是水下教研室代号。

有所提高,这样会导致舰艇服役功能的降低。因此设计时就要留有裕度,在设计及建造过程中,凡有改动之处,都要严格控制重量和重心的提高。

师生们初进厂时被安排住在一艘待修的工作船上。后来,这船开始修理了,他们就搬到船厂附近一个海军官兵驻地,和战士们一同食宿,从而了解军营生活。开始时大家情绪很高,夜以继日地干,有充分信心把设计搞好。一个月后,杨槱对于这种高强度的脑力和体力劳动还可坚持下去,但许多人吃不消了。因而规定,下午4点半收工,搞点文体活动;晚上也不再加班,各人自由支配。又过一个月,设计工作的进度还算不错,图纸和计算书都能按期完成。然而,当他们把图纸交给海军4805船厂的技术人员审查时,却发现了不少问题:图面质量普遍较差,总布置图有一些地方非改不可,艇体结构图中的几张图之间有矛盾等等。至于甲板设备的布置,桅杆的设计,以及通风系统、照明线路与灯具布置等图纸问题更多,有的要重新设计。杨槱认为,教师的弱点和学校教育的问题都暴露出来了:

> 实际上,我们连设计室的清洁卫生和工作秩序也未搞好。做任何事情都要严格要求,一丝不苟,才能保证质量,满意交卷。在这方面我们还要学习许多东西,在任何时候都不能骄傲自满,也不应固执己见。对不熟悉的东西,就应虚心、满腔热情地向能者学习。在遇到挫折的时候,灰心丧气于事无补,反过来要百折不挠,努力克服自己的缺点,从头学起。这些都是我当时对教师和学生讲的心里话。

> 我衷心感谢船厂区景工程师等优秀技术人员给我们的帮助,终于使我们能于7月底完成了全部设计任务,真是难能可贵。

杨槱后来知道,在巡逻艇的建造过程中,有些图纸不能用,船厂的技术人员重画了,但厂方还是肯定师生们的成绩,厂领导仍然认为上海交大的师生们是新艇的设计者。第二年5月底,该艇建造完成,命名为"沄州"号。在黄浦江试航时,杨槱亲自上艇指导测试主机功率和艇的航速,并测量艇体振动情况。该艇采用方尾,艇尾部两侧水流汇成一股,涡流变窄,航速达到15节。总的来讲,试航是成功的。后来,杨槱每次去浦东,在延安东路外滩搭乘渡船过江时,常看到该艇停在那里待命。船厂领导告诉杨槱,水上公安局对艇的性能还是颇为满意的。

早在"大跃进"时期的 1959 年 1 月,其时交通部与一机部正式签订协议,由江南造船厂承造一艘万吨巨轮,即后来的"东风"号。次年 4 月 15 日,"东风"号下水,上海市委第一书记陈丕显、市长曹荻秋等人出席下水典礼。这是中国第一艘自行设计建造的万吨级远洋干货船,从开工投料到下水,仅花了 88 天的时间。当时的《人民日报》,还以醒目标题"我国第一艘远洋货轮下水"报道了"东风"号下水的消息。然而因为船用主机及一些主要设备一时还不能到货,曾经万众瞩目的"东风"号在下水后,就在黄浦江里泡了 5 年之久。后来觉得,"东风"号连一颗螺钉也要国产过于绝对,国家科委因而决定,同意"东风"号按修改方案进行建造,降低原设计的技术经济指标,采用少数国外配套设备,安排和落实了 14 项主要国产设备的试制,并立即着手组织修改技术设计。

1965 年 11 月 5 日,"东风"号终于试航,杨槱是技术鉴定组成员之一,上海交大船舶动力系主任李铭慰和他同住一室。这是一次在长江口进行的轻载试航,一直持续到 11 月 15 日,参加试航的有制造厂——江南造船厂的工人和技术人员 150 人,其他单位 147 人。试航工作在技术鉴定工作组的主持下进行,工作组下设船体、动力装置和电气设备 3 个专业组。杨槱记载了试航时的情景:

> 船在黄浦江缓慢行驶,我走上甲板观看江面景色。江中我国船舶虽多,但多数已经老旧,有的呈现残破状况。江面也停泊着一些新型的外国船舶,它们吨位较大,设备新颖。我深深感到我们要赶上世界先进水平,还要经过若干年的艰苦奋斗。
>
> 下午船在吴淞口外抛锚,校正罗经,测试雷达盲区,并进行吊艇架倒下放落救生艇和机动救生艇试验。晚上进行船体激振试验,激振器装在货舱底部,用测振仪测量不同激振频率时的船体振幅。
>
> 第二天在进行船尾锚试验后就起锚启航了。中午时刻船到达长江口,进行航速测量。由于离岸较远,岸上目标看不见,只能在江中的

两个航标间进行测速,测得逆水航行时航速为 14.6 节。这时船的平均吃水是 6 米,而当地航道水深仅 9 米,浅水效应很明显。船在浅水区航行,船首兴起与航向几乎垂直的波浪,航速愈高,波高愈大。当船驶入较深的海域时,这种波浪就几乎消失了。船定向向前航行,我注意到每分钟平均操舵 7 次以纠正航向,但舵的转动角度很小,不超过 0.5 度。

下午 4 时许船驶达深海区,海水由黄色变为淡绿色。船开始有点摇动。这时船停下来进行深水抛锚和锚机试验。以后则进行主机在各种工况下运转的轻载航行和船舶操纵等 24 个项目的试验。

通过轻载试航,杨槱等工作组组员得到下列结论:

(1)船舶性能优良。主机转速为每分钟 115 转时,船上测速仪测得航速为 18.37 节。作操舵试验时,从雷达屏幕看航迹,测得回转半径为船长的 4.5 倍。船的航向稳定性较好,5 分钟航向偏差不超过 1 度。横摇周期约 13 秒。船体振动并不严重。

(2)主机经 72 小时连续运转,情况良好。11 月 15 日海上有 4—5 级浪,船的横摇幅度达 13 度,但主机运转正常。

(3)各种国产设备都是初次试制,大多数性能优良,但舵机、起货机、空气压缩机有缺点,虽然可以使用,仍须作进一步改进。

(4)交通大学承担的任务,如由李铭慰等 5 人进行的轴系扭振测试和陆鑫森、成学明等进行的船体振动测试都已超计划完成。

后来,"东风"号干货船在国内沿海试营运了两年,于 1967 年重载航行到大连,正式通过国家鉴定,同意该船航行远洋。杨槱认为,"东风"号的研制成功表明我国造船业已具有较好的基础,自力更生能力是较强的。

1966 年,我国第三个五年计划开始,众多项目都准备提上议事日程。1 月 2 日,新年刚过,杨槱就前往北京,参加国家计委召开的船舶政策会议。杨槱参加海洋船舶组,主要议题是讨论租船、买船和造船问题。当时中国对外贸易迅速发展,远洋货运的年运量已达 1 500 万吨。那时我国仅有几十艘远洋货船,载重量总计不过几十万吨。剩下的缺口,外贸运输公司则采取租用外国船的办法完成运输任务。然而,当时"左"的思想又再有所抬头,有人因此上纲上线,对租用外国船只指责为"崇洋媚外"。这种批判,让人的感觉似乎是外贸运输公司租用、购买外国船舶,挤占了中国造船业的市场份额。但事实是,当时中国的造船实力还比较落后,并非是国内船舶供不应求,外贸公司才假外国人之手。因此,身为造船者的杨槱从全局利益考虑后也认为,在运量缺口巨大而国产船舶不足的情况下,购买、租用外国船都是可以的,他说:

> 如不租船,就只能委托外国航运公司运输。这样,将耗费更多的外汇。对于买船,代表们建议中国远洋运输总公司向中国银行贷款,购买现成的外国船,来加快我国远洋航运事业的发展。购买现成的船,主要是二手旧船,付款后可以立即拿到船,投入营运,也就立即有收入,资金周转快、回收快。那时大家达成一个共识,即在大力促进国内造船的同时,不应排斥租船和买船。但这个正确的意见在后来发生的文化大革命中受到批判。一直到粉碎"四人帮",拨乱反正之后,正确的政策才能执行,我国远洋航运才得到飞跃的发展。

在船舶政策会议上,代表们还热烈地讨论了船的使用年限问题。有的代表主张"厚板政策",即加强船体结构,把甲板、船壳板加厚,以加大锈蚀裕度,使船的使用年限延长到35—40年,认为这样可以节省修船费用。实质上,他们是想以延长船的使用寿命来减少年折旧费,从而可以增加表面上的年利润。杨槱则认为,海洋船舶在使用20—30年后必然会因维修费太高,收益不敷支出而报废,如果届时船的投资还未折旧完,必将导致国家经济损失。因此杨槱在会上说:"考虑船的使用年限,必须计及技术进步和设备更新。25年以上的老船的营运效率已经很低,很不经济。船舶政策应使船队能保持优良的技术状态,而不是相反。"当时的建国方针强调我国要在短时期内建成一个打不烂的后方,经济建设要让位于后方三线的战备建设。因此在"三五"期间国内远洋货船的建造仅安排了3艘。包括杨槱在内的代表都表示忧虑,认为太少。

第九章
十载矢志

困境坚守（1966—1970）

1966 年年中，中国开始了为期 10 年的"文化大革命"。7 月 3 日，随着大字报批判在全国各高校的"流行"，针对杨槱的第一张大字报也出来了，说他是"只会开会坐主席台，对人民没有功劳，什么事也不会做的菩萨"。杨槱当然很受震动，但因为批判得还不算太厉害，尚不至于影响他的日常工作。当时，他还照常接待了从荷兰来的船舶流体力学专家范·拉美伦（Van Lammeren）和范·曼能（Van Manen）。他们相互介绍各自研究机构的情况，谈论流体力学的发展前景和各类相关课题可行性。通过学术交流，杨槱得知他们那时已开始探索采用不对称船尾设计，以提高单螺旋桨船的推进效率。但很快，"红卫兵"开始"踢开党委闹革命"，学校和地方各方面造反声势迅速增大。党委书记受到批判，党组织呈涣散状况。杨槱认为这种情况很不正常，他认为应该摆事实、讲道理、以理服人，不应以势压人。当时他的这些意见虽然还没有受到批判，但也很少得到支持。

"文化大革命"要对所谓"旧教育制度"进行改革，首先就是"停课闹革命"，不仅原来在校学生要中断学业，而且全国高校也停止招生。11 月，杨槱随教研室的教师到奉贤县丁夏八队参加"三秋"劳动两个星期。之所以到奉贤,是之前两年上海交大教师开展社会主义教育运动,简称"四清"运动(清政治、清经济、清思想、清组织)的延续。1964年11月至次年4月底,上海交大干部、教师、学生共2 000余人就参加了奉贤14个人民公社和1个城镇的"四清"运动。"文革"开始以后,学校里的老教师多被认为是"反动学术权威",杨槱也榜上有名。然而,丁夏八队的农民都很好,对他没有任何的歧视。

当时的大学校园里,很多老师被批斗,幸而杨槱未有太多亲身的经历。在杨槱的记忆里,他只有一次差点"陪斗"的经历:"(一开始)要叫我上去,但是既没被批又没去陪。过了一会,后来又讲,'回去,回去!'叫我走了。我就碰到这一次。"但杨槱就记得,当时交大的副校长陈石英,与杨槱同系的江可宗,就被严厉批判。

1967年春节,中国又成功地进行了一次核爆炸。但杨槱心却感到,不是有了原子弹就算强国了,强国要拥有强大的综合国力,不仅要有巨大的经济实力,还要有高度的文化科学水平。同时间,一年一度的春运高峰到来,教研室组织大家到火车站去担任纠察,维持秩序。那时学生"大串联"已开始。当时有一列从南方来的客车来到上海,下车的主要是青年学生,有的年龄不过十几岁,他们穿的衣服很单薄,也不知道是否有接待单位,杨槱为他们的身体担心。在这种情况下车站里还发现了小偷。杨槱回忆道:"有个小孩在一个人的口袋里面掏东西,正好让我们一个教师给抓住了。他(不想就范),大吵大闹。"

6月份,杨槱和教研室少数教师再次到奉贤丁夏八队参加"三夏"劳动两周。这时农民们看到杨槱还没有"靠边"或被"隔离",仍然能下乡和他们一起劳动,既诧异又感到高兴。10月,党中央下达了"复课闹革命"的指示,杨槱以为要恢复上课教学,感到很高兴,因为学校的教学和科研工作已停顿一年多,人力物力损失很大。其时,杨槱编写了"船舶的抗沉性"一章的讲义,却因为还是"反动学术权威",被认为"不宜出面"讲授。因而这一章便由别的教师讲授,但杨槱仍负责教学辅导和批改作业。

虽然全国都在闹"文化大革命",但当时如果碰到实际问题,还得请所谓的"反动学术权威"出马。杨槱记得,有环卫部门前来请教他一个技术问题,说有一艘运垃圾的船,倒车时操纵不灵。杨槱看了图纸后,发现这船首部水下部分被削去过多,以致船的水下部分的压力中心过于后移,导致船倒车时航向就不稳定。

杨槱的美好愿望到底是落空了,"复课闹革命"后,实行"厂校挂钩,开门办学",违反循序渐进的规律,打乱经过长期实践形成的课程结构体系,"做什么,学什么","急用先学",基础理论课程的时数被大大削减。杨槱回忆道:

> 至于怎样搞教育革命?学生们提出"当兵一年,当工人一年,当设计员一年"的设想。我认为重视社会实践和生产实践是正确的,但大学有培养业务骨干的责任,课堂教学也不能忽视。干部应具有扎实的科学理论基础和一定的专业知识。我赞成精简课程和教学内容,多安排一些实验和设计制图作业;暑假应长一点,以便学生能更好地下厂、上船,参加生产劳动。那时,学校还计划招收新生。但校内外的"斗争"更加激烈了,学校的"革命三结合"始终搞不好,一直到1973年才开始招收工农兵学员。

1968年5月,以军宣队进驻北京新华印刷厂为开端,全国各地采用进驻军、工宣队的方式,开始"清理阶级队伍"运动(简称"清队"或"清阶"),杨槱是被重点隔离审查的对象之一。这是他在"文革"期间最为艰难的一段岁月。整整一年的时间,杨槱和学生同住在集体宿舍中。有人还对他讲:"你不能回家了,"而且"还要抄你的家"。因此,杨槱在上海湖南路家被抄,大量笔记、书稿散佚,国外照片被画上交叉。在这期间,杨槱还应校内外调查人员的要求,写了大量的自我检查,如实叙述自己以及与他接触过的许多人的历史情况的书面材料。

"清队"审查自然没有查出什么情况,杨槱因而被允许自由活动,但就是不许回家,处于"半隔离"状态。他自己的工资则被冻结,生活费从家里送来。在这段时间,杨槱参加了学校围墙和游泳池建设。有一段时期,船舶制造系工人宣传队宿舍的清洁卫生工作也由他担任,当中包括卫生间。然而,杨槱对此并无太多怨言:"由于我对每一项工作都很认真,努力做好,因此一般都是得到肯定的。"然而,最让杨槱受不了的是,与船舶设计制造相关的业务书籍不允许看，案头只能放毛主席著作。后来，杨槱在打扫清洁卫生中拾到一本恩格斯著的《反杜林论》，这才多了一本读物。

1969年夏，杨槱随学校师生大队徒步去青浦县的一个生产队，参加"三夏"劳动。既然不能看关于船舶制造的书，那就多看看船吧。那里是水乡，农村运输主要依靠船只，船的推进工具是支在船尾一个球钉上的一根橹。杨槱对此感兴趣，便仔细地观察橹的操作方法。他看到船工划动与转动橹，就可以使船自由进退与转向，十分灵便。他发现，橹柄稍有弯曲，使橹叶更加深入水中，以提高推进效率。回学校后，杨槱便写了《橹——有效的船舶推进工具》一文，但因为动乱，文章也没有发表，原稿也遗失了。

当年珍宝岛事件发生后，考虑到苏联可能对中国进行战略突袭，林彪发布了战备命令，是为"林副主席一号命令"，要高校的师生员工都撤离城市，疏散到农村。当时，交大船舶制造系的驻地是在奉贤县光明公社的光明中学内。杨槱被分配到厨房里劳动，为期达10个月之久。他回忆道：

> 每天洗菜、切菜、斩肉、杀鱼，还要搞清洁卫生。有时候，厨房采购了一些猪头和肚子来，对我们的要求是毛要拔光，异味要去除。由于我认真从事，有时也被赞扬几句。那时对我的审查已基本结束，被定性为人民内部矛盾，但仍不许"乱走乱动"。

1970年夏天，交大全体师生又回到上海，杨槱即被派往虹桥路防空洞建筑工地。一开始，他做的工作是推运水泥，随后改为骑三轮车运送饮用水，每天送4次。每一次都要把装饮用水的桶彻底洗干净，运到校内员工食堂旁边的饮料供应点，装满后，踏到虹桥路的人防建筑工地。此外，还要检查三轮车的刹车和轮胎。

在外人看来，杨槱的这段经历艰难、痛苦，而且处境也并不安全。在"清队"运动中，教师当中，因承受不住巨大压力而自杀的例子有很多。杨槱的长儿媳魏立莹回忆当时他们第一次相见的情景："我就感觉他（杨思远）父亲很难为情，自己的自尊心也受挫了。"尽管身在困厄之中，但杨槱还是能坦荡从容地面对。对于他这样的大学教授要骑三轮车送饮用水这件事，他似乎不以为意,还在其回忆录中写道:"我很快又就成为不错的三轮车夫了。"这一方面源于他乐观的性格,也因为他大学时期曾在苏格兰的造船厂里当学徒工,对于从事体力劳动的工人,他完全了解,毫无中国传统的那种"劳心者治人"的观念。这也支撑着杨槱,熬过了那段最艰难的岁月。

再回船厂(1970—1972)

经过了几年的折腾,工厂普遍遭遇"用工荒",特别是造船厂,有好几个技术工种缺人,因而在 1970 年 11 月,杨槱便随部分教师,一齐到浦东上海船厂参加生产劳动。杨槱对此感到十分高兴,他写道:

> 我看到了船体结构车间,看见辊床在开动,头顶上吊车在运行,地面上成堆的纵骨、横梁和肋板。耳闻船台上的批诺枪噪声不断。我是船厂出身。现在好像又回到了家,感到温暖亲切。

杨槱主要不在车间,而在设计室,但每周仍有一天要到船台,参加 1 500 吨甲板驳船的装配工作。作为一个装配工,当然要熟悉船体结构的安装工艺,这是杨槱本行,自然得心应手。他还要进行气割和电焊作业,幸好这些工作在美国学过,还算有点基础,基本上能够胜任。

在设计室,主管工程师交给杨槱的第一件工作,就是描"大同"号货船的消防系统和灭火设备图。虽然他仅用两天的时间就完成了这项任务,但连自己也不满意,因为图面质量实在是很不理想。这也难怪,杨槱已经十几年没有拿起过描图用的鸭嘴笔了。但他还是珍惜在设计室的工作机会,暗下决心,要用心改进,希望能胜任描图工作。

当时上海船厂正在建造的,是万吨级的"风雷"级远洋干货船。然而,"风雷"号已是 1960 年代的设计,无论从布置、结构和性能上看,都已经落后。因此,船厂想让交大船舶制造系的师生帮助开发一种新的万吨级远洋干货船,并以"山"字头命名。杨槱等人查阅了造船书刊和当时中国已造的远洋干货船的资料,并且到中国远洋运输公司上海分公司和中波轮船公司,查阅他们所有的干货船资料。然后对船的主要尺度、航速、船舶总布置、船体型线、船体结构、动力装置和甲板机械等都作了仔细分析，提出了几个不同的方案。在比较它们的优缺点后，提出一个较为可行的方案。除了听取船厂技术人员的意见外，杨槱还教导学生，要征求许多船员的意见。这其实是杨槱的经验之谈：船员们从操作者的角度，评议各个方案的优劣，也能提出一些有价值的意见。经过一系列的评议后，师生们开始进行初步设计。杨槱参加了总布置图和船体型线图的绘制，以及静水力曲线、抗沉性、海损稳性、重量和重心、货舱和液舱容积、吨位、阻力和推进等项目的计算工作。总布置图和型线图经过反复修改，最后定稿。

当时的干货船，如上海船厂所造的"风雷"号和"风光"号，江南造船厂所造的"东风"号和"朝阳"号等，都把机舱和驾驶室放在船中部，机舱前有三个货舱，机舱后有两个货舱，俗称"前三后二"型。杨槱认为，从船舶驾驶的角度看，这种布置的优点是可以首尾兼顾，使前面盲区不大；但是前面的货舱比较瘦削，后面的货舱下设有轴隧，以致装货不便。杨槱听到理货人员埋怨说，这些船的航海性能虽然不错，但是却没有一个方方正正的货舱。因此，杨槱他们从事新船设计时，便把机舱向后移一个舱位，使机舱前面有四个货舱，后面只设有一个在轴隧平台上的小货舱。这种俗称"前四后一"型的"中后机"型布置，可说是过渡性的方案，因为以后的干货船基本上都是尾机型船，即机舱设于尾部。

新船的材料问题也是杨槱和一众师生们考虑的重点。已经航行 5 年的国产万吨轮"东风"号采用了高强度的低合金钢作为船体结构的主要材料，钢板较薄，船体较轻，载货较多。杨槱认为，"东风"号优点在于"载重量系数"，即船的载重量与排水量的比值较高，但缺点是船体结构的刚度和稳定性稍差。而且他从船员的口中了解到，"东风"号的船体太软，仅营运了几年，有的结构已变形。因而，他们决定新船的船体结构采用普通低碳钢制造。

上海船厂所造的"风雷"轮的后续船以"风"字头命名，在船首加装"球鼻首"，以降低船的阻力，例如"风光"轮。新船也要安装球鼻首，通过在交大船模试验池进行的一系列模型试验，最后选用了较大球鼻首。然而，较大的球鼻首虽然对降低阻力有利，却使得球鼻首容易与锚和锚链发生碰触，有碍于船的起抛锚操作。因此,上海造船厂让杨槱设法解决这个问题。他便从实际出发,除了去码头观察"风光"号的锚设备布置外,还查阅了许多外国船的锚设备布置,对大球鼻首船的锚设备作了较深入的研究,给出解决方案。遗憾的是,"山字号"干货船后来没有建造,但杨槱认为,通过设计"山字号"新船这项任务,上海交大船制系的师生实际上是得到了不少锻炼的。

"风光"号的船东和验船单位,分别是上海远洋运输公司和船舶检验局上海分局,1971年冬天,他们对该船的稳性提出了疑问,自然就把船拉回原制造厂上海船厂,并委托杨槱进行计算鉴定。杨槱检查了船的稳性计算资料,认为主要是满载时稳性似有不足。他指出,过去的稳性计算只包括了船首楼,并没有包括甲板室。然而后者的影响应否计及? 各有关方面有不同意见。同时,杨槱也对过去的稳性曲线计算的准确性存有疑问。为此,他用不同的稳性计算方法,包括积分仪法和直接法,算出该船的形状稳性曲线。他用手工计算时,工作量很大,因此要对每项计算都反复校对,确保无误。与此同时,杨槱还使出了一个"秘密武器"——上海船舶运输科学研究所和上海船舶设计研究院共同联合编制的一个精确计算船舶稳性的计算机程序。杨槱使用这个程序在华东计算研究所的 X - 2 型计算机上计算"风光"轮的稳性,结果与直观的、较可靠的"直接法"相接近。计算的高效、快速、准确,也让杨槱立志要掌握计算机辅助船舶设计这项新的技术。除了计算,杨槱还随"风光"轮到江南造船厂,在船坞中进行"倾斜试验",从而准确地求得了空船状态的排水量和重心高度。然后进行了满载、压载、装甲板货等6种装载情况的稳性计算,完成了极限初稳性高和极限重心高度的计算书。最后得出的结论是:"风光"号的稳性是足够的。

由于杨槱所做的两项工作都是以万吨远洋货船为中心,他便根据经验所得撰写了《关于万吨级远洋货船的主要尺度》和《关于万吨级远洋货船的稳性问题》两篇文章,并交给上海船厂的技术人员评阅,得到了好评。可惜的是,这两篇文章因为运动而遗失。当然,这也是"文革"中千万个类似的痛心事例中的一个而已。

1972年年初,学校开始了"大批判"运动,交大学生都离开了上海船厂,厂里只剩下杨槱和张轶群两人。他们俩修改图纸,整理说明书和计算书,完成各项收尾工作。这时,船厂又交给杨槱、张两人一项校核"风光"型干货船总纵强度的任务。经过查阅资料和一系列计算后,杨槱得出的结果是,"风光"型船体结构强度是足够的。

虽然经常在上海船厂的设计室,但杨槱经常上船去实地考察,和船员们交谈。他还到上海船厂西厂,参观在船坞中修理的"南翔"号,特别是该船的船员居室布置;后来又参观了"风雷"号,和该船的大副和水手长交谈。杨槱从船员口中了解到,干货船若能采用能旋转的"克林吊车"①,就比吊杆要优越得多。大副的意见则是,因为要经常接待许多上船办事的人,房间应大一些等等。这些意见,杨槱都记在心里,进行造船设计时都在考虑之列。杨槱还到江南造船厂参观了"庆阳"号,以及 2 万吨级散货船"长风"号。他还曾去董家渡,参观停泊在码头上的大连造船厂新造的设有 120 吨重型吊杆的"大理"号万吨级干货船。

虽然是广泛听取各方的意见,但杨槱也注意到,并非每个人的意见都是正确的,实际设计时要根据情况适当挑选,择善而从。他认为,由于各人的工作岗位和处境的局限,有的意见可能有片面性。他举例说:"我曾参观过一艘德国为我国建造的标准型干货船。这是一艘尾机型船,尺度较小但载重量大,货舱方正,装有克林吊车,主机功率适中。我认为它是一艘经济实用的船,但有的船员只注意到他们的居住的房间狭小(这是由于我国船的船员定额是外国船的一倍以上)。而且位于船尾部,振动与噪声较大,因而说'这船一无可取之处'。这句话显然"偏激,有片面性。"事头上,因为买、租外国船在当时容易被扣上卖国的帽子,所以对于外国船经常有这样或那样的不能实事求是的过分批评。尽管有因言获罪的危险,但杨槱还是作出了理性的持平之论。

重返校园(1973)

1972 年 11 月,杨槱也离开了上海船厂,因为他被安排到安徽省凤阳县大

---

① 英文 crane(起重机)的音译。

庙区的上海交通大学五七干校第二期学习。

《凤阳花鼓》词云："说凤阳,道凤阳,凤阳原是好地方。自从出了朱皇帝,十年倒有九年荒。"杨槱有时和庄西生产队的贫下中农一起下田劳动,看到了他们的境况,心生恻隐。杨槱的学生潘斌讲过当时的一件事:"杨先生年纪大,就去摘棉花,跟老太太一起摘。后来那个老太太就跟他聊,讲她家里的困难。后来杨先生后来就寄给她家 20 块钱,也没吭声。"

杨槱白天在田间劳动,晚上则学习马列著作,《毛泽东选集》和日语。至于为什么要学日语,杨槱回忆:"那个时候教师之中也有到过日本留学的,就在干校也办了一个日语班。我心里想,多学一国外语就多认识一国人才。我既然没事可干,(又)有机会,就学了。"他们这期的学员,还完成了农机站、发电站和浴室的建设,铺了校区的石子路,挖了防护沟。晚上,干校学员还为当地失学儿童办了夜校,其中一个是女学生比较多,杨槱担任了算术和珠算的教学。在他的学生中,有一部分"是残疾的,腿不太方便。"杨槱回忆道,"但是我发现,残疾儿童当中也有很聪明的。"

1973 年 3 月 10 日,邓小平出任国务院副总理职务,中国大地上的混乱局面得到一定的控制。一个月以后,杨槱回到上海交大,陆陆续续参加了几项船舶设计研究工作。

杨槱最先参加的,是沿海客货船的设计研究。这个来自上海海运局的任务是要设计一艘新的客货船。为此,他决定先到一艘客货船上了解相关情况。当年的 5 月 2 日,杨槱登上"长征"号客货船作实践考察。这是一艘常年在上海到大连航线上营运的客货船。杨槱得知,"长征"号总长 138 米,装有 3 310 千瓦柴油机 2 台,服务航速 18 节,载客 860 人,载货量 1 500 吨;适航性优良,遇有 8 级风浪时亦无飞车现象,舵效也很好。在客货运方面,当时上海至青岛和上海至大连两条北方航线,每年往返旅客均达 15—18 万人次,但货运很少长征号于当年春运高峰时去大连的第 17 航次载客 1 895 人,而回程的第 18 航次仅载客 669 人,很不平衡。而且,由于票价过低,每个航次亏损 1.3 万元,每年走 40 个航次,就要亏损 52 万元。因此,上海海运局、设计院和科研所的技术人员,想从航运经济性的角度考虑,对这种"长征"型客货船进行改进:一是减少船长。"长征"号要占一个半泊位,但如果船长从 138 米减到

120 米,则只占一个泊位,而且在系泊浮筒时可原地掉头;二是降低航速,在营运中实际航速不过 14 节,这样主机功率也可减少,载客量可以略减,载货量则不变;三是放弃使用吊杆,改用集装箱,以提高装卸货物效率。杨槱他们便根据这些要求,进行了初步设计:取新船的总长为 120 米,垂线间长 110 米,宽 16.8 米,吃水 6.1 米,排水量 5 853 吨,主机为 2 207 千瓦柴油机 2 台,试航航速 17.3 节,服务航速 15 节,载客 700 人,载货 1 500 吨,货舱容积 3 500 立方米。但设计任务迟迟没有下达,杨槱进一步的设计研究工作也随即终止。

虽然项目无疾而终,但杨槱自觉有所收获:“通过这项研究工作,我深深感到,航运经营人员、船员和造船者必须互相了解,通力合作,才能设计出优秀的船舶。营运的经济性,船舶操纵的方便性,海上生活的舒适性,优良的航海性能,以及船体结构、动力装置、设备系统的坚固可靠、维修方便都要考虑到,考虑片面将导致失误。”这也与杨槱本人一贯的性格,不自以为是,广纳意见,择善而从。

当年 9 月,一个迟来的学期终于迎来开学,这是上海交通大学 7 年来第一次招收新生。新生是各单位按分配的名额,推荐来校学习的工农兵学员。事实上,全国高校招收工农兵学员的工作早在 1970 年就已经普遍展开,只是由于张春桥指责“交大运动是温吞水”,以致掀起了一场烧“温吞水”运动,使得交大的招生工作推迟了 3 年。当时交大船舶制造系仍以“一系”为代号,原水面舰艇设计与制造(代号 110)、潜艇设计与制造(代号 120)及民船设计与制造(代号 150)三个专业招收了三年制的普通班学员。除了普通班外,船制系还向船厂招收工人进修班,每期一年半。新来的工农兵学员中,有一位名叫潘斌,现任嘉兴南洋职业技术学院院长。他提到了与杨槱的第一次见面以及请教的情形:在上海港做实地调查时,“我看到一艘很大的船,船头有个很大的鼻子,很多船没有的。我就问杨老先生:‘为什么要装这个球鼻首?’他就告诉我:‘这个球鼻首装上去以后,可以让船的航速提高一节到两节。’杨先生讲得很详细,也很客气。”

潘斌也提到,他们从事造船工程,一定要进行实地调查。杨槱返回校园后,也并非整日安坐办公室。1973 年秋季学期开学后不久,他就带领几位教师和一个工人进修班的学员,到浦东庆宁寺的沪东造船厂,结合生产实践进行教学。当时,船厂准备在已成批建造的 25 000 吨"郑州"型散货船的基础上,开发一种 35 000 吨级的散货船。这样的散货船是当时中国港口所能容纳的最大吨位的船舶。交大船制系小组便会同船厂少数技术骨干,承担了这艘新船的方案设计任务。

在设计的过程中,杨槱查阅了有关散货船的书刊文献,搜集了上海远洋运输公司及船厂现有和在造的散货船图纸、计算书、说明书。经过分析研究,得到一些规律性的设计原则和经验公式。他于是根据这段时间的收获,编写了一本约 12 万字的《散货船设计》教材初稿。船厂以及上海船舶设计研究院的技术人员都认为,这是一本较好的学习资料,建议杨槱出版此书。但杨槱认为这只是一个初稿,还达不到出版教科书水准,需要修改完善,因而这件事就一直搁置。直到现在,《散货船设计》始终没有出版。

据杨槱调查所得,其时长江口航道水深 7 米,即使准备挖到 8 米,加上潮差 2.5 到 3.0 米,乘大潮进港,船的吃水也不能超过 11 米。而航海界认为进入长江和上海港的船不应超过 200 米长,否则掉头不方便。因此,设计小组最后确定新船的总长为 195 米、宽 28.4 米、吃水 11 米,主机采用国产 6 472 千瓦柴油机,航速约 14.5 节。在后来的评审会上,新船的设计获得好评。当时上海交通大学搞了一个科研成果展览,这船的设计也在展出之列。但是学校那时还不敢表扬杨槱,但有的学员为此不平。杨槱却说:"我倒无所谓,我为在与工人同志日日夜夜的共同工作与生活中建立了深厚的友谊而感到心满意足。"

虽然获得好评,但杨槱还是作出了一些检讨:

当时我已感到该船的设计还是较落后的:一是由于保守思想,船体构件的尺寸取得比《钢质海船建造规范》所要求的还大;二是机舱过长,轮机人员强调为维修提供便利条件,不肯缩短机舱长度,可是机舱每增加 1 米,船长就要增加 2 米;三是船员人数过多,对居住面积要求过大;导致船上设备和系统的增加,因而空船重量也在万吨以上。

由于种种条件的限制,这种 35 000 吨级船的设计没有继续下去。一直到

1980 年代初，交通部才重新安排设计同类型的散货船。其中，大连造船厂建造的"鼎湖山"号的尺度和特征，就与杨槱他们当年的设计船相仿。

除了参加新船的设计工作，杨槱在新学期开学后，还写了几篇文章，分别介绍当时新造的几种船，如万吨级干货船"风雷"号和破冰船"海冰 101"号等。另外又写了一篇《军舰发展史》，以及船舶抗沉性、船舶推进器和海船稳性规范等几个章节的教材。写这些教材时，杨槱都力求使学生深刻理解各个公式和计算图谱的理论依据及其推导过程。

除了参加新船的设计外，杨槱于 1973 年还两次参加新船设计评审会。8 月 14 日，他应邀去大连造船厂，参加 24 000 吨油船的扩大初步设计评审会议。这艘船由大连造船厂设计，长 170 米，宽 25 米，型深 12.6 米，吃水 9.5 米，装有从南斯拉夫进口的 6RND76 型柴油机一台，功率 7 943 千瓦，航速 15.7 节。这是继 1966 年开始成批建造 15 000 吨油船之后，新设计的一种更大更经济的原油运输船。杨槱还了解到，船的主要尺度从多个方案优选得到，船体型线采用著名的美国泰勒船模试验池发表的 Todd 系列船型，方形系数达到 0.8，属于肥胖船型。而为了避免之前的 15 000 吨油船在满载航行时的"埋首"现象①。在评审会上，有人提出把船长增加到 175 米，型深增加到 13 米，方形系数减小一些。如船的航速能提高 0.3—0.4 节，则对在长江口赶潮水进港有利。杨槱还回忆道："与会者还对钢板腐蚀裕度、冬季防冰、维修方便等问题进行了讨论。例如油舱内的加热管，过去均用法兰盘连接，而这次设计则用电焊固接。大家都知道前者易于拆卸修埋，而后者不易损坏渗漏，各有优缺点，这就引起了争论。防止海洋污染及甲板机械遥控和自动化的问题也提上议程了。最后，大家认为还是要面对现实，能落实的，能做到的才能确定下来，其他的意见只能作为今后探讨研究参考之用。"

评审会上这样建议很多而无法立即判断孰优孰劣、进而激烈争论的场景，杨槱已经历多次，他感觉到，只有当时刚刚兴起的计算机辅助船舶设计系统和经济分析程序研制成功后，才可使评审会上的那些争议很大的建议得到

---

① 埋首，即船首吃水显著增加而导致航速降低的现象。在该次评审会议结束后，杨槱与盛振邦即搭乘"大庆 30"号 15 000 吨油船返回上海，在船上就考察了该船在满载时的埋首现象。

快速、准确的验证。而趁着到大连出差的机会,杨槱还特意访问他工作过的大连造船厂和大连工学院,与技术人员、教师交谈造船教育问题。他们一致认为,基础科学理论,特别是数学和力学对造船工程技术人员的"后劲"有重要关系。他们认为,对技术窍门不仅要知其然,还要知其所以然,对新技术应具有消化、吸收和创新发展能力。实验课(船模试验、受力结构的应力测量等)和下厂实习(最好跟着工人老师傅干活)是重要的教学环节,不能削弱。学造船的要上船去跑 1—2 个航次,跟着木匠和水手长做些船上日常工作是有益的。学校与船厂合作,师生与船厂技术人员联合开发典型产品、进行设计工作也是可取的。

1973 年 10 月,杨槱参加了大连—烟台线客货船的评审会。这艘客货船,就是由上海船舶设计研究院设计,后来由天津新港船舶修造厂建造的"天山"号客货轮。评审者关注的是这条渤海海峡航线,其航程虽然仅仅是 89 海里,但冬季常有 5 级以上的东北风,海上风浪较大,因而对"天山"号的适航性很重视,认为最好在遇 8 级风情况下也能开航。而作为渡船,则要注意与火车班次相衔接。如遇到脱班,对旅客很不方便,建议主机功率要有一定的裕度。杨槱则对于"天山"号客货轮的舱室设置特别关注,他认为:"由于航程短,旅客对舒适性要求并不高,有一间能容纳百余人的大餐厅已足够,无需设休息室和阅览室。厕所的位置、数量与清洁卫生都与旅客在船上的生活有关,应予足够的重视。"为了保证抗沉性,保障航行安全,"这类船的分舱最好能达到'两舱制',即两舱破损不沉。还有船上不应有'散席'(即铺在甲板上的铺位),而应设火车座。当然今后的发展方向是车客渡船。"

除了参与新船设计和评审会这些实践性的工作,重返校园的杨槱也做了不少案头工作。事实上,早在 1972 年 8 月,交大船舶系教研室就承担了石油部委托的翻译美国船级社《浮动钻井装置建造规范》的任务,其中,杨槱翻译了钻井模块部分,并校阅全书。当年冬天,杨槱则参加了《海船载重线规范》的制订工作。受到"左"倾思想的影响,"多装快跑"仍是当时运输工作的主要口号。因为当时许多人认为,沿海航行风险较少,而我国船舶一般安全设备较好,船员素质较高。如果万吨级货船的满载吃水允许增加几百毫米,就可以多装几百吨货,航运效率就提高了。当然,也有人持相反意见:如果船的干舷过小,遇大风浪时,海水涌上甲板的情况将大为增多,对船的安全航行不利。到底超载是否适当,当时并没有一个很明确的规范,"红旗"号事件让规范的出台更加紧迫。

《海船载重线规范》制订小组特意请来"红旗"号的船长谈了他最后一次航行的情况。"红旗"号是 1950 年代后期苏联设计的、大连造船厂建造的万吨级蒸汽轮机干货船。船的主要尺度和主机功率较大(9 562 千瓦),航速较高,适航性优良。该船空载从上海出发,直驶加拿大,在日本海遭遇低气压,风浪很大。由于空载,吃水浅,干舷大,因此甲板上浪情况不多。但一浪打来,船体剧烈振动,横摇周期仅 9 秒,摇幅达 20 余度,船上所有电子助航仪器均不能使用,仅能依靠磁罗经确定航向。最后到达目的地温哥华港。在温哥华装载了 10 600 吨小麦后,"红旗"号的吃水为 9.74 米,干舷为 3.2 米。然而,在回程途中,"红旗"号遇到 8 至 9 级的横风,船的横摇剧烈,致使货舱内为了防止谷物向两侧移动的中隔板被压破损。船被迫改变航向,顺风顺浪航行。那时浪高 9 米,横摇周期 12 秒,摇幅仍达 15—20 度。同时,由于干舷小,甲板上浪很多,有时甲板上积水达到舷墙高度。海浪涌向起居甲板室,大部分水密门渗水。舷窗上的铁盖虽已关闭,仍有海水渗入。当"红旗"号到达上海后,开舱卸货时发现,第三货舱中的小麦下沉了近 1 米。

杨槱等代表们经过讨论、分析后认为:国际航线当然仍须遵循 1966 年《国际载重线公约》核定载重;沿海海域航行船舶的干舷可以减小一些,但也应像国际公约那样将船舶分为液货船(A 型)和干货船(B 型)两类。两者在露天甲板的完整性、载货空间的渗透率和分舱等方面都有所不同,对核定载重线也应有不同的要求。

杨槱参加的另一场由船舶检验局组织的《海船稳性规范》研讨会,则在 1973 年 12 月进行。这个规范原于 1959 年制订、1960 年颁布试行,已经过十几年的光景,亟须检讨修订。这次研讨会组织有关单位 30 人,成立了一个研究组。其任务是:对一些问题进行分析,对一些实船进行分析比较。探讨的问题则有:航区划分,用倾斜试验和摇摆试验测定船的重心高度和横摇周期的具体要求,稳性的基本衡准,对稳性曲线的要求,自由液面的影响,结冰计算,对渔船、拖船和散装谷物的特殊要求等。这次还对 294 和 441 千瓦渔船,

"长征"型客货船，"东风"、"庆阳"、"安源"、"风光"等干货船，441 和 883 千瓦拖船和"桂海"、"粤海"等小型货船都进行了核算，表明原规范所订的基本衡准仍然适用。

一般地讲，原来规范的要求比日本规范要高一些，却比苏联规范显得宽了一点。但杨槱从研讨会上了解到，要结合海上劳动和作业的实际经验，从多角度进行分析。比如客船的适航性问题：其时，我国从法国购进的新型客船"耀华"号的初稳性高大于 1 米。虽然稳性衡准数 K 值（即最小倾覆力矩与风压倾斜力矩之比值）较大（K = 2.1），但该船航行时如不用减摇鳍，则横摇剧烈。另一艘老式远洋客船"光华"号的初稳性高较小，仅 0.44 米，K 值 1.18，勉强及格，但据船员反映，"光华"号在大风浪中稳如泰山。最终，会上的研讨成果，在 1974 年《海船稳性规范》修订中得到了反映。

1974 年秋，杨槱参加了另一个比较特殊的规范的制订，这就是《船舶名词术语》的制订工作。实际上，早在 1951 年，杨槱任大连造船厂建厂委员会委员时曾编过一本英汉对照《船舶名词》。这时，由于学校停课，设计研究单位任务也不多，教师和技术人员便利用空闲时间，先编辑出版了一本《英汉舰船科技词汇》，杨槱参加了编辑和审校工作。这次《船舶名词术语》的制订，实际是《英汉舰船科技词汇》工作的延续。科技名词多为外来词，不仅是"一名之立，旬月踌躇"，而且即使是翻译成中文，也是各不相同。有音译、有意译，用于交流时十分不便，因此有必要进行规范和统一。然而，规范统一船舶名词不可能凭行政命令强制执行，于是杨槱等决定到长江沿线的船厂、科研设计单位和高等院校进行调查研究，以广泛征求各方意见。

12 月中旬，杨槱一行从上海搭乘飞机去四川重庆。首先访问江北县青草坝的四川省船舶修造厂和唐家沱的东风船厂。30 年后旧址重游，他颇有感慨。杨槱跟两厂技术人员交谈得比较多的，还是当年他下过很大力气的川江船，并且还了解到他当时所不知道的知识：为何川江人喜欢舢板式的平头船。原来，在急流航段，平头船过滩时不会向水中"钻"，而可以抬得起头，同时平头船也比尖头船好拖。而在讨论船用名词时，老工程师们提出了如何对待一些传统称呼的问题：如舷弧称昂势，梁拱称抛势，复板称重磅，舵称水关，螺旋桨称车叶等等。

这次四川之行，也使杨槱有机会观赏了著名的长江三峡航道。年底，他在重庆登上"东方红38"号川江客货船顺江而下，并在长江中游迎来了1975年元旦。其后第三天黄昏时分到达汉口，随即下榻武昌七〇一研究所招待所，并在随后的几天里，杨槱访问了七〇一研究所、武昌造船厂、长江船舶设计院、汉口海军工程学院后来再乘船下行，到九江访问了江汉仪器厂，到芜湖访问了芜湖造船厂。经过一番调研，杨槱认为：

> 关于船用名词，当时船厂还使用一习惯俗称，有些是英语音译。设计研究单位和高校大体上取得一致的看法。但有些名词至今还在议论之中。例如"船中"用两个字还是合并为一个"舯"字。"初稳性高"是稳心距重心的垂向距离（是小角度倾斜稳性的指标），于是有的单位称"初稳距"，也有称"重稳距"的，过去按英语直译则是"初稳心高度"。有些名词在海军文献资料中用的与民用船舶单位用的又有差别。因此统一名词术语的工作是相当艰巨的。

设计新船（1975—1977）

1973年10月6日，犹太人的赎罪日。这是犹太人一年中最重要的节日，在这天包括虔诚的犹太教徒和一般现世的犹太教徒都会实行禁食，同时会避免使用武器、电子器材、引擎、通讯设施等等，道路交通也会停止。这一天，以色列处于全国放假状态。许多士兵在这天离开岗位返家过节，以色列正处于一年中战备最脆弱的状态，尤其难以进行全国军人的紧急集合。就在这天下午，埃及与叙利亚同时行动，分别攻击六年前在六日战争（第三次中东战争）中被以色列占领的西奈半岛和戈兰高地。第四次中东战争，又称赎罪日战争由此打响。

在战争初期，埃及和叙利亚的攻势使以色列军队遭受大量损失，以方急需补给军火武器。10月9日，以色列女总理梅厄夫人（Golda Meir）向国际恳求援助，但欧洲国家全部拒绝，只有美国总统尼克松答应支援以色列——尤其是苏联也开始插足战争,支援阿拉伯国家军火。到了 10 月 14 日,美国空军大量飞机飞往以色列,展开了有名的"五分钱救援行动"(Operation Nickel Grass)。因为这个救援行动,战况开始逆转。至第二周,叙军退出戈兰高地;以军在西奈半岛反击埃及,更越过原来的停火线——苏伊士运河,直接威胁首府开罗。10 月下旬,国际呼吁各方停火签署和平协议,战争结束。

美国人的五分钱救援行动却触怒了阿拉伯世界。为了报复美国支援以色列,阿拉伯石油输出国组织(OAPEC)、石油输出国组织(OPEC)里的阿拉伯国家,由沙特阿拉伯领导,在当年的 10 月 17 日决定每个月减低石油产量 5%,并威胁彻底禁运。然而,尼克松还是在 10 月 18 日向美国国会请求提供给以色列 22 亿美元的军火。到 10 月 20 日,沙特阿拉伯宣布对美国实行石油禁运,其他阿拉伯产油国紧接着加入,并且扩大到对荷兰以及其他一些支持以色列的国家禁运。因此,世界出现了所谓的"第一次石油危机"。当时原油价格暴涨,由每桶不到 3 美元涨至超过 13 美元。

在石油危机的背景之下,当时航运业的营运成本突然增高。因为货船航速高,耗油量也比较大,航运公司在高油价之下两相权衡,决定降低航速以节省燃料,因此随后新造的货船都是低航速的经济型货船。

1975 年,此时"文化大革命"虽说已进入尾声,但杨槱还是属于"半靠边"的状态,工作任务并不多。就在此时,交通部上海船舶运输科学研究所的张德洪找到了杨槱。他想和杨槱共同开发 5 000 吨级的经济型近洋干货船。顾名思义,所谓"近洋",就是主要在东亚及东南亚地区进行营运;所谓"经济型",则是其主要目标是要力图降低造价、维修和营运费用。为此,要尽量采用标准部件,船上设备力求简单适用。

近洋航行怎么才能做到更经济?张、杨一行当然不是躲在研究所里"闭门造船",因此,他们除了在上海进行调查研究外,还决定南下到福建、广东的几个主要港口,去亲身了解当地的外贸运输情况。

3 月 8 日,他们来到了行程的第一站——福州。在那儿,张、杨一行到当地的外轮代理公司和外贸运输公司,去了解福建省与远东和东南亚各国的贸易情况,主要查询进口货物的品种和数量,以及外贸运输公司所租用的 3 000 至 6 000 吨级干货船的资料。此外,他们还到港务局,去了解闽江航道情况和马尾港的设施,以及进出马尾港各国货船的性能和特征。在福州,各单位的专业人员对杨槱要进行的经济型干货船设计提出了一些有参考价值的意见:香港、澳门最好每天都有船开航,往返频繁,1 000 吨级的船就可以满足要求。航行往日本的船开航频度次之,以 2 000 吨级干货船的最为适宜。东南亚航线较长,航班频度较低,每次运载的货物要稍多,4 000—5 000 吨载重量的船较好。这种走东南亚航线的船,总长在 120 米左右,货舱的舱容要大。因为出口货多为手工艺品、山货土产、陶瓷、水果、蔬菜、食品罐头等;进口也多为轻泡货,积载因数达到每吨 3 立方米,一般 5 000 吨级的货船装 2 000 吨,货舱就满了。因为南海台风较多,且东南亚贸易的回程货少,压载航行机会也多,所以船的压载舱也要大一些。

杨槱的下一个目的地是泉州,在那儿,关注船史研究的杨槱参观了开元寺和泉州海外交通史博物馆,考察了宋代古船。随后,杨槱又来到厦门,了解了一些情况,便乘公共汽车前往广东省东部的汕头市。

根据当地港务局提供的信息,汕头位于韩江出海处,入港船舶的吃水限于 6 米左右。汕头港有浮码头一座,仅能靠泊吃水 4 米左右的船,大船还要系泊浮筒。每年进出港的外国船则有 500 余艘次左右。闽南、粤东一带有所谓"下南洋"①的传统,即百姓前往东南亚谋生,因而汕头与新加坡、槟城等东南亚大城市都有定期的客运航线。杨槱参观了停泊在汕头港内的客货船"金福"号。这是由新加坡的源源船务有限公司经营,原是英国造的一艘葡萄牙运兵船,7 631 总吨,主机功率仅 3 972 千瓦,航速 13 节,日耗燃油仅 18.5 吨。"金福"号把原来官员卧室改为头、二等舱,可容纳 154 个旅客,又有休息室和餐厅,设备较好。士兵舱则作为统舱旅客的住舱,设备稍嫌简陋,但尚算整洁,特别是洗濯设备和厕所较多。杨槱通过客运组长了解到,"金福"号虽然设备较差,但以服务周到取胜,仍能赢得顾客的好感。

结束了汕头之行,杨槱、张德洪等又再乘车出发,前往最后一站——广州。他们在广州市主要访问的是广州远洋运输公司。广州的外港——黄浦港是华南地区主要外贸港之一,年进出港的外国船达千余艘次。港区有 11

---

① 南洋是明、清时期对东南亚一带的称呼。

个万吨级码头泊位,还可以进行锚地过驳作业。而杨槱的调查重点是广州市区的广州内港。他们了解到,吃水 6 至 6.5 米的船可乘潮进入内港。这里的码头岸线总长达 2 600 米左右,然而船在这里还是有不少限制:一是仅有 5 个泊位可供 5 000 吨级的货船停靠;二是内港限制船的总长不能超过 106 米;三是江面上有高压电线通过,限制船的水面上高度不得超过 29 米。在广州远洋运输公司,杨槱他们还看了许多图纸和资料,并和技术人员交谈,主要是了解运输货物的类型,以及炎热南方的船员居室所应有的空调设备等情况。至此,杨槱和张德洪在南方的考察到此画上句点。

回到上海交通大学后,杨槱和教师裘泳铭以及研究生张明显、张永康 4 人,分析了搜集到的资料和数据。他们认为,船长和吃水要考虑到东南沿海各港的限制,而船宽和型深则要根据所需货舱容积和稳性要求决定,新船的主机原则上选用国产的 6ESD43/82B 型柴油机,功率 2 207 千瓦,每分钟 200 转。最后确定该船的主要要素:总长 105 米,宽 16 米,型深 9 米,吃水 6 米,载重量 5 000 吨,货舱容积 7 500 立方米。机舱安排在船尾部,有 3 个货舱,压载舱容积 1 000 立方米。他们还应用已有的和少量自编的源程序,进行各项船舶计算在数月内就完成了方案设计的任务。杨槱他们所提出的方案设计,得到了交通部上海船舶运输科学研究所认可。随后,这个方案便交由上海船舶设计研究院进行设计。研究院的技术人员认为,杨槱他们所提出的方案设计,几乎已经达到了初步设计的深度。到了 9 月,新船的扩大初步设计就完成了。

次月上旬,交通部在广东省中山县召开会议,对这个设计进行审议。在会上,各审议专家对通用干货船的特征进行了广泛的讨论。所谓"通用",就是要求既能载运土特产品、食物、日用杂货、工业器材与装备、汽车、铁路车辆,又要能装运煤炭、矿砂、化肥等散货,还要便于载运集装箱。杨槱认为,这种船要有甲板间舱、液货舱和贵重货物舱。为了装卸货方便,使货舱形状方正,机舱设于船尾部,平行中体部分尽可能长些,甲板要平整。由于要使用抓斗起卸散货和在货舱内使用铲车,货舱的内底板也要加厚。与会代表们还对压载航行问题进行了热烈的讨论。杨槱特意进行了一番计算:空船如不装压载水,则船的平均吃水只有 2.1 米。如在船中部设一个小的压载深舱,平均

吃水可达 3.3 米。这是比较理想的
状况,但与会专家考虑到这样装货
不方便,并不赞成这个方案。所以
最后采用的方案是:把部分双层底
加高作为压载水舱,使平均吃水达
到 2.4—2.8 米。而对于推进主机
也有 3 个方案:一是当时中国已成
批生产的 6 缸 43/82 型柴油机;二
是 5 缸 58/100 型柴油机;三是中速
柴油机。中速机有体积小、重量
轻、易在船尾部狭小的机舱内布置

图 9-1 1975 年,杨槱在广东中山

等优点。但那时只有第一方案比较成熟,于是就选 6 缸 43/82 型柴油机为新
船的主机。

扩大初步设计通过评审后,就可以进行施工设计了,施工阶段杨槱参与
得不多。其首制船,就是后来于 1979 年建成的"红旗 173"号。

杨槱认为,自 20 世纪 40 年代以来,世界经营不定期和不定航线的海洋
通用干货船有这样一个发展趋势:1940 年代载重量 10 000 吨,机舱位于船中
部,航速 10 节;1960 年代载重量增大到 14 000 吨,航速增加到 13 节,机舱后
移一个舱位,靠近船尾,有的船机舱已经位于船尾部;1970 年代初,载重量增
加到 15 000 吨,航速进一步提高到 15 节。

由于 5 000 吨近洋干货船设计的成功,1976 年,上海船舶运输科学研究
所又邀约杨槱,合作开发 15 000 吨经济型远洋干货船。当时中国已拥有万吨
级远洋干货船 130 余艘,但三分之二属班轮型,航速在 16 节以上,燃料消耗
多,燃料费用占总营运成本的 20%—30%。然而,中国远洋运输公司开辟的
定期定线的航班却不多,这些船的大多数作为不定期船营运。船在港口停泊
的时间很长,一次少则 10 天,多则一个月以上。由此造成的港口停泊费用,
造成许多船连年亏损。因此,中国远洋就要求开发一种船体结构轻、机电设
备较简单、航速较低的经济型通用干货船。

一般的想法认为,交通工具的行驶速度当然是越快越好,但杨槱始终认

为,船的航速并非如此,而是有一个最经济的航速。在采访杨槱的学生潘斌时,他就说道:"我们曾经闹过一个笑话,说我们的船,比如说万吨轮'风庆'轮,看到另外一艘船,马力一加大,把它远远抛到后面。记者写这样的东西实际上是不了解的,其实船的航速跟它的经济性有很大的关系。比如说我们定点跑,上海到大连,你跑得太快干什么? 等码头吗? 等码头要花钱的。停在外面怎么办? 你一定要算好。因此它有一个经济航速,杨先生就给我们上航运课,上的就是经济性这个课。"

为了设计这艘 15 000 吨级新船,杨槱依然从搜集资料开始。他首先到上海和广州远洋运输公司,去查阅现有万吨级干货船的资料。然后,杨槱又上船和船员们座谈,向船舶设计部门和造船厂向技术人员请教。这样,船舶设计者就可以听到各方面的意见,比较全面地了解情况。杨槱得到了考虑重点不同的各方面意见:例如设计研究人员重视高指标和采用先进技术,而船厂一般希望采用成熟的制造工艺和实用可靠的机电设备。

杨槱考虑到,这艘新船是不定期船,因而空载的机率比较大,但船在风浪中压载航行时,船尾的螺旋桨不应露出水面,而船首也要避免"拍击"现象,因为船首底部被波浪冲击,会引起船体振动,甚至结构损坏。因此,船首吃水至少按《钢质海船建造规范》所要求的,不小于船长的 2.7%。为了解决这个问题,杨槱要重提设计 5 000 吨货船时考虑的方案,即在船中部设计一个压载深舱。他认为这是最理想的方案,对船的纵向强度也最有利。但正如中山的那次会议一样,大多数人不赞成,因为装卸货不方便,而且结构复杂。这样的话就按照原来 5 000 吨经济性干货船的设计那样,把部分双层底加高(例如前部货舱下的双层底加高),增大首尖舱、尾尖舱,或在船的首、尾部设深舱。杨槱认为这样做的缺点是,在压载航行时必然增大船的中拱弯矩,如同挑扁担一般,对纵向强度不利。但在不得已时,也只好采用这个方案,并加强船体结构。关于船的推进主机,当时多数人还是主张采用重型低速柴油机,直接带动螺旋桨。因为船员们对操作低速机经验较多,比较安全可靠,还有低速机可以"吃粗粮"——即可燃用高黏度价较廉的燃油,而且噪声、振动也比中速机小一些。

杨槱和他的合作者总共花了半年的时间就完成了新船的方案设计。在此过程中,他们应用到了杨槱新编制的"货船主要要素分析程序",用计算机从众多的方案中选出最适宜的船的主要尺度。那时,虽然船的总布置图、型线图和船中横剖面结构图仍然还是人工绘制的,但静水力曲线、稳性计算、货舱的液舱容积计算等都可以用已有的计算机程序完成,提高了设计速度和效率。

1977年3月,交通部在北京举行了15 000吨经济型远洋干货船设计方案的评审会议。船的主要尺度的选择和确定部分由杨槱报告,获得好评。通过这次会议,杨槱又学到一些实际航运知识,例如不定期货船的压载航行率(压载航行时间与总航行时间之比)一般是25%,有的船甚至高达40%;东南亚有许多港口的锚地装卸货作业较多,因此船上必须配备有装卸货设备。

总的来说,设计15 000吨经济型远洋干货船花去杨槱不算太多的精力,因为在此之前的5 000吨经济型近洋干货船的设计打下了基础。正如杨槱自己说:"最初就是搞5 000吨干货船。(所以)后来搞远洋15 000吨的(干货船),用的力气比较小,收集到的资料也比较少。"

追踪前沿(1975—1977)

早在1944年底,杨槱作为"中国海军造船人员赴美服务团"的一员访问美国。次年年初,他到波士顿附近剑桥的麻省理工学院访问,参观了他们研制的第一代电子计算机。

在第二次世界大战期间,为训练轰炸机飞行员,美国海军曾向麻省理工学院探询,是否能够开发出一款可以控制飞行模拟器的计算机。军方当初的设想只是希望通过该计算机将飞行员模拟操作产生的数据实时反映到仪表盘上。与之前的模拟设备不同,军方后来要求该计算机应基于空气动力学设计,与实物无限接近,以便进行各种航空训练。于是麻省理工创造了旋风工程,制造出了世界上第一台能够实时处理数据的"旋风电脑"。杨槱参观的就是这台计算机,它有上万只电子管,机体重达数十吨,设备布满了几个大房间。

1958年,代号为"901"的中国第一台电子管专用电子计算机诞生。到了

1960年代中期,作为第二代电子计算机的晶体管计算机又相继研发成功。由于计算机的计算速度快,能有效地迅速完成诸如解较大的线性方程组等计算任务,而且可以轻而易举地改变参数、重复计算,因此很快就在各个科技与管理领域得到应用。在造船领域,1960年代中期,设计研究单位与计算机专业人员合作编制了一些船舶性能,包括静水力曲线、稳性和船体强度的计算机程序。这些计算虽不复杂,但计算量很大,如用人工手算,一个项目往往要花一个月时间,用计算机几天就可完成。另一方面,杨槱常常在船舶产品设计审查会上碰到一些船舶主要尺度的争论,比如"有的主张船做得短而宽比较经济,并说这是现代货船的发展趋势之一;但也有的认为较长的船适航性好,在风浪中失速少,航运效率要高一些",由于短时间内拿不出全面而详细的比较数据,争论往往得不到结论。当运用计算机协助分析,则能很有效地解决这类争论。

有了计算机,过去设想过的"数学船体型线"和"船体数学放样"就有实现的可能,很快就成为热门课题。"数学放样"如果能获得成功,那造船厂里庞大的放样楼就可改作他用,船体放样工作可以更快更准确地完成,造船周期可以大大缩短,具有明显的经济效益。因此,这就吸引了众多的船舶设计、研究单位和造船厂的科技人员参加研究。由此,电子计算机这一新手段,渐渐走进了船舶设计者杨槱的视野。到了1971年,杨槱还在上海造船厂从事万吨级货船设计期间,他就运用了其他单位编写的计算机程序,对"风光"轮的稳性和总纵强度进行了校核。这个时候,他就感到应用计算机进行各项计算不仅可以提高工作效率,而且可以提高计算的精度和准确性。于是杨槱暗下决心,一定要掌握这项技术。

最初,杨槱向上海交大的李润培和上海造船厂的张友隽等专家学习用算法语言(Algol 60)编制源程序,并到上海计算研究所,应用那里的X-2型晶体管计算机进行计算。那时,还是用穿孔的纸带输入源程序和数据。由于白天到计算所进行纸带穿孔和上机的人很多,他一般是晚上去穿孔,白天对纸带的孔洞进行校对,错了就修正,到晚上,再去上机进行计算。

这些情景,杨槱的学生潘斌历历在目:

我留校的时候是 1977 年，杨先生是 60 岁。以前我们说，晚上不看书的人是不能当大学老师的，于是我晚上就住在学校努力。当时我住在新中院，现在是董浩云航运博物馆二楼。一楼最东面的一间是杨先生的办公室。我经常看到，10 点钟左右，我回去了，他还没回，他还骑了一辆自行车（到上海计算研究所）。当初我们用的计算机都是穿孔纸带计算机。我走了，他还在那里穿孔，穿了之后还在那儿看，看看有错了没。

杨槱长子杨思远也提道：

（杨槱）搞计算机辅助船舶设计，那是"文革"后期了。（他）算是解放了，但也没什么工作。那时候的计算机还是（用）打孔（纸）的。他晚上做到两点半，夜晚 12 点就开始准备。这就是他自己做的，果然也做成功了。

尽管当时杨槱要忙到半夜，但相比电子计算机的快速高效，这好像都不算什么。他说："这虽然比现在使用微机和小型机费时费事，但也能在几天之内把静水力曲线、可浸长度曲线、形状稳性曲线算出来，比起手算已是很大的进步了。"

上一节已经讲到，1975—1976 年间，杨槱和上海船舶运输科学研究所合作开发 5 000 吨和 15 000 吨经济型干货船时，就开始应用已有的和少量自编的源程序，进行各项船舶计算，快速地完成方案设计的任务。随后，杨槱又和裘泳铭、张明显、张永康等人继续对计算机辅助船舶设计进行探讨，编制了一系列

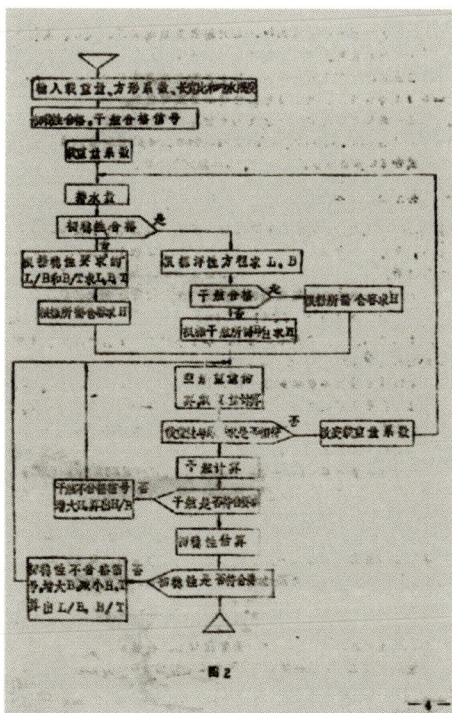

图 9-2 远洋干货船主要尺度计算程序方框图

的计算机程序。这批程序包括：按母型船设计船体型线；按世界各国广泛应用的英国 BSRA 系列船型和瑞典的 SSPA 系列船型设计船体型线，并计算船的阻力；按荷兰船模试验池的 B 系列螺旋桨图谱设计螺旋桨并估算船的航速；货舱、液舱容积计算；按船舶检验局的规范进行干舷和吨位计算等程序。

1977 年，杨槱等根据去年设计 15 000 吨经济型干货船时的经验所得，写了《应用电子计算机协助分析远洋干货船的主要尺度》一文。其分析尺度的主要思路是首先用两次"网格法"①筛选出一个或几个最适合的方形系数（C_B）和长宽比（L/B）方案，并在此基础上确定船长、船宽、型深在内的主要尺度，另外还包括杨槱比较重视的经济指标计算。

另外，杨槱还参加了张德洪、顾家骏主编的《运输船舶船型技术经济认证方法》一书的编写。书中的一些图表和数据，也是通过编制计算机程序运算得到的。由此可见，在那个中国还很封闭的年代，杨槱已经掌握了当时船舶设计的一大利器，引领中国的造船工业跟世界趋势同步发展。

---

① 经济型远洋干货船的方形系数和长宽比均有大致的取值范围，先用较大的间距取两个参数值共 20 组，在吃水给定的情况下，经计算机计算筛选，较适合的两个参数的狭窄范围，即"粗网格"；再用较小间距取两个参数值共 25 组，再次经计算机计算筛选，得出最适方案。

第十章
花甲逢春

展望海洋（1978—1986）

1976 年，"四人帮"被粉碎，历时十年的"文化大革命"也终于结束。然而，由于政治气氛还没有完全拨乱反正，学校还是有点顾忌，杨槱出面工作的机会还不是太多。就是连原来上海交通大学教务长的职位也没恢复，杨槱事实上处于没有正式工作的状态。正在此时，第六机械工业部（简称六机部，中国船舶工业总公司前身）想把杨槱调到哈尔滨的一个造船学院去当副院长。主管其事的，正是六机部副部长、杨槱于 1949 年在旅大有过交往的张有萱。杨槱答应前往，但随后镇江船舶学院成立，又改请杨槱去当副院长，杨槱也表示同意。然而，交大方面对此则颇有意见，认为镇江船舶学院只是一个由中专校升格而成的学院，便聘杨槱为船舶与海洋工程研究所的所长，另外可以在镇江船舶学院兼职。

1978 年 3 月，杨槱接到了担任北京全国科学大会代表的通知。但他随即又把名额让给了上海交大的另一位教授。由于有人对此很有意见，上海代表团就安排杨槱随队前往北京。后来，杨槱改为海军代表参加了会议。在会议上，国家海洋局、交通部、教育部、一机部、沿海各省市和有关高等院校的代表讨论了海洋调查、资源开发和领海主权问题，涉及海上交通、水产捕捞、能源开发、水文气象、海上安全等各个方面。代表还谈道,邻国日本和韩国都在大力投资经营海洋事业,对中国已构成压力,发展海洋事业已迫在眉睫。全国科学大会的最后,是由时任中国科学院院长郭沫若作题目《科学的春天》的报告。后来的事实证明,在接下来的 1980 到 1990 年代,也是年过花甲的杨槱又一个科学研究的春天。把视野扩展到广阔的海洋,是他在这段时间里众多工作中的其中之一。在陆地资源日益枯竭的情况下,在人类的目光逐渐更多地注视海洋的情况下,杨槱认为,造船要为海洋资源大开发服务。

同年 9 月,日本在东京举办第五届国际海洋开发会议,杨槱作为中国海洋科学代表团的副团长参加会议。在前一年,因为日本在中国上海举办船舶展览会,为此,造船学会推举杨槱代表学会,参加展览会的组织工作。因此,日本方面的相关人员也记住了杨槱这个名字。第二年的东京会议,则是由中国国家海洋局牵头,团长是时任国家海洋局的副局长律巍。据说当时杨槱本来并不在海洋局的参会名单之上,是后来日本方面邀请他参会的。因为是海洋局牵头,而且会议性质也是以海洋开发为主,因此律巍副局长任团长;造船界里杨槱资历较深,于是任副团长。

此次国际海洋开发会议,有 23 个国家的 100 名代表和日本有关各界 350 人到会,提出论文 72 篇。这也是杨槱参加过的最大规模的学术会议之一。会上,代表们探讨了海洋石油开发、海洋污染防治、利用海洋可再生能源和水产资源等问题。杨槱最为关注的,则是有关海洋工程方面。他回忆道:

> 会上也有几篇引人注目的关于海岸带发展和建设的论文,论及航运、水产、工业区、旅游区、填海造地、废物处理、海洋污染防治和海上安全等一系列的问题。各国情况虽有不同,但都强调了统一规划的重要性,并要加紧制订法规,确保环境免受污染破坏和海岸带的安全保护。那时,日本已提出要在大阪湾建设新机场的两个方案,即人工岛和浮动机场。日本土木建筑界主张前者,而造船界和钢铁企业则力争后一方案,竞争十分激烈。
>
> (日本)海洋科学技术中心提出了研制 6 000 米深潜器的方案,会上还对海洋水文、气象、地质和资源调查技术,以及海洋遥感测量等方面的

论文进行了讨论。我国代表团仅我一人自始至终参加学术讨论,在与日本、美国、英国的专家学者接触中,了解到他们对我国海洋事业的发展有一定的兴趣,他们表达了和我国学者加强学术交流的愿望。

会后,律巍、杨槱一行到三井、住友、三菱、日本钢管诸大集团的船厂和科学研究基地参观。当时的这些日本著名企业,都投入了很大的力量开发新产品。例如三菱重工开发了几种浅吃水大载重量油船;住友集团则建造了大型载驳船和技术复杂的海洋调查船;三井造船正在研制高速小水线面双体客船;日本钢管则和美国 BME 公司合作开发用于新西兰水域的深水钻井平台。这些都让杨槱印象深刻,深深感到,在这个竞争激烈的世界市场里,只有锐意创新,才有立足之地。市场虽然充满着残酷的竞争,但这次会议日本方面的接待也很热情。

经过了 1978 年日本东京的国际海洋开发会议,杨槱等一些人感觉,中国的海洋发展应该进入了一个新的历史时期了。1979 年冬,中国海洋学会成立,杨槱被选为常务理事。当时华东水利学院(现河海大学)院长严恺,是严复之侄,1933 年毕业于交通大学唐山工学院,后来是交通大学水利系主任。再后来出任华东水利学院院长,名闻国内外的水利界。早在 1955 年,他就当选为中国科学院学部委员(后称院士)。

其时,中国海洋学会成立会在北京开会,严恺与杨槱在会上相遇。他对杨槱说:"我们要不一起组织一个(更专门的)海洋工程学会? 我主要搞水利工程,与海洋有关系。杨先生你是造船方面专家,跟海洋接触更多。"杨槱回忆道:"最初是我们两人筹备的,后来加了几个副理事长。到现在为止,我跟严恺两个人,始终被认为是牵头的人。"

于是,中国海洋工程学会就此成立,严恺当选为理事长,杨槱被选为副理事长之一。学会先后成立了海岸工程、离岸工程(即后来改称的近海工程)、海洋能源以及水下工程和潜水技术 4 个专业委员会,杨槱被选为离岸工程委员会主任委员。离岸工程委员会研讨的问题有:(1)海洋平台的动力分析;(2)波浪、结构、土壤的相互作用;(3)海洋结构的疲劳与破裂、碰撞破坏、安全监控和缺陷的无损检验;(4)海底管道工程;(5)立管力学和锚泊系统分析;(6)计算机应用和自动化技术;(7)平台建造技术;(8)海洋结构的材料问题;(9)深潜器设计;(10)南、北极区海洋工程结构及冰的物理、力学性能等。结合我国的具体情况还要开展关于台风、边缘油田、早期生产系统和浮式生产系统,以及极浅海钻井与生产平台的研究。

在杨槱担任中国海洋工程学会副理事长期间,主要有以下工作:

1980—1986年,离岸工程专业委员会在天津、广州、青岛、大连等地举行了学术讨论会。学会的学报《海洋工程》于1983年创刊,杨槱发表了《海洋开发和海洋工程》一文。学报的英文版于1986年出版,严恺任编委会主任,杨槱任副主任。

1983年1月,教育部海洋工程技术咨询委员会在大连举行预备会议。杨槱及上海交通大学李润培,清华大学张维、杜庆华,大连工学院钱令希、邱大洪,中国船舶工业总公司何志刚都参加了会议。会上,杨槱发表了《海洋油田开发的工程评价和经济评价》一文。

1983年春,上海市科委组织编制"上海市科技优先发展领域十五年规划",海洋石油与水产资源的开发也被列为优先发展领域,并成立了"海洋开发专题组",杨槱担任组长,练洤、胡瑞华、向大威为副组长,杨宗英为秘书。为此组织了44位专家,通过半年时间的调查研究,先写出有关石油开发的6个报告和介绍外国经验的5个专题报告,最后完成了"上海海洋石油开发调研、预测论证报告"。

1985年春,中国海洋学会组织"海洋开发战略研究"。杨槱应邀写了"我国海洋开发现状"和"世界海洋开发的趋势"两篇报告,后一篇被编入《我国海洋开发战略研究论文集》中。

1985年11月,中国海洋工程学会在南京举行第二次全国会员代表大会。在会上,杨槱作了离岸工程专业委员会的工作回顾和近海工程的发展动向的报告,并发表了一篇有关海洋工程经济论证的论文。

1986年江南造船厂建厂120周年之际,杨槱应邀作了题为"我国海洋石油开发的现状与展望"的报告。

另外,他还为上海造船工程学会的会刊《船舶与海洋工程》(现名《上海造船》)和科普刊物《舰船知识》写过科普文章。

作为中国海洋工程学会的始创人和早期的领导人，杨槱始终不遗余力地发挥学会在科学家与政府之间的纽带作用，自己又率先垂范，为中国海洋工程的发展作出了贡献。

在国际石油价格不断攀升的背景下，世界各国开始向海洋进军，纷纷勘探、开采海洋中蕴藏的能源。因而，海洋钻探船或钻探平台应运而生。这种平台不同于传统的船舶，但要求稳定性却是一致的。1979年，我国"渤海二号"钻井平台翻沉事故后①，杨槱便开始关注海上作业平台的海难事件。他感到，要弄清这次事故的原因，以为后车之借鉴。1980年春，杨槱参加第五届全国人民代表大会第三次全体会议时，以78号提案提议："对重大工程事故要组织科学的调查研究，以深入了解事故产生的原因和存在的技术问题，这对今后工程的设计、施工、使用管理和保证安全操作均具有重要意义。据说'渤海二号'在日本使用时也曾发生过沉船事故。因此，深入研究该船的稳性、耐波性、强度等，对事故产生的原因作详细分析，将对今后避免再发生同类事故和我国海洋事业的发展均有重要借鉴作用。"国务院批示："认真研究办理，争取1981年上半年办完。"

既然是杨槱建议的，而且国家也采纳了，那交大也要负起调查真相的职责。当时海洋石油公司方面还没有科技力量来研究，所以要委托上海交通大学船舶及海洋研究所，还有七〇二研究所，联合研究，提出报告。

1980年12月15日，杨槱参加在天津塘沽由海洋石油勘探局召开的计划协商会议。上海交通大学船舶及海洋工程研究所承担的一个研究任务："渤海二号"各浮态的稳性、抗沉性和耐波性的试验研究。包括杨槱在内的师生们分析了日本三菱重工为日本海洋钻探公司制订的该平台，即其前身"富士丸"的稳性计算书和操船要领书。经过对各种浮态，特别是拖航状态的稳性和抗沉性进行了复验校核，制造了一个有机玻璃模型，在船模试验池中进行

① "渤海二号"是石油部海洋石油勘探局从日本进口的二手自升沉垫式钻井平台，原名"富士丸"。1979年11月23日，在渤海打完7B311井，24日晚在被拖往新井位途中，海上刮起8—9级东北风，阵风10级。甲板上的一个通风筒被海浪冲毁，大量海水从进风道灌入下面的泥浆泵舱内。25日晨3时平台上停电。随后钻井平台产生倾斜，平台上人员登上甲板，平台倾侧愈甚，甲板上人员纷纷落水，平台随即翻沉，此次事故死亡72人。

了较全面的试验研究,并模拟了该平台的倾覆过程,在不规则波浪中进行了模型倾覆试验。经过实验以后,一致认为该平台翻沉的原因是泥泵舱进水,而泥泵舱进水的原因则是由于泵舱上面甲板上的通风筒被海浪打掉,导致大量海水侵入。而通风筒被打掉的原因则是连接筒体与甲板的螺栓损坏,所用的螺栓强度不足。这些研究结果将为今后设计、制造和管理工作提供借鉴。研究所前后一共提出了 5 份试验研究报告。

因为涉及事故的责任调查,杨槱的好意在开始的时候曾受到猜疑。据说,石油公司,也就是后来的中海油十分紧张,以为杨槱他们要找麻烦。"实际上,我们是想提醒(他们)以后要注意。(平台)有缺点,铆钉脆弱。这跟维修也有关系,既然那是使用了那么多年的船舶平台,那检查维修就更要勤快一点。"杨槱如是说。

1975 年,胜利油田在渤海边发现了石油。但由于钻机不能在海上打井,只好筑堤,深入海中井口处,再打井采油。为此,上万人的民工队伍集聚黄河入海口滩涂,用手推车运土筑堤。面对这样的场面,胜利石油管理局钻井工艺研究院工程师,1995 年当选为中国工程院院士的顾心怿,内心感到无比忧虑。他认为,用这样的方式打井,代价太大了,要是能够设计出可以到海上打井的船,那就方便多了。于是,顾心怿任组长的科研小组成立。当时,坐底式石油钻井船的设计在国内尚属空白;国际上,也只有美国能够制造。几年后,顾心怿等人在济南船厂、烟台船厂和天津大学的帮助下,终于设计建造出了我国第一条浅海坐底式石油钻井船——"胜利一号钻井船"。

到了 1980 年代初,随着海上石油勘探领域的不断扩大,有一块空白地带逐渐显露出来,那就是海陆过渡区的极浅海、潮汐带,任何浅海石油钻井设备,即使是浅海座底式钻井船都开不进去。胜利油田位于山东北部黄河入海处,沿岸海滩坡度平缓,潮汐带极浅海区宽 5—30 公里。那么怎么开采里面蕴藏的石油呢? 潘斌提道:"当初开采海滩石油的时候,要先挖运河。挖好以后平台进去,进去后打井,打好井以后拖出来。那中国为什么不能这样呢?因黄河流域沙特别多,你如果挖了一条运河、采了油以后,(由于沙堆积运河)它出不来了,必须再挖一次出来。后来就想办法就是利用海滩,但海滩有将近 10 公里,没法进去。"

因此,顾心怿和他的同事郏如吉等,创议研制一种能在 0—6.8 米水深作业的钻井平台,特别是在水深 2 米以上的海域可以漂浮拖航,而在水深 2 米以下的泥沙质海床上搁底后可以自行前进、后退步行,是一个两栖性钻井平台。这个平台,胜利油田选择了和上海交通大学合作开发、设计。1982 年 9 月,杨槱代表上海交大与油田签订了联合研制意向书。经过相当长一个时期的探索研究,1984 年石油部下达了设计任务书,1986 年 1 月建造经费落实。

从参与者之一,当时还是上海交通大学研究生的潘斌口中,可以得知,当时交大动用了她的精锐部队,包括 4 个系(造船系、机械系,动力系、电子和电器系)、7 个教研室。"谁来当总领导呢? 杨先生当。杨先生当领导大家都服,但杨先生不拿课题组一分钱。"潘斌如是说。

所谓"总领导",就是组成了海洋工程跨系学科委员会,杨槱担任主任,马志良与陈健元为项目技术负责人。委员会下则设总体性能、平台结构、动力装置、电气设备、步行机械和液压系统等 6 个组,分别由范根发、张轶群、赵国光、施亿生、陈健元和范崇讬负责。对于这一项风险很大的创新项目,重要关键问题均经过仔细周到的探索。例如为了证实所设想的步行机构的实用性和观察地面承受压力的情况,特别制造了一个 1∶7 比例的重约 37 吨的钢质模型。该模型在海滩上进行步行试验成功后,才正式开展设计工作。至于内外体桁架、悬臂支架、顶升油缸、液压控制系统、特大重载轮轨和滚轮组等关键结构与设备均进行了多方案比较,多次试验考核,以确保安全运行。杨槱始终注视着这个项目的开发研究工作,参加了多次分析和决策讨论,后来还主持技术评审工作。潘斌回忆道:

> 开会协调做事情,他都很仔细地在那里听。但评奖的时候没有他的名字。真的很不容易。现在的领导要是真的像杨先生那样,就不会出那种当官的院士了。如果杨先生说这个项目我主持,我挂第一,那谁敢说让他挂第二? 1982 年,他带着我们到胜利油田去,住得很苦,他住的地方也不怎么好。老先生去调查,他从来不说什么。

经过一番努力,"胜利二号"钻井平台设计出炉,中国船舶检验局审查通过后,由青岛北海船厂开工建造,1988 年 9 月建成投产。

后来,这个"胜利二号"钻井平台建成时,是一个长 72 米,宽 43 米,高 60 米的庞然大物。空载重量 4 615 吨。坐底满载重量 10 690 吨,钻井能力(深度)4 500 米,造价 4 100 万元,步行时分内外两体,轮流由 4 只 1 200 吨举力的油缸顶升,通过滚轮沿甲板上的钢轨滚动前进。爬行最大坡度为 2.5 度,可跨越 3 米宽的海沟。该平台到 1992 年 9 月国家科委鉴定时,已在极浅海区钻井 9 口,拖航时曾遇 10 级大风,坐底时亦曾遇 12 级风。幸而先前有"渤海二号"的经验教训,这些极端因素在设计时都已在考虑之中,所以"胜利二号"面对这些危险时,均安然度过。1991 年,"胜利二号"获中国专利金奖。随后,1992 年,又被评为全国十大科技成就之一。此次评奖因为要跟铁路项目竞争,而铁路项目经济效益更大,"胜利二号"屈居第二。1993 年,获中国石油天然气总公司科技进步一等奖;1995 年,获国家发明二等奖。

"胜利二号"钻井平台的论证与设计,上海交通大学在其中做了很多重要的工作。而项目的"总领导"杨槱,当居首功。但正如前引潘斌所述,这个项目后来屡获殊荣之中,并没有杨槱的名字。居功而不邀,淡泊于名利,这就是杨槱独特的性格。

再续华章(1978—1984)

自从"文革"后期利用电子计算机辅助近洋和远洋干货船设计获得成功后,杨槱一直很留意电子计算机的相关问题,其中之一就是购买什么样类型的计算机。1978 年秋,杨槱应邀到日本东京参加第五届国际海洋开发会议时,曾到三井造船有限公司访问,并和该公司系统部主任绫日天彦讨论购置计算机问题。后者认为,应该以实际的经济效用为前提,而不应像日本各大企业为了显示自己的实力,争相购置最新式的大型计算机的做法。当时,日本经济因为金融环境宽松,景气持续强劲,导致股票价格和地价大幅攀升,即泡沫经济。所以有日本企业购买大型计算机以炫耀财力。

杨槱经济实惠思想则一以贯之,他认同绫日的说法,并已可看出小型机和微型机的功能将会日益扩展,价格日益低廉。事实上,小型机已经具备许多大型机的主要功能,对于一所大学进行一般的数学运算和数据处理,就可以满足要求。即使退一步讲,在偶尔遇到需要特殊的大型计算机的项目时,则可以付费租借使用大型计算机。更重要的是,杨槱还认为,要发挥一台计算机的作用,硬件是次要的,软件更为重要,特别是人的因素是关键。有了优秀的人才和软件,计算机就可以发挥更大的作用。杨槱提道:"实际上,这些都是一般常识,但许多单位仍然花费巨额资金购买大型计算机,而后来这些计算机的利用率很低。在购置科学研究设备方面的这种浪费情况不在少数,令人痛心。"

1978 年夏,"船体建造系统"软件由六机部下属的上海造船工艺研究所(六一一研究所)研发成功。当时,六一一研究所是进行计算机辅助设计的研究开发的主要机构。船体建造系统有型线光顺,外壳板展开,船底、船侧和甲板构件生成,以及套料等功能。为了与这个系统相衔接,"计算机辅助船舶设计集成系统"的研制也被提上议事日程。为此,六一一研究所、上海船舶设计院和上海交通大学 3 个单位合作,在已编成的众多的用于船舶设计的计算机程序的基础上,把这些单项程序连接起来,研制一个调用灵活的"海洋货船设计集成程序"。其中,这个集成程序的关键,是建立数据库和控制程序。

杨槱应邀参加的,是这个集成程序的第一部分,即干货船船型论证及主要尺度的确定、船体型线设计、静水力性能计算等 3 个子模块的研制。杨槱开发的船型论证和主要尺度确定的方法被采用,而这个集成程序于 1979 年9 月通过鉴定。这仅是计算机辅助船舶设计系统研制的第一步。1980 年4 月,杨槱负责的"海洋货船设计集成程序"项目获交通部授予的 1979 年交通部重大科技成果三等奖。1981 年,这个集成系统程序又增加了"总布置设计"和"船体结构设计"两个模块。随后,机电设备与机舱设计程序也研制成功。

根据这些研发经验,杨槱和张仁颐、仰书纲于 1983 年合作为研究生开出了"电子计算机辅助船舶设计"课程,随后编写并出版了一本同名教科书,并被中国船舶工业总公司确定为船舶设计与制造专业的教学参考书。这本教材内容广泛、实用性较强,涉及数值计算方法的应用、最优化方法及其应用、船舶初步设计和详细设计中的计算机应用、样条函数及其应用、船体型线生成及光顺、图形技术、数据库及计算机辅助设计系统等。该书后来还获得上

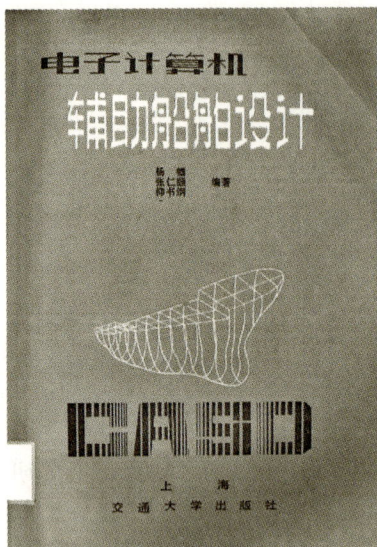

图 10-1 《电子计算机辅助船舶设计》

海交通大学优秀教材一等奖。

1978 年以后,中国开始改革开放,国务院属下的一些行政部门要改制成为公司。1981 年秋,六机部酝酿改革,准备由政府部门转制为公司,向市场接轨。既然要和市场接轨,那船舶总公司就必须从以前的计划经济思维转变为市场经济思维,因此,它采纳了上海造船工艺研究所和杨槱的意见,决定研制"计算机辅助船舶报价系统(SPES)"。

当俗称"船东"用船单位——如航运公司要新造一艘船时,就向造船厂发出询价单,说明所需新船的船型载重量、航速、在何国入籍等要素,有时用招标说明书对所需船舶作更具体的说明。船厂在接到询价单或标书以后,要在几周,甚至几天内就要提出考虑周到的,比较准确的报价(外贸术语称"发盘")和有关技术资料(如报价设计或技术规格书),作为签订合同的依据。报价太低,船厂就无利可图甚至亏本;报价太高,就投不中标。因此,快速、准确的报价和提供完整的技术资料,将显著地提高出口船贸易的成交率和船厂的声誉。然而,影响船价的因素很多,大体有:① 造船成本,包括材料、设备、人工和管理等 4 部分的费用;② 市场供求关系;③ 付款方式,是一次付清,分期支付,还是延期付款;④ 货币兑换率,特别是材料、设备需向外国订购的情况;⑤ 税率;⑥ 利润率等。因此说,报价是一项困难而复杂的任务,"你要报得快,但报价的时候也要有很全面依据,样样你都要考虑到"。而改用计算机辅助分析计算,则可以使船厂或船公司报价变得省时省力。

当时,为了研发"计算机辅助船舶报价系统",六机部组成了由船舶设计科研单位、造船厂和高等院校参加的科研协调组,杨槱本人则被聘为协调组顾问。船舶报价系统包括 4 个子系统:① 船舶初步设计系统,先研制干货船、散货船和油船等 3 个船型的设计系统;② 成本计算系统,材料、人工费要估算。对于各项配套设备,除设备本身的价格外,还要加上运输、库存、维护、安装和调度的费用;③ 商情分析系统,根据过去船价和货币兑换率的变化情况,当前的经济形势和不同的付款方式,进行有关预测;④ 专用操作系统和数据库。

1982 年 5 月,六机部撤销,中国船舶工业总公司继而成立。次年,船舶报价系统研制成功。经过中国船舶工业总公司和求新、上海、芜湖、中华、大连、广州等造船厂一年的试用后表明,系统具有实用价值,算出的船价接近实际。当然,这个报价系统当时尚属初创,还有进一步改进提高的空间,特别是应扩大到中、小型船舶,以满足众多中小船厂的需要。此外,还要进一步充实新船型、新材料和新设备的资料。各项数据和资料要根据当前的发展情况,不断修正,以期得到更加准确的计算结果。

1984 年,中国船舶工业总公司决定在以前的几个系统基础之上,开发"计算机辅助船舶集成系统"。这个系统包括:船舶报价,船舶初步设计,船体结构设计,船体建造,船体管系,船舶电力,船舶动力和轴系,螺旋桨设计、加工和检测,船舶生产设计,船舶完工交船计算,船舶工业管理和船舶情报检索等 12 个应用软件系统。这是一个大工程。而这个集成系统之所以能够建立,当然和杨槱有一定关系。若没有他在"文革"时期制作穿孔纸带到三更半夜,若没有他敢于先行,尝到了技术革新的甜头,恐怕就连这一系列计算机辅助船舶设计及报价系统研制成为研究课题被提上议事日程,都要推后。

经济造船(1980—1990)

1930 年代,杨槱在英国格拉斯哥大学读书的时候,选修了"工程经济学"课,对英国经典经济学理论有了一点初步的知识,对供求关系、投资、利率、成本、价格、利润、糊口工资与刺激性工资、规模经济与专业化生产等对经济发展的影响有所认识。与工程经济相关,生产过程中的管理在当时也是一门新兴的学问。因此,杨槱还选修了"工程生产"课,对当时泰勒倡导的科学管理也有了一些认识。

所谓科学管理,又称"泰勒制",是美国人弗里德里克·温斯罗·泰勒

（Frederick Winslow Taylor，1856—1915）提出来的管理理论，是西方管理学理论之始，在很多方面都有所应用。泰勒则是第一位提出科学管理观念的人，因此被尊称为科学管理之父。他详细记录每个工作的步骤及所需时间，设计出最有效的工作方法，并对每个工作制定一定的工作标准量，规划为一个标准的工作流程；将人的动作与时间，以最经济的方式达成最高的生产量，因此又被称为机械模式。

1945 年，杨槱在美国的海军船厂见习时，对那里制定与执行生产计划，控制工程质量、完工期限和生产成本的制度和方法有较深的印象。杨槱回国后，就竭力想在他所从事的青岛造船所推行。1946—1948 年，杨槱在该所任工务课长，曾为该所改进成本会计的账目分号制度，对制订生产计划建立控制工程进度的制度作了一些尝试。根据这些经验，杨槱写了一篇名为"造船工程之生产计划与管制"文章，并发表在 1948 年第 2 期的《中国造船》上。

1956 年秋上海造船学院成立时，身为教务长的杨槱曾创设"造船企业组织与计划"专业。当时，他曾到船厂作过一些调查研究，各造船厂的厂长都表示欢迎该专业的毕业生去船厂担任行政和技术管理工作。有的厂长还说，他们正需要这方面的人才去当他们的秘书。然而，那时在高等院校中普遍存在重技术轻管理的思想，重理论轻实践的观念也占统治地位。另一方面，当时全国大搞计划经济，造船厂的任务在于完成计划，但如何进行经济、有效的管理，基本上不在考虑之内。因此，两年以后，造船企业组织与计划专业被撤销了。

尽管如此，杨槱还是觉得，应该系统学习工程经济学，并将之应用于船舶设计。他自己本人就是这样做的。1970 年代中期，杨槱和交通部上海船舶运输科学研究所张德洪、顾家骏等专家合作开发经济型海洋干货船时，学习了当时中国通用的经济分析方法。杨槱认为，这套方法其实是来自苏联，虽没有用利率计算资金的时间价值，但还是考虑了投入资金的回收年限。杨槱的学生李湛也持此说。

事实上，技术经济这门学科，早在 1963 年中共中央和国务院批准的我国第二个科学技术发展规划纲要，《全国 1963—1972 年科学技术发展规划纲要》中就诞生了。这门学科在我国产生并非偶然的，有其客观背景：1960 年代初是我国国民经济调整时期,当时有了第一个五年计划比较注意技术和经济相结合的正面经验,也有了第二个五年计划把生产技术和经济规律完全分开的反面教训,对比之下,生产技术和发展就必须考虑经济规律,技术和经济必须结合。因为十年动乱,这门学科并没有很好地发展。

而影响杨槱最深的,则是工程经济学(Engineering Economics)。杨槱称:"后来,我学习了美国本福特和英国巴克斯顿等造船学者关于把工程经济学的理论和方法应用于船舶设计的著作。西方资本主义国家的经济论证方法是用利率的形式,很明显地计及了资金的时间价值。"

所谓工程经济学,就是以工程项目为主体,研究如何有效利用资源,提高经济效益的学科。工程经济学研究各种工程技术方案的经济效益,研究各种技术在使用过程中如何以最小的投入获得预期产出。

改革开放之后,我国的工业生产要面临国际竞争,不得不把船舶的科学管理提上议事日程,计划经济时代轻视工程经济的偏见逐步得到纠正。然而,杨槱还是能看到许多工厂大量积压材料、设备,生产工期一再拖延,资金大量积压,造成巨大损失。为了引起社会上的重视,杨槱于1980年写了《关于船型经济论证的几个问题》专题论文,来说明计及资金时间价值的重要性。很快,工程经济就引起了有关方面的重视。1980年代初,杨槱又为研究生开出了"工程经济在船舶设计中的应用"课,并编写了教材。后来,这门课程经过张仁颐的补充、修订,成为"船舶技术经济论证方法"课,受到师生的欢迎。

在这个时期,杨槱主要负责上海交通大学船舶及海洋工程研究所两项有意义的水上运输经济分析工作。

案例一:1984年,研究所和南京化学工业公司达成协议,开展了"磷酸贮存和运输"课题的研究。当时我国化肥生产中氮肥相对较多,磷肥严重不足。化工部决定在大连、南京两地的化工公司各建设一座年产24万吨磷铵的生产装置,每年从美国进口38万吨磷酸溶液。南京和大连磷肥厂码头前沿水深7米,仅可停泊5 000吨级船舶。但20 000吨级船舶可直达南京新生圩港,浙江镇海的浙江炼油厂码头则可停靠50 000吨级船舶。因此有两个运输方案可以考虑:

① 用较大的,例如 30 000 吨级磷酸运输船从美国南部的佛罗里达州坦帕港起运到浙江炼油厂码头,在那里设磷酸贮罐,再用 2 艘 3 000 吨级的、橡胶衬里的磷酸船转运到南京磷肥厂。

② 用 20 000 吨级的磷酸运输船直接从美国把磷酸运到南京新生圩锚地,再用推船和驳船转运到磷肥厂。

通过经济论证,结果以采用第一个方案为宜,即用 3 艘 30 000 吨级的、由不锈钢衬里的磷酸船从美国把磷酸运到镇海,在那里建贮酸罐,再用 2 艘 3 000 吨级的、橡胶衬里的磷酸船转运到南京磷肥厂。

这个项目的研究,南京化学工业公司开始表示经费缺少,难于资助。杨槱却带领他的团队,决定无偿提供服务。其中,秦士元和裘泳铭出色地完成了这项任务,提出的报告"进口磷酸船舶运输系统的技术和经济分析",深得中国船舶工业总公司等单位的好评。南京化学工业公司深表满意,后来还提供了 2 000 元的资助。杨槱后来说:"2 000 元资助当时也不错了。我们开个学术研讨会 1 000 元也可以开。"

案例二:同年,上海交大船舶及海洋工程研究所也和湖北枝城水泥厂达成协议,进行"散装水泥运输方案"研究。散装水泥免除了纸袋包装,生产成本可降低 20%,年产百万吨水泥的枝城水泥厂每年就可节约开支 830 万元。并可节约大量造纸用木材。因此,水泥运输方式由袋装改为散装是客观发展的必然趋势。

枝城水泥厂所在的长江中游,航道水深仅 2.9 米,船的吃水不得大于 2.6 米,船的载重量千吨左右。

散装运输也有多种方案:用推驳船队,还是用自航货船?航速多大为宜?对于水泥的装卸方式,也有机械和气动两种。

对于水泥装卸方式,杨槱团队作了深入的调查研究,并写信询问对此有丰富经验的瑞典 Nordstrom 散货装卸设备公司。机械装卸输送设备,国外已有成熟的高效的设备,但价格昂贵。贮罐气装卸输送设备,中国则有较多的经验,价格较低。因此。从经济性和中国已有操作经验两个方面考虑,以选用气动传输装置较为适宜。

推驳船队的营运成本要比自航船低 20%。推驳船队以一艘 883 千瓦推船顶推 6 艘 1 000 吨驳船,航速每小时 13 海里,最为经济。该项研究报告得到有关单位好评。

这两项研究工作,为研究所日后开展水运和海洋资源开发系统的技术与经济分析研究打下了良好的基础。

教学相长(1984—1995)

1980 年 2 月,《中华人民共和国学位条例》通过;次年,国务院学位委员会成立,杨槱被聘为学科评议组成员,兼任船舶工程(含海洋工程)学科组长。由于杨槱已有较丰富的指导研究生的经验,随即被评为全国第一批博士生导师。但像 1960 年代初开始指导硕士研究生一样,杨槱并不贸然行事。为了弄清博士学位的具体要求,他特地向几位著名学者请教,并仔细地分析了国外大学造船专业的几本博士学位论文。因此,延至 1984 年,杨槱才正式开始招收博士研究生。鉴于当时中国的造船工业也要改革开放,与国际市场接轨,由造船和航运业的实际需要出发,他的研究方向定位为船舶和水运系统的技术与经济分析。

这一定位,更着眼于整个水运系统和与之相关的经济性研究。既然是培养博士的学术研究,必须要具有一定的创新性,因此也必须充分掌握国内外相关课题的最新动态。因而,杨槱组织了一个"文献学习研讨会",规定教研室每个教师和研究生每学期都要准备一篇专题读书报告。然而,在当时的情况下,文献特别是国际资料的获得是相当不容易的。李湛提道:"杨先生通过各种渠道、各种方法,来获取国外的信息:包括托出访的人,包括写信,跟熟悉的教授联络等等。"因为文献学习研讨会是教师和学生都一同参加的,因此师生都有所收获。杨槱提道:

> 第一个学期共进行了 9 次活动:第一次我以"海上油气田开发的经济评价"为题作报告并展开讨论,接着秦士元谈了"关于系统分析及其几个同义词的理解",随后就有张仁颐的"水下柔性驳运的可行性和经济性",李湛的"集装箱船的经济性",孙定的"一个用于娱乐性汽艇的交互

式计算机设计综合程序"等报告。这种有准备有计划的学术活动也有助于了解国内外有关学科的学术动态,无疑是有益的。

李湛也提到,他当年参加的这个文献学习研讨会,做主题报告之前都要"做很多功课,看很多资料",觉得对他和其他同学的帮助非常大。李湛是1984 到 1985 年,由杨槱和同事秦士元合作指导的博士研究生,他们一同进行了长江集装箱江海直达运输的船型和船队分析研究。

与以前做各种课题研究一样,他们首先要对长江沿岸的重庆、城陵矶、武汉、黄石、九江、安庆、芜湖、马鞍山、南京和南通等 10 个港口与朝鲜、日本、香港、东南亚(包括泰国、菲律宾、新加坡、马来西亚、印度尼西亚)和澳大利亚等国家和地区的外贸运输现状作一详细、全面的调查。然后利用数学预测方法,对 1990 年和 2000 年的外贸运量作出预测,并选取长江各港到日本大阪港的航线为例,探讨下列几个问题:① 江海直达运输①和中转运输②,何者有利? ② 采用多大吨位的船运输为宜? ③ 如采用中转运输,在哪个港口中转为宜? 在这个研究中,他们考虑了长江沿线的重庆、武汉、九江、芜湖、南京、南通等 6 个港口,5 种可出海的集装箱船;在长江上航行的船则考虑了 5 种推船、4 种分节驳船和 3 种自航驳船。考虑不同的组合状况,计算是相当复杂的,但仍可应用现代数学规划方法,编制计算机程序,并在一定运输量的情况下,以"平均年度运输费用"为评价目标函数。

最后得出的结果是:武汉以上的长江航道只能容许 2—6 米吃水、千吨级的浅水船舶航行。这种船不适宜在有风涛的海面航行,因此重庆港的外贸集装箱只能采用中转运输方式运到海外,中转港以选在长江口的南通或上海港为宜③。至于武汉以下各港,则利用江海直达货船运输较为经济,可以节省中转费用。江海直达货船吃水较浅,其在有风涛的海上航行需要进行实用性和经济性分析计算,得到的结论是:江海直达货船的航速不宜高于 13 节,否则

---

① 即货物用同一船舶,从内河港口沿内河直接出海,运送至海外目的地。
② 即先用江船把货物运到下游某一港口,然后转到海船上,再运达目的地。
③ 因为长江船结构简单、航速较低、运输费用较低,因此在长江内应尽可能利用江船运输,不必过早地转装到海船。

将在波涛中产生剧烈的摇晃；如果波高达 4.5 米以上，则吃水仅 3.7 米、排水量 3 400 吨的浅吃水货船不宜出海航行。所幸上海—大阪航线上出现波高大于 3 米的概率仅 7%。最终的经济分析结果认为：江海直达船在长江内的航速以每小时 20 公里为宜，海上航速以 11 节最为经济。

这项研究成果得到有关方面好评。这篇关于长江集装箱江海直达运输的博士学位论文，后来析为 5 篇小论文，其中 2 篇在国内的《系统工程》《中国航海》上发表；其余 3 篇被译成英文，在英国《皇家造船师学会会刊》（*Transactions of the Royal Institution of Naval Architects*）、荷兰《国际造船业进展》（*International Shipbuilding Progress*），以及美国造船学会的一级刊物《海洋技术》（*Marine Technology*）上发表。在这几篇文章中，杨槱（或英文名 Yang Yu）作为第二作者署名。正因为如此，杨槱以前在英国的同事看到那篇刊登在《英国皇家造船师学会会刊》的论文后，还专门写信跟他联系，大意就是说已经好长时间没看到杨槱的名字，现在终于看到老朋友了。

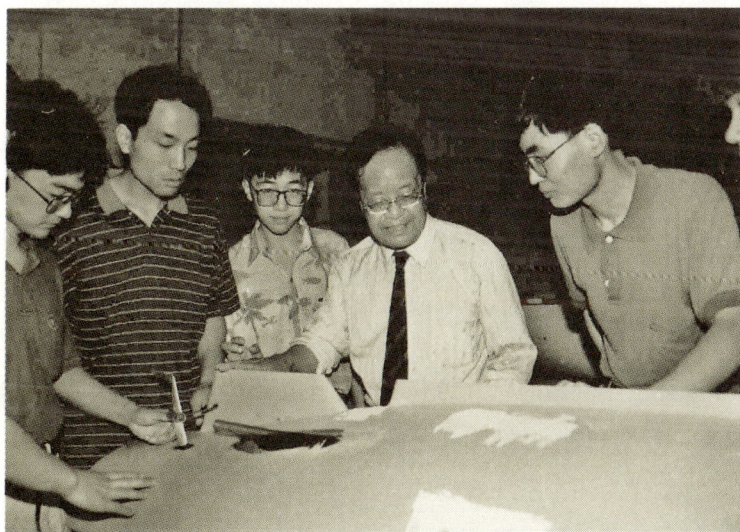

图 10-2　杨槱在指导研究生

李湛毕业后，杨槱和大连理工大学纪卓尚共同指导博士生谢新连，从事"我国沿海原油运输船型分析及船队规划"的研究。杨槱认为，"学生要对航运情况有具体了解，我就要求学生上船实习，要晓得实际海上运输的情况，各码头装卸的情况。"谢新连便先到上海和广州两个海运局的油船队去了解我国沿海原油运输船队及主要运输航线的现况,并随船航行观察原油运输的实际操作过程。那时,沿海油运的主力船只是 15 000 吨和 24 000 吨油船,另外也有 7 艘 45 000 吨至 75 000 吨级的大型油船。为了探讨采用大型油船的可能性,他调查了国内的造船和修船能力,调查了原油输出港秦皇岛、大连、南京,和原油输入港上海的高桥与金山,以及黄埔、湛江的码头泊位的前沿水深、靠泊能力、装卸效率和年通过能力。

谢新连主要研究以下三个问题:① 每年要运多少原油? 谢新连采用的是自回归模型,对长江沿岸和沿海的炼油厂、石化厂原油年需求量及沿海的各条原油运输航线的年运量进行了预测。② 各条航线最适宜、最经济的是什么船型? 他是用必需货运费率,亦即每吨油的成本运价作为经济性的评价指标。通过分析,其结论是航速较低但装卸油速度较快的船有利;由于我国沿海各港的入港航道水深普遍较浅,因此浅吃水、大载重量船(即较长、较宽、较肥胖的浅吃水船)更适用。③ 如何规划船队? 这就是为了完成某一时期的运输任务,合理地从现有的船队中挑选不同类型的船舶,配置到各条航线上营运,并在适当时机报废旧船和添置新船,使整个船队的营运效益最高。在全面考虑当时已有船舶的运输能力及其营运经济状况、船舶闲置、旧船报废和添置新船等各方面因素下,谢新连建立了以船队在一定时期内的营运和造船总费用最小为目标的船队规划数学模型。这项分析工作,采用了非线性规划和动态规划模型,并借助于运筹学中的排队论来处理船舶等候泊位的问题。

对于上述三个问题的研究,谢新连似乎也受到李湛的启发,写成英文论文,发表在荷兰期刊《国际造船业进展》上。其分析结果表明:"上海和广州两个油船队分别作为两个系统规划的营运效益不如两个船队联合起来统一规划。这就能更好地做到大船走长航线,小船走短航线的经济运行。按当时的情况,年度总费用支出可节省 5% 以上。"

在考虑了原油的沿海运输后,杨槱觉得也可以同样的思路和方法来研究煤炭的沿海运输。1986—1989 年,他和秦士元共同指导博士研究生潘海啸,进行"我国煤炭海运系统规划与特征元素分析"的研究。当时,我国沿海主要煤炭输出港是北方的秦皇岛、青岛、石臼所和连云港,而输入港是上海、南通、张家港、宁波、温州、福州、厦门、黄埔。首先,对各港航道的水文、气象和港区码头泊位、装卸机械、清舱机械、输送设备、堆场等各方面的调查依然是必要的第一步。其次要对现有运煤船的船型、结构与主要特征进行了分析,参考国内外散货船的发展趋势,建立普通运煤散货船和自卸式散货船的船型生成计算机程序。最后运用排队论等方法计算优选煤炭海运系统。其分析结果表明:"船舶、港口泊位和航道构成水运系统的主体。对于煤炭运输,装卸机械的效率对运煤船的发展关系很大,高效连续的装卸机械是发展方向。沿海主要港口将以 40 000 吨级运煤船为主力,在较长的航线上可采用 70 000 吨级的大型运煤船。从发货港直达货主码头(如发电厂)的煤炭运输最为经济,但有的货主码头水深较浅,中转运输不可避免。中转短途运输则以自卸式运煤船最为经济,自卸运煤船在码头停泊的时间短,可以加快船舶周转,增加年航次数,甚至可以减少码头泊位。"

杨槱对这两项研究的结果相当满意,认为谢新连和潘海啸考虑比较全面,其论文还可以供航运部门参考。从这三个杨槱指导博士研究生的实例,我们可以看到,他指导学生方式,并不仅仅局限于教室之中。李湛回忆说:"他会带领学生,也包括一些青年教师,结合实际,到船厂,到船营公司,船舶管理总公司,跟他们讨论,了解实际当中的具体问题。当然,我也跟着他出去跑过。"

1990 到 1993 年,杨槱再次和纪卓尚教授合作,指导博士研究生林焰,从事"船舶总布置设计仿真软件系统和神经网络理论与方法的应用"研究。林焰首先与大连造船厂合作研制了"船舶总布置设计仿真软件系统(SGADS)"。这个软件系统主要采用 1990 年代初推出的 Quick Basic 语言编制程序。包括了:屏幕分舱、船体及舱室三维动态仿真、舱容、配载与纵倾调整、装载浮性、破舱稳性和总纵强度计算等仿真子系统。杨槱认为,"把仿真技术应用于船舶总布置设计,既能继承手工设计的直观性,又能结合计算机的高精度和快速性,把设计提高到一个更高的层次。"

至于神经网络,则是杨槱 1990 年访问日本后得到的启发。当年 3 月,杨槱作为上海、大阪两市交流学者,前往日本大阪府立大学,应该校的要求作了

"上海的交通运输系统"学术报告。因为上海跟大坂府是友好城市，所以就设立了交换学者，即上海派学者到日本讲学，反之，日本也要派学者来上海讲学。"作为科技文化交流，而且讲的内容是他们指定的。"杨槱后来提到。除了船舶外，"他们希望（得到的信息）广一点，所以我也涉及了一些资料，还有具体数字。他们也很满意。"作完了报告，杨槱访问了该校工学部的船舶工学科，了解到他们已经在应用神经网络系统理论解决船体结构最优化问题，回国后，他就和林焰讨论应用这个新理论的问题。

所谓神经网络，是一个模拟人脑信息处理机制的巨型非线性动力学系统。神经网络以大规模模拟、并行处理为主流，具有较强的自学能力，因此，能简捷地处理大系统的一些复杂问题。林焰应用神经网络模型，成功地对一艘 28 万吨超大型原油船进行了分舱配载优化设计，还在总结以往专家系统在船舶设计中应用成果的基础上，使用神经网络算法，建立了油船主船体油舱划分的神经网络专家系统。

1992 年，杨槱已逾古稀，但他仍和大连水产学院贾复合作，指导他最后一名博士研究生钱鸿，进行"渔船和渔船队的技术与经济分析研究。1985 年，在沿海渔业资源日益枯竭的状况下，我国开始发展远洋渔业，因此，向远洋进军是我国渔业发展的主要方向之一。为了选择最佳船型，组成高效益的渔船队，就必须进行技术与经济论证。杨槱和贾复指导钱鸿做的这项研究，把渔船、渔场、渔港和渔业市场组成一个完整的系统，把拖网渔船作为对象进行经济性分析。钱鸿编制了一个渔船经济性分析的计算机程序，探索了适应多个渔场作业的最佳船型和船队的寻求方法，探讨了渔船的有效性和有效性的具体计算方法。

从杨槱培养的博士研究生所做的研究工作来看，都涉及适宜性和经济性的论证。事实上，杨槱对船舶制造工程的这两个方面都是极为留意的。只是在改革开放和"科学的春天"到来的新形势下，各种新方法、新手段使船舶的适宜性和经济性论证更为有效。在当时普遍不知道电子计算机为何物的情况下，杨槱就率先使用电子计算机程序辅助船舶设计。另一方面，选择最佳的船舶设计方案就可以利用电子计算机进行论证。当然，杨槱所使用的方法并非一成不变：从最初的"参数分析法"，到"序列综合约束双下降法"，再到从石油工业部门那里学来的、应用概率论和数理统计的"风险分析"法,乃至模糊数学、神经网络等理论,他总是不断地更新自己的知识。而在他七十高龄以后,更不忘为我国的内河船舶与航运发展贡献力量①,相关论文就有他在培养博士研究生时所获得的一些成果。事实上,杨槱出外交流的着眼点和落脚点都在中国的内河航运上,他认为:"我们国家比较合适搞内河航运。内河是很好的运输通道,但没很好利用。最近几年,我国对内河航运的投资还算大了一点,以前根本没什么投资。而且我们一直用的也只是小船,只要把航道稍稍疏浚,让大一点的船通行,那就经济多了。"

---

① 包括有《初论长江船型开发》(1985)、《长江船型的回顾与展望》(1989)、《江海直达船的经济性与实用性——在中国进行的一些研究》(1994,杜伊斯堡)、《对两种内河船设计的一些意见》(1994)、《采取有力措施发展内河航运》(1996)等论文。

第三编

写船·望海

第十一章
史笔写船

初涉船史

在广州培正中学读书期间,杨槱就以《广东造船简史》为名写了一篇文章。文章梳理广东造船发展的历程,尤其是近代从广东制造局、黄埔船局、黄埔船厂、到海军广南造船所发展演变的历程,受到了老师的表扬和同学们的称赞。但作为一名中学生,当时研究只是基本情况的梳理。大学毕业后,因忙于造船教育及造船实践,杨槱很长时间无暇顾及此事。1956年,从大连回到上海,在交通大学教书时,他因受苏联教育方法的影响,才重新开始学习。

前面已经提到,杨槱于1956年着手编写《船舶概论》教材。仿照苏联编写教材的方法,任何学科的教科书都要先把学科的发展史讲述一遍,因而杨槱便在《船舶概论》的第一章,把关于造船的历史作一叙述,就是"船舶发展史"。作为一名主要从事船舶设计、教育的技术专家,要从浩如烟海的船舶史料中,梳理出中国船舶发展的历程谈何容易?杨槱便从图书馆查阅了一些资料,并参考《辞源》《辞海》之类的二手材料完成了这一章。然而,杨槱对于历史学的研究还是新手,以至于把唐朝和南唐混淆了,还把一个年份搞错了。教材出版之后,就有一位同行指出了杨槱的错误,并问是否能在刊物上作公开检讨。杨槱当然勇于承认错误,便在中国造船工程学会的学报《中国造船》

上公开作自我批评。

事实上,这一行为非但没有影响杨槱的学术声誉,反而得到了造船学界的一致赞誉。因为他一发表自我批评,做船史研究的同行都认识杨槱了,还觉得他做事认真。因此到了1958年,苏联造船工程学会要求中国造船工程学会提供一份中国船舶发展史的资料时,学会便委托杨槱完成。1959年,中国科学院自然科学史研究室(1975年扩建为研究所)组织编写《中国交通工具史》一书,其中船舶史的古代部分由该所自行编写,而近代和现代部分则委托杨槱编写。其中,《中国交通工具史》中有关船舶史的近代与现代部分于1961年夏完成初稿,文章主要弘扬中国劳动人民的智慧与创造力。当时,中科院自然科学史研究室组织了对该书的评议,获得与会者的赞许。

当杨槱受到批评后,他自知要弥补自己历史知识的不足。于是,他认真阅读了范文澜的《中国通史简编》和"二十四史"中与船舶发展史有重要关系的汉、唐、宋史正史,《宋会要》和《太平御览》则浏览了一部分。另外,他还专门读了明代与船有关的重要著作:宋应星的《天工开物》和李昭祥的《龙江船厂志》。其后,他便开始写一篇简明扼要的中国造船史,这就是后来的《中国造船发展简史》,此文以各个历史时期的生产力和科学技术水平为背景,来论述造船业和船舶发展的规模和水平。

杨槱的一个基本立足点是:古籍所述不能全信,学术研究必须实事求是。例如宋代孟元老著《东京梦华录》称:"西湖舟船大小不等,有一千料者约长五十余丈,中可容百余客";又如《明史·宦官传》记郑和"造大舶修四十四丈,广十八丈者六十二"。杨槱就认为,书中所载船的尺度显然是不可信的。如同西方古籍对"诺亚方舟"的描述一样,这些记载不必认真对待。

除了自身的不懈努力外,杨槱在写《中国造船发展简史》,也得到相关学术研究单位的支持,北京大学、中山大学、复旦大学、华东师范大学、人民教育出版社、中国历史博物馆、中国社科院考古研究所、山东博物馆、广州市文物管理委员会、长江航运管理局、上海船舶修造厂、大连造船厂等在提供资料及线索方面都给予了帮助。1962年3月,先以单行本的形式由上海交通大学科研生产处编印出来,征求同行的意见。

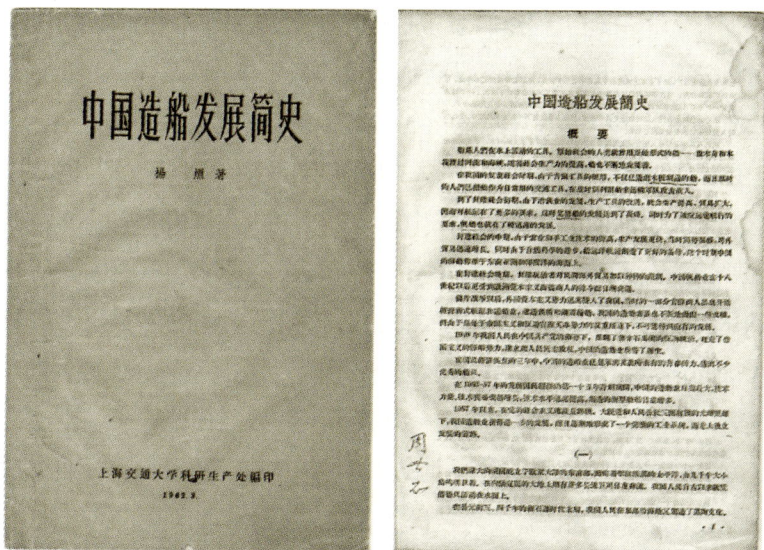

图 11-1　杨槱的第一篇船史研究论文——《中国造船发展简史》

　　同年 10 月,杨槱在"中国造船工程学会 1962 年年会"上宣读发表了这篇文章,得到了与会同仁的一致好评。著名造船专家王公衡评价说:"造船史的研究是一件巨大的工作,要搜集很多的资料,在这方面要与研究历史的人协作,但资料需要鉴定是否真实可靠,以定取舍。这篇文章为今后研究造船史起了鼓励和号召作用。"科学史专家周世德评价说:"杨槱教授号召大家研究造船史,这种热爱科学技术史和大力研究科学技术史的精神,使我们非常敬佩。"

　　当然,与会的一些同行,也就论文中的一些具体问题提出了意见和建议,杨槱首先对他们提出的意见和建议表示衷心的感谢,然后就具体问题与同行进行了讨论。他不同意造船界前辈伍景英提出的晋代壬子年《拾遗志异》中所记秦代"沦波舟"是近代潜艇前驱的说法,指出当时造出水下船舶根本不可能。另外,杨槱还对周世德关于明清时期造船比宋元时期技术停滞的异议给出了自己的理由。在最后的总结中他说:"我认为研究船舶史的主要目的在于使我们认识事物发展的规律,明确今后努力方向,加强我们的信心。因此过高地估计前人的成就或者忽视前人的伟大成就都是不恰当的,只有认真地发掘事物的本质,看到真相,才能从中找到有益于我们今后工作的东西。"

1949 年考入交通大学造船系曾任中国人民解放军海军装备技术部部长的郑明回忆说："杨槱老师虽然没有给直接给我上课，但我对他十分敬佩。他的中国造船史开风气之先，第一个给造船专业的学生讲授中国造船发展史，杨槱先生认为一个从事造船的人，不但要知道最新的船舶技术，也要了解祖国的造船史，为此，他亲自编写了《中国造船史讲义》。如今全国的造船专业学生都要学这个，了解本专业的学科发展识，其实是非常重要的。清华大学的刘仙州教授就讲授机械学科发展史。对我国历史上的科学技术成就要适当和正确的评价，恰如其分，实事求是，既不夸大，更不缩小，以使学生在热爱专业的同时，也爱自己的国家在这一点我是十分认同杨槱老师。"

正是秉持这种实事求是的精神从事船舶史研究，使得杨槱的研究成果后来得到广泛的传播和引用，成为当代中国船舶史研究的奠基人。而他的研究中坚持以史为据、不虚美的精神，始终贯彻他的船舶史研究工作中。

探讨帆船

理论和实际相结合，是杨槱从事学术研究的一贯作风，即便是在船舶史研究上，他也是如此。1966 年 3 月，中央宣传部组织编写《工业技术史》，其中船舶史部分由上海交通大学承担。杨槱也被选为主要撰稿人之一，分工是帆船部分。为了具体了解帆船的操作情况，他和黄根余两人决定参加一次帆船航行。

5 月下旬的一天下午，杨、黄二人登上了停泊在公平路码头的"崇运 366"号帆船，准备出航，作一次驾帆实习。杨槱详细地记载了当时的情况：

> 这船长约 20 米，有两根桅，主桅在船中，头桅近船首，桅上装有硬篷，那就是有竹条支撑的布帆。船正在装货，主要是纸张、席子、桶装食油和一些日用杂货。不少货物还堆在甲板上，船员说这是为了赶开船时间（准点开航），以后还是要放进舱内的。下午 4 时许船员们把帆拉起，把舵放下。装上舵柄。起航时，船老大（即船长）用撑篙把船移出。船向北方航行，而当时只有微弱的北风，也就是逆风前进。操舵使帆的是一

位老船员,他说,从船后或侧面吹来的风是"好风",这时帆面与航向垂直或有一较大的夹角。而迎面吹来的风称为"丑风",这时就要把篷帆的拉索拉紧。使帆面与船的中心线的夹角很小,几乎与航向平行。逆风航行须"调戗",也就是走"之"字航线;船斜着航道向岸边航行,将要到达岸边时,船员立即转舵,并把篷翻到另一边向着另一岸边航行。这样,转舵翻篷,操作频繁,头篷对走"之"字航线作用很大,可以使船迅速转向。

我们在舱面(即甲板)上仔细观察船员们操作,并和他们交谈船上的生活情况。晚饭时大家吃的是米饭并有猪头肉和咸菜佐食,现在看来是很简单的了。晚上9时出吴淞口,江面开阔,船的机动余地扩大,转舵扳篷次数大为减少。10点半,船在江中抛锚停泊,船老大叫大家去睡觉。我进入舱内,觉得舱高太小了,只能卧下、坐着,于是躺倒休息。夜间江面有点风浪,船底被波浪冲击,砰然有声,可是这并不影响我的睡眠。晨3时半,天还未亮,大家起床,重新扬帆前进,6时许到达崇明堡镇港。

这一整天都在装卸货物,回程装的是纺织品和日用百货。第三天船开航时风和日丽,我们在甲板上帮助在布帆上涂蜡。接着江面出现无风情况,船只能顺流下漂。在这种情况下,船员们很快架起4根长桨,4人全力划桨,并唱起了"号子"。我们也学船员们那样,脱了鞋袜,赤脚在舱面上帮助他们做点零活,烈日晒到木甲板上,使我们感到脚底发痛。船员们奋力划桨,很费力气,但船仅能以很慢的速度前进。由此可见,划桨船不能远航已是很明显的了。

对于这次体验,杨槱后来回忆:"这也算是一个很好的经历。自己也懂得一些船了,怎样操作帆,怎样操作桨,还有怎样航行,都更清楚一点了。"有了对帆船的感性认识以后,杨、黄二人按原始社会、奴隶社会、封建社会等各个历史阶段编写船舶发展史。杨槱分写封建社会的船舶史。他对船的尺度、船体构造、桅、帆、舵、锚的发展作了较现实的叙述,很快就写出初稿。但在提供讨论时,有人指责说,政治挂帅不够,用辩证唯物主义分析历史事物不足等等。当时,"文化大革命"正在深入展开。随着吴晗的"海瑞罢官"历史剧被批判,就算是杨槱做的船舶史研究也被看作是有罪了。当时甚至于有人说他是"小吴晗"。好在在这方面,他的罪名还不能成立,事情也就不了了之。但是,《工业技术史》的编写也就停顿了。

在"文革"期间,杨槱很多摆在办公室的东西都没有了。"我家里也有一些,后来他们也抄了我们的家。有一些被他们拿去,后来还给我一些。"杨槱后来提道。也因为这样,《工业技术史》帆船部分的初稿亦下落不明。

十年后的 1976 年,上海科学技术出版社组织编写一套《中国科技史话丛书》,其中一本《造船史话》由上海交通大学和上海市造船工业局组织编写。杨槱被指派为编写组成员,十年前的体验终于可以变成文字问世,他便撰写了其中"船行八面风——帆的产生与发展"和"我国古代对造船原理的认识"两节。在"船行八面风——帆的产生与发展"中,杨槱梳理了帆在历史发展的长河中,经历由简单到复杂,再由复杂到简单的发展过程。对顺风、侧风、逆风航行时的力学原理都做了简明扼要的阐释。在"我国古代对造船原理的认识"一节中,杨槱结合历史中的典型事例,深入浅出地介绍了船的浮性、稳性、抗沉性、快速性、适航性等船舶原理,再结合陈伯真等人的插图,对中国古代造船的相关技术成就作了介绍,既具有知识性又具有可读性。

古船探究

在史学研究中,出土文物一直是学界关注重点。船舶史研究也是如此,为了更好地进行船舶研究,杨槱也非常关注国内相关文物出土的状况。

1974 年夏天,福建泉州湾后渚港发掘出一艘宋代海船。船舱出土遗物十分丰富,有工属具,香料,药物,木货牌、签,铜、铁器,陶器,铜、铁钱,竹、木、叶、棕、麻编织物,文化用品,装饰品,皮革制品,果核,贝壳,动物骨骼及其他,计有 14 类 69 项。这些为学者科学地判断海船的航行路线,进一步研究宋代泉州的商业史、社会生活史等都提供了最直接、最有价值的实物证据。

1975 年 3 月,新华社正式发布泉州湾宋代海船出土的消息,许多国家的新闻媒体纷纷转载,并称之为"世界考古珍闻",是"中国近年来的重大考古收获"。这年春天,杨槱趁着调查研究近洋干货船的机会,路经泉州开元寺,便对这船作了仔细的观察。他注意到,该船基本上只残存一个船底部:船首留有首柱的下部,尾龙骨伸到舵承座,残长 24.20 米,宽 9.15 米。外板连接方法是搭接和平接混合使用。底部外壳板为 2 层,舷侧则为 3 层,3 层木板总厚约 18 厘米。全船由 12 道木隔板把船分隔为 13 个舱,舱长从 0.8 米至 1.84 米不等。首部第一舱保存有头桅的底座,第六舱则保存有主桅的底座。

图 11-2 杨槱在泉州开元寺

根据自己船舶设计研究的理论和经验,杨槱发现,出土的船型与尺度比例合乎现代船舶阻力与稳性理论,可见当时远航木帆船的设计已达到很高的技术水平。由于船形瘦削,外壳木板弯度很大,厚板难于弯曲钉装,于是采用较薄的 2—3 层木质外壳板。

后来,福建造船厂等相关机构的研究和技术人员成立了宋代海船复原小组,准备复原这艘古船。要做好复原工作必须根据出土的实物遗迹做深入细致的考证工作。其后,厦门大学庄为玑和庄景辉对泉州宋船结构作了历史分析;武汉水运工程学院席龙飞和何国卫则对海船尺度作了探讨,提出了一个复原尺度的建议。

另一方面,回到上海后的杨槱则查阅了中国沿海近代和现代的一木帆船,包括货船和渔船的资料,对船的主要尺度、船体结构、舵、锚和帆装作了分析研究,撰写了《对泉州湾宋代海船复原的几点看法》一文。杨槱认为:为复原古船必须明确以下几点:第一,古船长宽高的延伸度;第二,船体甲板部分的构造和上层建筑的形式、长度和高度;第三,舵与锚的形式与大小,桅的数目与高度,帆的形式和大小。古书中明显的夸大之辞不能作为古船复原的数据。为此,通过从古书、古画、文物和外国的史料中析取信息,并通过对现有木帆船的仔细比对，杨槱给出了自己估算的较为客观的相关数据，对古船的复原工作有重要的参考价值。

宝船争鸣

郑和下西洋是中国历史上著名的航海活动，也是世界航海史的壮举。自1405 年到 1433 年，从刘家港出发，穿越马六甲海峡，横渡印度洋，郑和最远到达非洲东海岸和红海沿岸。对发展中国与亚洲各国家政治、经济和文化上友好关系，做出了重要贡献。1405 年（明永乐三年）7 月 11 日，明成祖命郑和率领二百四十多艘海船、二万七千四百名士兵和船员组成的远航船队，访问了许多个在西太平洋和印度洋的国家和地区，加深了中国同东南亚、东非的联系。每次都由苏州刘家港出发，一直到 1433 年（明宣德八年），他一共远航了七次。但是，因一些重要的相关文献资料失传，关于郑和下西洋宝船的大小问题一直是学界争论的一个焦点。在《中国造船发展简史》中，杨槱也对这一问题表达了自己的见解。大多数学者认为《明史·宦官传》所载宝船"修四十四丈广十八丈"是可信的，然而，杨槱认为根据发掘龙江船厂的遗址考古资料和之后有明确记载的明代历史文献资料，当时根本不可能造出这样的大船。

为了深入探讨此问题，杨槱和杨宗英、黄根余等人对相关的史料作了深入细致的分析研究，并分别赴江苏、浙江、上海、福建、广东、四川等省市向熟悉木帆船的技术人员和工人师傅求教，并进行了广泛的调研。在此基础上写成了论文《略论郑和下西洋的宝船尺度》，明确提出：《明史》记载的宝船尺度是不可信的。其理由如下：第一，对记载宝船尺度的史料应作认真的分析。史书中关于船尺度记载不符合实际的史料是不少的，如《晋书·王浚传》记载："作大船连舫百二十步，受两千人。"《隋书·杨素传》记载："作五牙舰，起楼五层高百余尺。"《东京梦华录》记载："长三四十丈，阔三四丈。"这些记载均不可信。而《宣和奉使高丽图经》和《使琉球录》里面的记载较为可靠。第二，船的尺度与生产力发展密切相关。纵观世界造船史，古代木帆船长度不超过 100 米，排水量不超过 4 000 吨，如果宝船"修四十四丈广十八丈"是可信的，其排水量当超过万吨，以当时明代生产力发展水平而言，要在短短的一两年内造出六十二艘这样的大船，根本不可能。第三，从木帆船体的结构强度来分析，当船长达 90—100 米时，要保证船体的结构强度是很困难的。第四，宝船的舵杆是估算宝船长度的实物依据。1957 年南京下关中保村发现的舵杆长 11.7 米，根据此估算最大也只能配十七、十八丈长的船。第五，从宝船船型和民间木帆船尺度估算，不可能有"修四十四丈广十八丈"的大船。文章明确提出："明史上记载的宝船，长四十四丈，宽十八丈，若将其宽作为长，将长度的单位丈改为尺，而改为四丈四广，十八丈长，则与一般法式估算的尺度相当接近了。"

1980 年 10 月中国科学技术史学会成立大会上，杨宗英宣读了这篇论文引起了学界的热烈讨论。1981 年 9 月，英国著名科学史家李约瑟来沪访问，专门就此问题会见了杨槱。在《中国科学技术》一书中，他曾根据西方 19 世纪中叶木帆船尺度的切实可行的上限，估计宝船的排水量为 3 100 吨左右。这虽然比起杨槱等估算的 1 200 吨左右有很大差距，但也不是像一些学者坚持的排水量万吨那样夸张。

李约瑟对杨槱说，造船知识对自己是完全空白，后来因要编撰《中国科学技术史》，访问过一些航海界、造船界的人，所以才了解一些情况。杨槱就把自己关于郑和宝船尺度的研究结果跟他讲了一些，李约瑟也不反对他的观点。关于郑和宝船的尺度问题，同意杨槱的意见，但他自己也承认：他不是这方面的专家。按照当时官方的议程安排，两人谈半小时左右就要结束，半小时到了就有接待的工作人员来干涉，讲谈话时间已经到了。李约瑟则说："我们还谈，我是跟专家在谈。"一直谈了两个多小时才结束。

1982 年杨槱应邀到英国伦敦参加国际船舶会议。除了回母校格拉斯哥大学访问之外，还到剑桥大学进行了访问。因在剑桥是一整天，就到李约瑟研究所图书馆去进行了访问，顺道拜访了李约瑟和鲁桂珍，就中国古代造船技术和科学史相关的研究问题和他们进行了深入的交流。

1983 年，中国航海学会在江西省九江市举行了郑和航海史学术讨论会。随后，中国造船工程学会船史学组在江苏省扬州市也举行了学术讨论会。杨槱参加了后一个会议。两次讨论会都热烈地讨论了郑和宝船的主要尺度，也就是宝船的大小问题。大多数学者认为《明史·宦官传》所载宝船"修四十

图 11-3　杨槱(右)与李约瑟

四丈广十八丈"是可信的。但如上所述,杨槱依据自己的研究结果明确提出,宝船的记载尺度有问题。因为另一更实际的文物,南京静海寺有一块记郑和出使海外事迹的残碑上,记有"乘二千料海船并八橹船"字样。根据明代古籍,二千料船不过长 10 丈宽 3 丈左右,而八橹船则更小了。杨槱怀疑,《明史》中郑和宝船尺度的数据来自神魔小说《三宝太监西洋记通俗演义》,乃是小说家言。

此外,杨槱又分析了宋、明、清三代古籍和绘画中关于船的记载,探讨了我国远航海船的特征。他认为,从驾驶和航海的角度看,特大的木帆船是不实用的、无法操纵驾驶的;从事物发展的趋势和明代的生产力以及科学技术水平看,当时不可能突然在短时期内造出比一般实用的海船大很多的特大船舶;从郑和的远航任务来看,也没有必要造这样特大的船舶。

拓展船史

杨槱一向热衷于中国造船工程学会的活动,而这个学会又是船舶科技界的一个重要学术团体,在促进学术交流和推动船舶事业的发展过程中发挥着积极的作用。然而"文革"期间,学会的学术活动几乎完全停止。1978 年,中国造船工程学会开始恢复活动,1979 年 3 月,北京召开了第二届全国会员代表大会。学会的各专业委员会相继成立。为了进一步做好船舶史的研究工作,杨槱等学术同行也开始酝酿成立船史研究学术委员会。

1984 年中国造船工程学会第三次会员代表大会在武汉召开,会议期间正式批准组建船史研究学术委员会,杨槱因在船史研究方面的成就被推举为名誉主任委员,袁随善为主任委员,席龙飞、李同仇、洪长倬为副主任委员,周英、辛元欧为秘书。下设古代史、近代史、现代史、船具史和世界史五个学组,同时组建《船史研究》(年刊)编委会,辛元欧为主编。

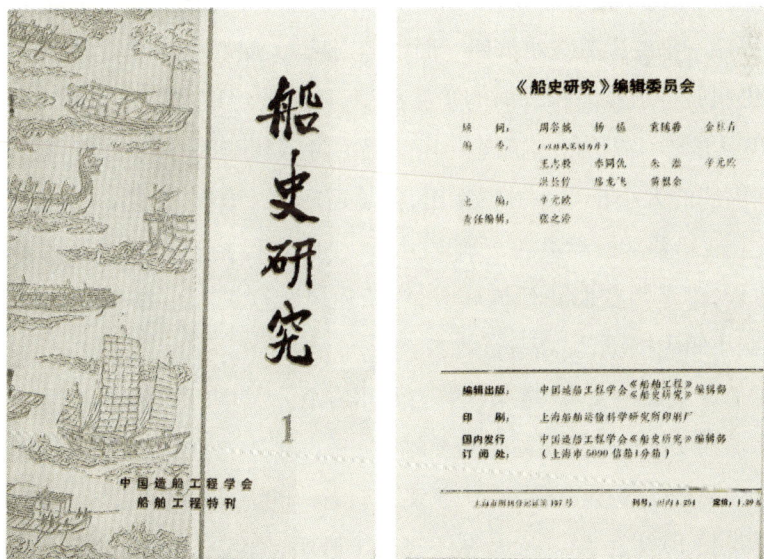

图 11-4 《船史研究》杂志

1985 年《船史研究》创刊,杨槱以《让我们共同为船史研究贡献力量》为题开篇致辞,在祝词中他说:"船史研究在我国开展,这是一件大喜事。通过研究过去,可以更全面、更清晰地认识现在和展望未来。船史研究应与科学技术史的其他领域如航海史、水产史、海战史、建筑史等的研究同步进行,而收到相得益彰的效果。船舶的发展又与当时当地的政治和经济状况密切相关。同时造船是一个世界性的产业,研究我国的船舶也必须了解其他国家船舶发展的状况。因此开展船史研究,必将使我们的思路更加开阔,更加深入,眼光更加敏锐,判断更为准确,为发展我国船舶工业创造良好的条件。"

这篇致辞,不仅明确指出了船史研究的意义,而且对于船史研究应遵循的方法作了提纲挈领式的介绍,对于船史研究有重要的指导意义。

1988年10月,山东蓬莱县举办了"蓬莱古船与登州古港"学术研讨会,包括杨槱、辛元欧等专家学者到会。1984年6月,山东蓬莱水城(登州港)的清淤工程中,发现了几艘古代沉船,从中抢救性挖掘出其中较完整的一艘。该船残长28.6米,残宽5.6米,残深0.9米。在船内和附近发现有石碇(锚)、木碇、四爪铁锚、缆绳等船具和铜炮、铁炮、石弹、灰瓶等武器。该港自宋朝到明朝都是重要的海军基地——刀鱼寨。因此,出土的古船被认为是一艘战船。但对船型则引起了争论,多数学者认为该船头部瘦削,且有龙骨,因此是浙江、福建一带的尖底深水海船。而杨槱则认为,船底虽见龙骨,但突出船底很少,仍属航行于黄海和渤海的平底船型,其主要尺度和明代水师大量使用的长10丈的沙船相仿。这船也与南京静海寺郑和碑上所载的两千料和一千五百料海船的大小相当。杨槱指出,为了适应海上作战的要求,船型可作一些变化:战船要求操驾灵活,沙船吃水浅,平底有利于搁滩;船上篷帆多,并兼用披水板,这是装在船两侧的属具,当船逆风航行走"之"字航线时,放入水中,以减小船的横漂,提高航行效率。

会后出版了论文集《蓬莱古船与登州古港》,其中就有杨槱撰写的《山东蓬莱水城与明代战船》一文。在该文的最后两节中,杨槱谈了对明代战船的大小和海防舰队规模的看法:从蓬莱水城港口的大小和结构,可以认为明代战船不过长10丈左右,一个舰队不过几十艘船;虽然郑和远航舰队的规模和战船的尺度要比上述的大不少,但不会相差过于悬殊。

1991年12月4—8日,中国造船工程学会船史研究会在上海举行了"世界帆船史国际学术讨论会",这是在东亚举行的首次国际船史学术会议,李约瑟应邀成为会议名誉主席没有出席此次会议,但发来了贺信,在信中他说:"中国不仅发明了舵还发明了水密舱壁,而撑条式席帆又可以使船顶风航行。"高度赞扬中国古代帆船的科技成就。会议收到来自韩国、日本、德国、意大利、美国、中国和台湾地区的论文33篇。杨槱被推举为主席。他在会上发表了《对研究古帆船的一些意见》一文。杨槱指出:"研究古船的目的是了解船的发展过程,弘扬先人的智慧和创造能力,找到今后发展的方向。任何船舶总是为某一确定的任务而建造的,但也受到当时社会生产力的限制。适应所处海洋与地理环境和操作的灵便性总是帆船设计的重要考虑因素,同时在各个时代国际间的技术交流是不可避免的。"而且,他认为任何优秀而适用的事物,包括帆船,都将延续下去,获得更加广泛的应用而进步发展,决不会昙花一现,便荡然无存,使后世无从效法。杨槱还用一些例子来说明这些观点。会上有些专家学者,如日本造船学者、帆船设计专家宝田直之助教授等也赞同他的这些看法。会议还举办了帆船模型展,取得了圆满的成功。

杨槱经历过从旧中国一路走来,一直从事造船,他本身的就是一部浓缩了的中国现代造船史。因此,他经常受到邀约,撰写跟中国现代造船相关的回忆文章。

1983 年中国造船工程学会成立 40 周年时,杨槱应邀作了《中国船舶工程四十年》的报告。后来学会要出英文版论文集,又约他写一篇《中国计算机辅助船舶设计的进展》。1985 年中国造船工程学会船史研究会第三次学术讨论会上,他又发表了《早期的航海活动和帆船的发展》一文。

1988 年重庆造船工程学会的会刊《重庆造船》创刊,约请杨槱写《回忆抗日战争时期的重庆造船》一文。同年,辽宁、上海、四川三地造船工程学会举行著名造船专家叶在馥教授诞辰一百周年纪念会,杨槱则写了《缅怀叶在馥老师》一文。1989 年中国造船工程学会在武汉举行"舰船生命力学术讨论会",杨槱应邀出席,并提供一篇《第二次世界大战期间的舰船损害管制训练》回忆往事的文章。

1991 年江南造船厂技术刊物《江南船舶设计》主编孙光二约写一篇《对船舶设计的回顾与展望》,杨槱便回顾了从事船舶设计工作的一些经历,阐述了传统的船舶设计方法,分析了现代船舶设计方法的形成和特色,近百年船舶设计的变化和今后的发展方向。

由于杨槱从事船舶事业的时间较长,因此也被邀参加一些重要历史文献的编写与审定工作。例如 1980 年代后期编写《当代中国丛书》中的《当代中国船舶工业》一书时,杨槱正是编委之一,负责绪论和学校教育两部分的编写工作。

随后编写《中国近代舰艇工业史料集》时,杨槱又被任命为审定,参加了各章节编写框架的讨论和审稿工作。

八十自述

1997 年,杨槱虽然从教育一线退下,但并没有停止在船舶教育方面的探索和努力。决心致力于科学普及读物的写作,期望以余生之力,为传播船舶与海洋知识,弘扬人类开发利用海洋的丰功伟绩,以增强国人,特别是青少年们的海洋意识,以便更好地迎接号称"海洋世纪"的 21 世纪。

八十岁生日前夕,杨槱撰写的《一个造船者的自述》一书由上海交通大学出版社出版。该书以朴实无华的风格,详细阐释了杨槱自己的造船人生。从青年时代与船舶打交道的逸闻趣事,到英国格拉斯哥大学勤奋苦读,从抗战投身中国造船事业的实践,到赴美参加海军志愿服务团监造航空母舰,从参加新中国造船教育事业发展历程、探索道路,到十年动乱中不忘造船从事船舶史研究,从改革开放后探索电子计算机辅助船舶设计,到开创中国船舶经济学理论的具体实践。该书真实地再现了杨槱几十年如一日,献身中国造船

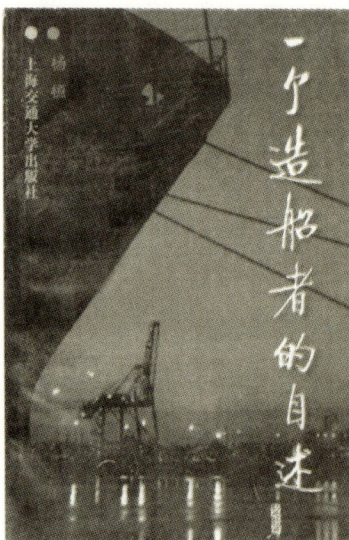

图 11-5 《一个造船者的自述》书影

工业、造船教育事业的人生发展轨迹。可以毫不夸张地说,他讲述的往事就是当代中国船舶发展史的一个缩影。

杨槱认为立业以实现自己的理想,是一个人梦寐以求的大事。在当今竞争异常激烈的世界上,要战胜对手获得成功,没有超群的智慧和超常的意志,是很难的。审视当代成功的杰出人物,大体有下列特点:一是:好学不倦,他们都精通业务,知识广泛,并具有开阔的视野和敏锐的思路,能抓住问题的关键。二是:能团结人,组成得力的团队。当代事业,一个人是承担不了的,必须有一群人,精诚合作,才能取得出色成绩。三是:有承担风险的胆略。

据他所知道的几个出类拔萃的人物,长年住在工作场所,时刻为当前的困难问题或业务的下一步棋"殚思竭虑"。一有心得,尽管往往是在深更半夜,立即召集部下,共商对策。许多人在这种精英人物的领导下工作常感到是苦差事。但后来事业的成功和发展,也就认为吃这些苦头是值得的。

办任何事都是有风险的。每次创新都肯定要争取成功,即使遇到困难,也要尽力"背水一战"。万一仍然遭到失败,最好也不要惊慌失措,而是以"处之泰然"的心情,总结经验,积极准备,以期"东山再起",谋求出路。这才是最好的策略和作风。

在获得成功的时候,优秀人物也不会"高枕无忧",而是"居安思危",防患于未然。

在《一个造船者的自述》中的结语中,杨槱真实地袒露了一个造船者的心声:

对于一个造船者,我有幸生于我国大革命、大变革的时代。儿童时代关于富国强兵的幻想和愿望,现在都一一实现了。在专业教育方面,我有机会到国外读大学,在造船厂当几年徒工。后来又在船厂干了十几年的船舶设计和船舶修造工作。到了学校工作后,虽然担任了繁重的教学组织管理工作,但仍担任几门课程的讲授,指导毕业设计,指导研究生,并经常接触造船生产实践。在担任了九三学社、政协的领导职务和当选中国科学院院士之后,社会活动日益增多,但我从未脱离教学和造船实践。80年代中期,在我进入老年时,开始指导博士研究生。我采取与一位教授,特别是兄弟院校的教授合作指导的办法,获得成功,收到教学相长的效果。

在新中国成立后,我一直服从党和国家对我的工作安排,基本上能做到干一行爱一行。有些工作我不熟悉,从来没有做过,但我也没有推诿。我常说:这事是否应该我去做是领导的考虑,而努力把事做好则是我的责任。因此,我没有虚度时光,每完成一项任务都有不少收获,既增长了知识,又得到了锻炼。

我深深感到业精于勤,熟能生巧,任何事只要全心全意去做,日夜思考,反复实践,不断改进,就能有所创新……

这些话是一位热爱祖国、热爱事业的知识分子的崇高精神境界真实写照。

时任上海交通大学校长的翁史烈院士在序言中这样评价杨槱:

杨先生几十年如一日,不仅孜孜不倦地读书学习,认认真真地教书育人,兢兢业业地著书立说,踏踏实实地处事待人,而且总是站在科学技术发展的前沿引导着造船科技的发展。他是我国计算机辅助船舶设计的积极倡导者,是我国第一位应用现代工程经济理论和方法对船舶工程项目进行分析与评估的学者,也是我国造船科技发展史研究的奠基人。杨先生在本书的结束语中写道,"业精于勤,熟能生巧,任何事只要全心全意去做,日夜思考,反复实践,不断改进,就能有所创新","努力把事做好则是我的责任"。这些朴朴实实的话语闪耀着杨先生成功的辉煌,也衬托出杨先生朴素中有精神、淡雅中见真情的人品和风范。

现在这位耄耋之年的船舶专家正在憧憬21世纪中国造船业的发展远景,并以实际行动来迎接新世纪的到来,在他80岁生日之际出版这样一本佳作,对造船界乃至青年学子都是一件很有意义的事。

值得一提的是在此之前八十高龄的杨槱加入了中国共产党,1956年,杨橱在上海交通大学参加了九三学社。文革前夕,他已是九三学社上海市委员会副主任委员并当选历届上海市人大代表,直到文化大革命爆发。文革后,杨橱历任第5、6两届全国人大代表和第7、8两届全国政协常委,为期共20年。这期间,他还当选第8届上海市人大常委和第6、7、8届上海市政协副主席。

1977年民主党派恢复活动后,杨橱就当选九三学社上海市委员会副主委和主委。与此同时,还当选九三学社中央第3、4届常委和第5、6届副主席。他也担任九三学社领导工作也达20年之久。

加入中国共产党是杨橱多年的心愿,当时杨橱作为九三学社的副主席,一直积极参政议政,后来有关参政、议政的职务退下来之后就加入党组织。早在50年代,杨橱就谈了曾经跟组织谈过这个问题。最初讲杨橱历史有问题没搞清楚,后来文化大革命前夕又说搞清楚了。再后来,就是因为杨橱要做民主党派负责人了,就没能够实现这个愿望。结果这一等就是将近四十年。后来经中央领导组织的批准,1996年,虚岁80高龄的杨橱终于加入了中国共产党,圆了自己几十年的梦想。

1997年10月17日上海交通大学隆重举行杨橱教授先生造船事业60周年暨80华诞庆祝活动,人民日报1997年10月27日以《大师造船六十载》报道中评论说:"10月17日是您80大寿,那天百余位来自全国船舶界及社会各界的人士汇聚上海交通大学,祝您献身造船事业60周年,巨匠作舟经风雨,大师育才备栋梁,这是您的老朋友中科院院士吴阶平对您为我国船舶事业所做的贡献的概括。自1940年从英国格拉斯哥大学造船系毕业回到祖国,无论是40年代您在西南各地从事船舶设计,50年代在大连筹备新中国最大的造船基地,还是之后在上海交通大学从事船舶教育,整整60年,您一直在为中国人更稳键地扬帆远航而励精图治!"

九十修史

80多岁的杨橱不顾年事已高,一直致力于船舶史的研究工作。经过几年的努力,先后出版了《帆船史》《轮船史》《郑和下西洋史探》《话说中国帆船》

等著作,取得了丰硕的成果。

2005年出版的《帆船史》,意在宣扬帆船文化和海洋文化,对世界各地区帆船的特点、发展过程、著名的航海业绩与海上战斗,以及有关的著名人物等,都作了简明扼要的叙述。这本书以求真务实的精神,对历史上的一些疑点,去伪存真,寻求实情。因为只有从真实的历史事件,吸取教训,才能"古为今用",并为今后发展,找到正确方向。学人之长,补己之短,并加以发扬光大,是战胜竞争对手的不二法门。这在船舶、航运和海军的发展中表现得十分突出。

在开篇的序言中,杨槱介绍了船史研究的意义及遵循的原则。他认为船舶史涉及经济、政治、文化、历史、地理和科学技术等各个方面。它的发展与当地当时的经济发展、生产力和技术水平密切相关。自古以来,船舶促进了各地区、各民族间的贸易和交往,也引起它们之间的激烈竞争。后来更导致海上霸权和海外殖民地的争夺,而不断争战。各海洋强国都是善于取人之长、补己之短而战胜对手。后起之秀比比皆是,而长盛不衰者则几乎没有。从东方的中国称雄于西太平洋,印度人、阿拉伯人控制印度洋,西方希腊战胜波斯和罗马消灭迦太基起,到后来葡萄牙、西班牙、英国、荷兰、法国等国之间的争战和海洋事业的发展,研究帆船史,借古鉴今,对于研究怎样把我们的国家尽快地建设成为强盛的社会主义国家,也有一定的意义。

他提出,第一,船史研究应当重视出土文物;第二,从古代的雕塑、绘画和模型中也可找到一些古船的形象,第三,近代仍有一些边远和孤立地区的民族制造一些原始形式的船只,也可供参考比较。而关于古籍资料的使用,杨槱也提出了具体的建议。他说:"至于古籍上的记载我们必须分清下列几种情况:一是作者亲身经历,特别是他对船舶和航海也有一定的了解,则可认为其所述是真切的;二是撰写人对船的大小、性能和构造并无具体印象,或他仅凭道听途说,写出文章,则他的所述可能与事实就有相当距离了;三是文人所撰的小说,往往为了引起轰动,以他们自己的想象力,编出一些神话故事。对后一种书,我们就不必认真对待了。"

与国内外同类书籍相比,《帆船史》的内容比较全面,系统性也较强,较为详实地介绍了东方国家的帆船和航海发展情况。西方著作很少谈到的"海上

图 11-6 《轮船史》和《帆船史》

丝绸之路"、"郑和下西洋"和"南岛语人的航海伟绩"等,在《帆船史》里面都有所介绍。

18 世纪后期蒸汽机发明,随后又出现了汽轮机、柴油机和核动力装置。动力推进船舶迅速发展,种类繁多,功能广泛,为了向公众传播相关知识,杨槱又编写出版了《帆船史》的姊妹篇——《轮船史》。杨槱以简练的笔法,扼要地叙述了蒸汽机船、铁船、邮船、商船、渔船、游艇、军用舰艇、工程船舶等等各种轮船的发展过程,以期读者能花最少的时间获得有关船舶和海洋的丰富的知识,并使读者对一些事物,不仅知其然,还能知其所以然。这是一本科学性较强的科普读物。

如前所述,郑和下西洋是我国古代航海史上的一次壮举。这次庞大船队出航的价值,在于促进各民族的贸易往来和文化交流。这与后来西方殖民主义者到处侵占国土,掠夺财富,奴役当地人民的行径完全不同。我国多年来,甚至于近年有些外国著作都一味宣扬郑和所用船舶的巨大和郑和开辟了多少航线。这只能引起有识者的反感和轻视。不科学的,违背历史事实的,误导读者的叙述必须纠正。为此,杨槱于 2007 年出版了《郑和下西洋史探》。

杨槱作为中国造船科技发展史研究的奠基者。在开篇的序言中,杨槱阐释了写作《郑和下西洋史探》的初衷,他说:"笔者自幼年时代起就爱好船舶与海洋,对郑和航海业绩十分景仰。后来学了造船学,并终身服务于船舶与海洋事业。抗日战争中期,初始参加造船工作时就读了著名学者郑鹤声著《郑和》一书。20世纪50年代中期开始业余研究中国与世界船舶史,其中涉及'郑和宝船'的尺度大小问题。多年来探讨的问题还包括宋、元、明、清时期的航海术、郑和航海的航程以及郑和出使西洋的起因、成就、经验与教训等。浏览了不少明清两代有关古籍以及近代、当代的众多有关著作和论文。在博览群书时感到:古籍中有不少是作者亲身经历的比较具体、生动的叙述,当然是很珍贵的资料。但也有不少著作是摘录别人的作品或道听途说的间接见闻,是否可信? 就值得研究了。还有的文人为了引起读者的兴趣,编造一些虚构的故事,并加以引人入胜的描绘。即使是一些官方的记录,由于记录者缺乏专业知识,有时也会产生夸大的不实之词。但如果我们能够以科学的求真务实的精神来分析问题,还是可以找到一些真相的。为此,笔者对郑和下西洋的一些问题也有自己的一点体会。"

《郑和下西洋史探》是杨槱长期对郑和下西洋史实研究的结果,倾注了他的许多心血。基于史实介绍了郑和下西洋的历史背景、出使任务、使团和船

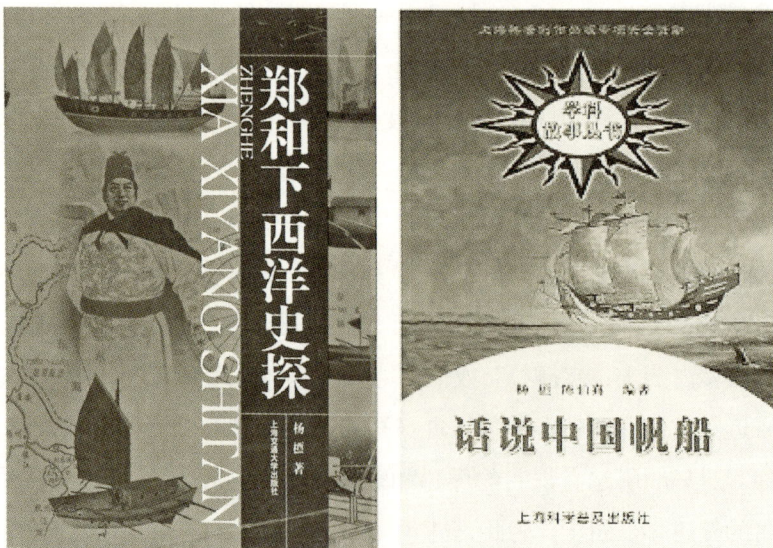

图11-7 《郑和下西洋史探》和《话说中国帆船》

队的组成、当时的航海水平、郑和下西洋 7 次航海的航程、郑和出使西洋的主要功绩以及郑和航海在国内外的影响和教训等。此外,对郑和下西洋所用船舶的大小,即"宝船之谜"问题与郑和航海的范围,这两个长期在学者间争论的问题,本着求真务实的科学精神,在书中作了认真探讨。事实上,杨槱出于对船舶海洋的热爱,和对郑和七下西洋的航海业绩的景仰,《郑和下西洋史探》就是他经过几十年来的潜心研究后新编的一本小册子,欲以较小的篇幅使读者对郑和下西洋的相关问题有一个较正确的认识。

时任上海交通大学校长谢绳武评价说:"杨先生好学不倦,治学严谨,乐于育人,令人敬佩。他的学问和品德,更是上海交大师生学习的榜样。作为一名科学家、教育家和工程专家,杨槱先生能够以科学和理性的思维对历史事实进行研究,并不顾高龄,亲自著书诲人。这种研究思想和治学精神,无论是对于探究我国船舶与航运历史,还是对现代船舶科学与技术的发展,都有着特殊的意义。"

2007 年 10 月 17 日是杨槱先生 90 大寿的日子,"瑶池果熟三千岁,海屋寿添九十春"。10 月 11 日下午,上海交通大学师生在徐汇校区老图书馆举行了热烈的庆祝仪式,向这位依然战斗在教育和科研一线的老院士表示祝贺和敬意。

图 11-8　杨槱与夫人章文英

当杨槱先生面带笑容迈着矫健的步伐走进来时，与会者全体起立，爆发出热烈的掌声。校党委书记马德秀到会发表热情洋溢的讲话，并代表全校师生向杨槱先生敬献了鲜花，正在因公出差的校长张杰发来贺信，共同祝愿杨槱先生健康长寿。上海市人大常委会副主任、上海市造船学会理事长张圣坤，上海市政协副主席谢丽娟，九三学社上海市主委赵雯，上海市科协副主任胡家伦，上海科技出版社社长夏桂芳，上海交通大学老领导何友声院士、盛振邦、李润培、王永华、毛杏云等嘉宾和杨槱院士的学生代表，及船建学院师生代表约 80 人参加了会议。各方代表纷纷发言，向杨槱先生表示祝贺和敬意。会上还宣读了同济大学校长裴钢院士等社会各界发来的贺信贺电。

"老骥伏枥，志在千里。烈士暮年，壮心不已。"在鲜花和掌声中，精神矍铄、笑容满面的杨槱先生发表感言："十分幸运，我生活、成长于这个伟大的时代，亲身体验了中国走向复兴的重要历程。尽管我们的国家还有成堆的困难问题，但中国人民在中国共产党的领导下，经过艰苦卓绝奋斗，在经济建设方面已经打好牢固的基础，教育、文化、卫生事业也取得了长足进展。物质上的牢固基础将为经济的进一步发展提供良好的条件，而思想政治、文化上的成长也将为改革和进步提供有效的动力和可靠的保障。因此，杨槱对祖国的光明前途是满怀信心的。即将召开的党的十七大必将给我们很大的惊喜。"杨槱先生的讲话再次赢得了全场来宾的热烈掌声。

庆祝仪式上，杨槱先生去年与陈伯真教授合作撰写的新著《话说中国帆船》一书举行了首发式，张圣坤、马德秀共同为首发式揭幕。随后，与会嘉宾共聚一堂，围绕《话说中国帆船》一书和杨槱先生的科教生涯进行了亲切的座谈。《话说中国帆船》是一本论述中国帆船的科普读物。书中系统、简要地叙述了中国帆船的发展历史：从远古的独木舟、木板船、春秋时期的帆船到后来我国历代的内河运输船和大型的海洋木帆船等，以求真务实的精神探讨了我国各种帆船的性能、特征以及它们在各个历史时期发挥的作用。书中还对中国木帆船的船体构造、建造工艺及索具、设备等作了介绍。与会人员纷纷表示，要学习杨槱先生对科学的探索精神、对祖国造船事业的倾心投入、对党的教育事业的执着热情，用他的精神和品格激励和教育广大学生。

第十二章
耄耋望海

　　海洋是生命的摇篮，孕育了人类文明。中国拥有 18 000 千米的漫长海岸线和 300 万平方千米的海洋经济专属区。21 世纪被称为是"海洋的世纪"，如何成为海洋大国、海洋强国是学界探讨的一个热点问题。船舶是探索海洋的重要工具，作为船舶设计领域的专家，杨槱在长期的造船实践及教育探索实践中，也深深地知道向青少年传播海洋文化、提升海权意识对中国建设海洋大国、海洋强国的重要性，因而他不顾年事已高，积极投身于航海科学普及、建言船舶海洋技术的发展、献策海洋文化建设。

航海科普

　　航海科学普及对船舶海洋文化具有重要的作用，身为院士，杨槱率先垂范进行青少年科普。1991 年，杨槱主编《绘图交通工具辞典》，由上海辞书出版社出版，杨槱在前言中写道："试图以通俗形象生动有趣的方式，向少年儿童普及有关交通工具的科学知识，寓知识性、科学性于趣味性之中。"他以及副主编沈国良认为："这对于未来世纪的主人翁增长知识、扩大视野、发展智力，从小培养热爱科学，激励他们对未来的向往和追求，无疑将是有益的。"

　　2008 年，杨槱又在少年儿童出版社出版了《大航海时代》一书，这本书是

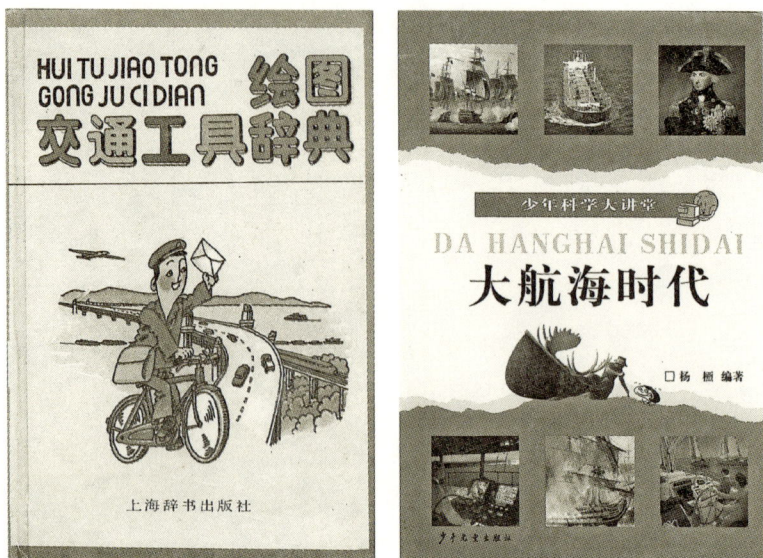

图 12-1 《绘图交通工具辞典》和《大航海时代》

《少年科学大讲堂》丛书之一。该书描绘了在人类历史上,有这样一个以探险为中心的时期——"大航海时代"。这个时代横跨了 15 至 19 整整五个世纪。东西方的航海家,为了探索未知世界,为了发现新的财富,扬帆起航,向着茫茫的大海,向着未知的远方探索开拓的历程。

杨槱认为,大航海时代是人类的地理知识和航海技术极大发展的时期,是英雄辈出的时期,大家所熟知的著名航海家亨利亲王、达·伽马、哥伦布、麦哲伦、库克船长以及中国的郑和都出自这个时代,然而同时必须清醒地看到它也是欧洲殖民者用坚船利炮对亚、非、美洲等地进行侵略和殖民扩张的年代。这种海盗式的掠夺和殖民贸易是殖民主义原始积累的主要方式,也正是靠着这样积累的财富,西方资本主义才有了今天的发展。在人类历史上这个重大转折期内,随着一条条新的航路被开辟。各大洲的国家和地区之间因为海洋的阻挡而相互隔绝的状况被逐渐打破。因此,有些人将大航海时代称为人类的"地理大发现"时代。其实欧洲人只是发现了他们原来未知的地理知识,而被发现的岛屿和大陆原本就存在,有民族居住。这些发现给当地居民带来了巨大的悲惨和痛苦。

同时杨槱又指出:航海伴随着人类的历史发展。早在 6 500 万年前,地球表面海洋和陆地的布局和现在的情况已经没有很大的区别了。至迟在1.5万年以前,世界七大洲,除了南极以外,其余六大洲都已开始有人类定居繁衍。现代地理表明,地球包括四个大洋:太平洋、印度洋、大西洋和北冰洋。在人类漫长的历史中,世界的各个大洋上都出现过古人探险的航迹。海上丝绸之路的开辟,构建了一个广泛的海上东西方贸易网络;介于非、欧、亚三大洲之间的地中海周边的各民族很早就开始以海洋作为相互交往、通商贸易的主要通道。

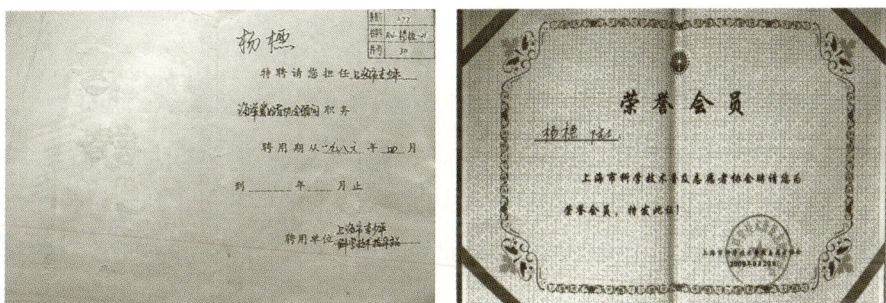

图12-2 各种顾问和荣誉会员证书

不仅如此杨槱还作为海洋文化组织的专家顾问,积极参与青少航海科普活动。1986年杨槱就被受聘为上海市青少年海洋爱好者协会顾问,太平洋历史学会副会长,上海科普志愿者学会会员,2009年还获得荣誉会员的称号。

"漕河泾—汾阳杯"船模竞赛由徐汇区教育局、徐汇区漕河泾街道办事处、上海科技教育研究所主办,由漕河泾街道社区教育委员会、上海汾阳中学、徐汇区青少年活动中心承办,对于培养青少年热爱科技、热爱船舶,增强热爱海洋、探索海洋的信念,为建设繁荣富强的现代化的社会主义祖国多作贡献,很有意义。每年从主办方到参赛单位都具备一流的教育水平,又在全国第一个国家级科技园区——漕河泾科技园区所在地举行,已经成为青少年科普活动的一块品牌。

杨槱和船舶领域的同行曾经多次应邀参加该项活动,2008年10月,遇到有事不能参加时,也还不忘写信祝贺,在贺信中他说:"自古以来,我国就是海洋大国,拥有丰富多彩的海洋和船舶文化。船舶是人类从事海上活动的必要工具。今天的船舶是当代高科技和先进文化的结晶。21世纪被称为人类的海洋世纪,现在我国的航运业和造船业已经跃居世界前列,但我国国民的海洋意识尚有待于提高。贵校举办这次船模大赛,对于培养青少年热爱科技、热爱船舶,增强热爱海洋、探索海洋的信念,为建设繁荣富强的现代化的社会主义祖国多作贡献,很有意义。"字里行间洋溢着一位造船领域的老科学家对培养青少年航海知识和技能的殷切期望。

建言船海

中国贯彻执行改革开放国策 30 年来,取得了举世瞩目的成就。造船业也确实取得显著的进步。除了豪华型旅游船等少数船型尚缺少经验外,已掌握了诸多高技术高附加值船舶的设计和制造技术。船舶质量提高和造船周期缩短。仅有的不足是劳动生产率和物资、能源消耗量的进步和创新船型的设计等尚不如人意。目前,中国造船业的规模已超越日本和韩国,人力资源丰富,特别是造船科技基础深厚。杨槱认为中国要成为真正的造船强国,还必须自主创新不断开拓。

什么是造船强国的标志? 在杨槱看来,应该在如下几方面与世界造船强国并驾齐驱:其一要能提供技术高超,质量优秀的船舶;其二能不断改进现有船型和创造新船型;其三能经常改革和创新生产技术,提高生产效率;其四,管理创新,能不断挖掘潜力,达到提高产品质量、缩短施工周期、降低生产成本、提高效益。

为此,杨槱提出了船舶发展工作应当注意的四个问题:

第一设计的先进性。据统计,有的中国设计制造的船的空船重量要比国外船厂生产的同型船重 10%。这是一个不小的数字。导致这种情况的客观原因很多,但船体重量增大,意味着造船成本提高和有效载重量下降,船厂的竞争力下降,是一个值得重视的问题。实际上,这也是当前盛行的"敏捷制造模式"的重要环节。

第二,技术储备建设。中国各船厂和设计单位都拥有大量有价值的技术标准、设计图纸、计算书和测试记录等等。这些就是技术储备。如能花些力量,有序地建立数据库,企业有关方面共享这个资源,就能提高设计质量,加快设计进度,缩短设计周期,快速响应市场。

第三,关于"产学研用"四结合。如果能以造船厂为主体,与有关院校和设计、研究和用船单位组成有效的产学研用四结合机制,则可以互补短长,更好地开展船舶研究开发工作。而且,由此可以实现互利双赢,共同发展的目的。

第四,探索与利用国际资源潜力。中国造船单位应该更积极地参与国际海事组织的各项活动,更多地和国外企业合作。利用各种"走出去"和"引进来"的机会;特别是要更多地参加国际造船权威学术机构组织的,有众多国际造船精英参加的暑期进修班,获取国际最新发展的信息和学识,以增强中国的实力。时不我待,必须在 10 年内把中国的船舶设计和研发水平提高到国际先进行列,为建成造船强国奠定基础。

要进军海洋,除了船舶之外,海洋工程技术发展也是必不可少的条件。海洋工程装备最先是由海洋油、气勘探和开采形成的。从最早应用于浅水海域的坐底式钻井平台。随后,向较深的海域挺进,而造出了自升式平台和半潜式钻井平台等多种钻井设备。钻井船可用于深水海域钻井作业,当然是海工装备。导管架和张力腿式平台采油设备、各种浮式生产储运装置、海上起重船、铺管船和电缆敷设船,还有气象、海情、海洋灾害的预报和警报、应急救助等设施都是海工装备。

为了更好地让国内学者了解国外海洋工程的相关知识,2001 年,杨槱不顾年事已高,和另外一位学者包丛喜担任了美国罗伯特·E.兰德尔博士撰写的《海洋工程基础》一书翻译的审校工作。该书于 2002 年由上海交通大学出版社出版,内容丰富全面,涵盖了船舶、海洋、探测等各个方面。且取材新颖,叙述简明扼要,可作为船舶与海洋工程各专业的启蒙课程——船舶与海洋工程概论的教材,对相关专业人员也有一定的参考价值。

同时,杨槱还认为,大力加强海洋工程装置技术研究和开展海洋生态保护也十分必要。

海洋工程装置有哪些关键设备? 由于海工装备需要操纵灵活和定位准确。因此,基本上都采用具有转向功能的电力推进装置和动力定位装置。这就需要大功率发电站。同时,全船自动化系统也显得特别重要。深水锚泊装置和自升式平台的升降装置也都属于高技术性的。这些配套设备的设计、制造和创新涉及造船、机电、石油等专业并与电子、信息、计算机、新材料等学科都相关。如果我们能在不长的时间掌握这些关键技术,对于增强我国造船业的竞争力是十分有利的。现在,国务院已把高端装置(船舶与海洋工程装备当然在内)作为培育和发展的战略性新兴产业。我们必须紧紧抓住这个难得的机遇,造船行业各方面应该同心协力,联合有关行业,在党和政府的正确领导下,贯彻执行科学发展观,有效地改革、创新、发展,把我国的造船业提高到世界先进水平,从而能够持续发展,造福子孙后代。

此外杨槱认为,海洋生态环境保护也是我们从事海洋工程技术人员必须关注的问题。中国长期以来,陆地污染物不断向河流、海洋排放,以致近岸海洋生态环境持续恶化,赤潮频发,急需整治。当前,节能减排,绿色造船,绿色行船的呼声日益高涨。各国港口也相继制定了对泊港船舶更严格的环保要求。国际海事组织和国际船级社协会都为新船设计、制造制定了新的规范和标准。这些也是中国发展海洋事业必须关注的问题。

2011 年 1 月,上海市造船工程学会成立六十周年,在庆祝会上,杨槱作为亲身经历中国造船 60 年风风雨雨的学者,发表了感言:"我国执行改革开放国策后,造船业进入了世界市场。特别是近二十年来,我国造船业摆脱了长期的'微利保本'困境,进入了'有利可图'的发展期。近几年虽然经受了世界金融风暴的冲击,发展劲头仍然强劲。2010 年我国造船业的完工量、新接订单和手持订单均居世界前列。我国已全面掌握了散货船、油船和集装箱船 3 大主流船型的研发、设计和生产技术。此外,一些高技术、高附加值的船舶、海洋工程装备等也取得了不少自主创新成果。因此,我们努力的着力点应该放在学习国内外的先进经验,深化改革和自主创新方面。不仅要密切注视欧美传统造船国家的发展动态和先进技术,还要向日本、韩国、新加坡等国学习他们如何借鉴西方国家的先进经验而获得的重大成果的经验。国内也有不少企业在深化改革和自主创新中获得不少重要成果和好经验,我们也要用心互相学习。"

海洋情怀

杨槱认为,中国自古以来就是海洋大国。始自秦、汉,兴于唐、宋、元的海上丝绸之路，明初的郑和下西洋盛举，均为世人广泛称颂。明、清两朝执行的"闭关锁国"政策，导致海权丧失，使中国沦为半封建半殖民地的悲惨困境，则是值得我们深思的教训。

当今，东亚睡狮已经觉醒，中华民族再次以雄伟的英姿屹立于东方。特别是，在党的十一届三中全会以后，中国贯彻实施了"改革开放"国策，经济高速发展，国力日益增强。海洋事业蓬勃发展：水产、航运、造船等传统产业均已居世界前列。海洋油气资源开发等新兴产业也在快速发展。海洋调查研究已建立起稳固基础。勤劳、勇敢、智慧的华侨、华人遍布世界六大洲，海上航船上的船员人数居世界首位。中国已是名副其实的世界海洋大国了。

但是，为了更好更多地进入被称为"海洋世纪"的 21 世纪，中国人的海洋知识和海洋意识仍有待于进一步提高和加强。探究和弘扬海洋文化已是当前的急迫任务。

杨槱强调："文化是指人类社会发展过程中创造的物质和精神财富的总和，特别是指社会意识形态，以及与之相适应的制度和组织机构等。当今，'校园文化'、'企业文化'等的建设已经提上日程。而文化建设非'一日之功'，也就是人们所说的：'硬件易得，而软件难求。'但文化的高低，影响着一个人、一个单位、一个民族、一个国家的发展前途。经过多年的探索，深深感到：客观、理性地，以求真务实的科学精神探索海洋文化问题是重要的。世界各地沿海和岛屿民族，都曾先后对海洋文化的发展做出大小不同的贡献，各有特点。我们反对'欧洲中心论'，但也要注意到'华夏中心论'也难于使别人接受。"

为此杨槱系统地提出了深入探索海洋文化建设的几点建议：

第一，更广泛地探索我国古代海洋文化。

目前探讨中国古代海洋文化，似乎主要把力量集中在"郑和下西洋研究"和由此延伸到"海上丝绸（香料、瓷器、茶叶）之路"的探讨。实际上，中国古代海洋文化的内容非常丰富。明、清两代政府虽然严格执行了闭关锁国的"海禁"政策，但也造成了大批沿海居民迁居海外。他们在新的居留地披荆斩棘，为当地经济的发展，作出卓越贡献。当时还出现了众多的武装走私集团和"倭寇之患"，以及郑成功抗清爱国集团。与此同时，西欧的英国、荷兰、法国等国的殖民主义者涉万里重洋,来到东方,掠夺财富,奴役当地人民。中国沿海居民和这些外来侵略者进行错综复杂的斗争,有不少可歌可泣的传闻,值得我们去探讨。

第二,及时总结现代和当代的海洋文化。

20世纪60年代以后,中国香港、台湾的航运业发展迅速,董浩云、包玉刚都是世界级的船王,台湾的阳明和长荣也是世界闻名的海运集团。80年代中国贯彻实施了改革开放政策以后,航运业和造船业飞跃发展,中远和中海两大集团的规模和业绩都已跃居世界航运前列。中国造船业已多年位居继韩国、日本之后的世界第三位,现在仍在大踏步前进,已是名副其实的造船大国。中国海洋水产业、海洋石油和天然气业、海上旅游业等等都在迅速发展。应该及时总结经验、教训作为今后发展的借鉴。

第三,学习和探讨外国的海洋文化。

海洋是全球相通的,自古以来沿海民族相互之间就多有贸易往来和迁徙活动,相互学习以增强自己的竞争力。中国帆船早在唐、宋时代就已远航印度洋,到达南亚、西亚和东非诸国。甚至于,与地中海沿岸诸国也有了来往。古代地中海的腓尼基、希腊、罗马诸民族和北欧的维京人的航海业绩闻名于世,值得我们学习探讨。太平洋诸岛民族和印度洋沿岸和岛屿民族都有久远的丰富多彩的航海传统。由于过去,这方面的资料较少,我们所知也不多。但世界民族解放运动取得巨大进展以来,这些地区的经济得到长足的进步,有关海洋文化的资料也就逐渐增多了。我们对这些地区民族不免有语言隔膜的困难。当地中国使馆可以帮助沟通,可能关键是要有专家学者们去做这方面的研究工作。

在当今,知识经济和经济全球化的时代,海洋事业蓬勃发展,高新技术日新月异,新生事物层出不穷,我们必须以科学发展观统领海洋文化的探讨和宣传工作,求得实效,跟上时代步伐。

2005年7月11日,是我国伟大航海家郑和下西洋600周年纪念日。当年4月25日,经国务院批准,将每年的7月11日确立为中国"航海日",作为国家的重要节日固定下来,同时也作为"世界海事日"(3月17日)在我国的实施日期。

"航海日"是由政府主导、全民参与的全国性的法定活动日,既是所有涉及航海、海洋、渔业、船舶工业、航海科研教育等有关行业及其从业人员和海军官兵的共同节日,也是宣传普及航海及海洋知识,增强海防意识,促进社会和谐团结的全民族文化活动。

　　2006年第二届"中国航海日"大会在上海召开,大会的主题是"爱我蓝色国土,发展航海事业"在庆祝大会上,杨槱结合自己的亲身经历对这个主题做了阐释:"我国屹立于太平洋西岸,沿海海岸线长达18 000公里,沿海有几千个大小岛屿。根据《联合国海洋法公约》,我国除了拥有960万平方公里的陆地领土外,还有300万平方公里的管辖海域,这就是'蓝色国土'。这片距离大陆或岛屿200海里内的广阔蓝色国土,不仅蕴藏着丰富的渔业、油气和其他矿产资源,还是对外交往的自然通道和海防屏障。我有幸毕生从事造船和航海业务,得以经历三大洋的狂风巨浪和领略五大洲的风光美景。我深深感到:从事航海活动,可以培育一往无前的进取精神。出了国门,海阔天空,对于扩大眼界,拓宽思路等都是有益的;再加上身体力行的实践就为创新发明创造了条件。庆祝航海日的意义在于:增强海洋意识,维护海洋权益,保护海洋生态,更有效地持续地开发海洋资源。"

　　杨槱认为,要弘扬海洋文化,除了宣传之外,还要从具体的事情做起,软硬都要抓,而在参与中国航海博物馆陈展项目的评审、提出重视海洋安全建议及建言开展海洋工程装备技术研究可以说是关于如何弘扬文化建设思路的具体体现。

　　2005年,党中央、国务院隆重举行了郑和下西洋600周年纪念活动,作为此次纪念活动的重要组成部分,上海市政府与国家有关部、局联合举办了《郑和航海暨国际海洋博览会》。以此为契机,经国务院批准,国家交通运输部和上海市政府在上海共同建设中国航海博物馆。

　　2006年7月11日,在"中国航海日庆祝大会"上,交通部部长李盛霖和上海市市长韩正共同为中国航海博物馆揭牌,各项筹建工作进入实质性启动。2008年杨槱应邀参加"中国航海博物馆中央大厅布展项目的评审会",在评审会上,他作为专家谈了自己的具体建议:

　　第一,展出的船必须确实能够作为"中国帆船"的代表。船的构造、操驾性能和航海性能必须有明确的文献记载。或者确实是从航海和造船技师和工匠们那里得到的经验。这是进一步科学研究的基础。否则,采用不科学的、主观想象的和虚构的内容都是没有价值的。

第二,中国帆船具有一些显著特点,例如,世人著称的"水密隔舱壁""平衡纵帆"和"升降舵"等。特别是,后两项与外国船的帆和舵是有差别的。中国帆船在侧面风下航行和逆风下调戗航行的操驾灵活性和航行的高效率,以及在大风大浪下和受突风袭击下的安全性等等都是参观者感兴趣的。这些都应在展品和说明中表现出来。参观博物馆或展览会,常言道:"内行看门道,外行看热闹",博物馆的展品应该得到内行专家的赞扬,并能使外行得到教益。

第三,我们要尽力节约国家资财,使展品具有较高的长期价值,甚至于能够升值。决不能被后人认为我们建议的展品是荒唐的,是垃圾。

杨槱的建议得到了与会专家和布展单位的一致认可和好评,并在具体的陈展中得到了采纳。2010年中国航海博物馆在上海开馆,杨槱作为专家出席了开馆仪式。

作为在船舶领域的一位探索者,海洋安全一直的杨槱关注的一个问题。

多年来在中国沿海的上海、广州、大连、青岛等城市从事造船工作,他对海洋安全有非常清醒的认识。1949年上海解放不久,台风降临上海。当时杨槱就住在四平路同济大学的家属宿舍最东边的两间小房内。狂风暴雨,屋顶严重破坏。他只好搬到一间教室去暂时栖身了。前文已经提到,1946—1947年间杨槱任青岛造船所工务课长和1952—1953年间任大连造船厂副总工程师时都负责全厂的安全工作。每当刮台风时,他就住到工厂去了。在狂风的吹袭下,室外寸步难行,还需勉强到各处巡视。船只的系缆、靠垫与吊塔的支索都增加了一倍,但还是有些损伤。当时认为:没有人员伤亡,已是大幸了。那些年代的海上渔船基本上还是靠风帆推进。台风来临,由于风向不顺,船不能及时驶到港湾避风,每年都要发生几百艘船翻沉,几千渔民丧生的惨剧。后来,机帆渔船普及,情况才有了好转。

上海市位于长江口和东海之滨,一个多世纪以来就是我国最大港口和国际大都市,近些年随着上海市建设国际航运中心的战略实施,取得了迅速的发展。杨槱认为在这种情况下加强海洋安全建设,尤为重要。除了防范台风、海啸等自然灾害之外,保证船只的安全通航是一项异常复杂和艰巨的任务。长江口和邻近海域的污染日益严重,赤潮频发。这不仅影响到渔业生产和海上旅游业的发展,而且也将影响上海市的安全供水。海洋安全还涉及国防军和警卫部队的保卫海疆、打击走私、消除海盗等重要任务。上海也是国际和我国海上救援的重要基地。海洋安全与上海市的经济和社会发展是密切相关的。

杨槱认为,上海航运业、造船业、建筑业和各种装备制造业发达。早就建有设备相当完善的天文台和气象台,具有丰富的海洋安全工作经验,拥有众多的优秀的科技人才。当前的一项重要工作是应该把现有各方面的科技力量有效地组织起来办一些实事。上海海洋局、海事局可以利用有关学会,集合产、学、研、用多方面的力量是可以开展一些海洋安全方面的调研工作的。

他认为一切工程和文化设施都要从调查研究入手。只有找到最佳方案,才能以最少的投入,得到最大的效益。因此,应选出几个重要的调研课题开展工作。与此同时要对世界和中国重大海洋灾害和海难事故进行分析研究,找出事故真相,研究防治方案。这是一项基础性的工作。"联合国海洋法公约""国际海上人命安全公约""防止倾倒废物及其他物质污染海洋公约"等等国际政府间的重要文件,都是在研究大量案例,获得成果的基础上制定的。

安全科技人员的职责就是找出灾难事故的真相,通过分析研究找到改进工作的办法,在尚未酿成不幸事故情况,他也能发现薄弱环节和潜在危险。杨槱指出:海上船舶遇难,大多数是由于操作人员的失误,由于他们的无知和疏忽所造成。因此,安全人员也负有教育和培训的任务。因此他建议大家合力编写一本简明易懂的科普读物,帮助有关人员,特别是青少年增强海洋意识。

船舶人才的培养也是杨槱关注的问题,为了鼓励英才他不惜慷慨助学,在交大南洋职业技术学院等设立奖学金。

杨槱一生淡泊名利,自己俭省节约,对需要帮助的人却很慷慨。潘斌讲道:"可以说,杨先生不见得比一般人有钱,但是杨先生的付出远远超过一般人。"嘉兴南洋职业技术学院(简称南洋学院)是浙江省人民政府正式批准的全日制高等职业技术学院,由上海交通大学教育集团和嘉兴市教育发展投资公司共同举办。南洋职业技术学院成立,学院设有造船专业,杨槱被聘为名誉院长。自 2002 年南洋学院创办以来,杨院士一直关心支持南洋学院的建设和发展。他多次来院讲学,参加学校重大活动。2010 年 10 月 18 日,杨院士在得知学院部分学生因家庭困难影响学业的情况下,慷慨捐款在学院设立奖学金。并亲自为学生颁奖,同时对全校同学提出奋进的希望和要求。南洋学院凭借上海交通大学雄厚的师资力量和百年名校的办学经验,培养能够熟练运用基础理论知识,有较强的外语、计算机能力,掌握专业实用技术的适应时代发展和需要的高素质应用型技术人才。

有一次南洋学院在甘肃招生,有一位学生,是跟全村人借钱来上学报到的。校长潘斌听了很感慨,就说:"只要你能证明你家穷困,我就给学校打报告,给你免学费。"潘斌后来在饭桌上跟杨槱讲了这件事情,但"杨先生听了就没吭声,吃完饭杨先生就说:'我给你一点钱,你看谁困难就给谁,也不要讲什么(困难证明),就给你 10 万。'"

然而,这 10 万元钱却是杨槱先生省吃俭用攒下的。杨槱和第二任太太章文英结婚后,曾讲:"我的财产要一分为三,一部分捐掉,一部分给妻子留一点,一部分给子女留一点。"后来通情达理的妻子就劝,一样是捐,你活着的时候就捐。后来他们商量了一下,50 万元的积蓄捐给三个地方。自己发展与交大息息相关,交大给 30 万。但是另外杨槱还兼着杉达大学的名誉校长,还有嘉兴南洋技术职业学院名誉院长。"他们办学嘛,办学总是好事。其他两个各捐 10 万。"

杨槱的老学生,后来又成为同事的何友声院士就讲过:"像杨院士,是把名利看得很淡的人,不计自己的利益,有这种精神境界的人真是少见。"

随着改革开放政策的贯彻执行,我国的航运业和造船业已跃居世界前列。但国人的海洋意识仍较薄弱,难以胜任今后我国海洋事业的快速发展。为此,杨槱与陈伯真教授合作编写,并于 2010 年出版了《人、船与海洋的故事》。这本书全面传播船舶与海洋知识,弘扬人类开发利用海洋的丰功伟绩。

这是杨槱院士的第六部关于船舶和海洋科学史的研究著作。6 月 22 日,上海交大在徐汇校区老图书馆会议室隆重举行该书的首发式,以表示对杨槱

院士的崇高敬意。上海交大校长张杰为杨
槱院士的新书出版发来热情洋溢的贺信。
副校长陈刚出席会议并致辞,代表全体交
大师生向杨槱先生表示崇高的敬意。

《人、船与海洋的故事》一书以重大海
洋历史事件为主线,介绍了人类进军海洋
的历程,描绘了一幅人类征服海洋、发现新
大陆、人类迁移与文明交融、船舶技术发展
的历史长卷,展现了人类与大自然斗争的
生动场景。该书以简练的语言叙述了世界
造船业和海上航运业的发展,向读者介绍
了海上贸易、当代海洋运输、海洋探险与科

图 12-3 《人、船与海洋的故事》

学考察、海洋资源开发、海上旅游、海上战争与海军等多方面的内容和知识,
展示了人、船与海洋之间的关系。本书所叙的内容还是比较广泛的,不仅限
于造船、航海、海洋和海军领域,而且还涉及历史、地理、水文气象、地质,甚至
于物理、化学、生物等基础学科。特别是当今迅速发展的电子通信、导航、控
制和计算机技术已广泛地应用于船舶与海洋领域。

从教整整 70 年,他撰写出版船舶与海洋科普书籍,目的是为了弘扬海洋
文化,以增强人们特别是青少年的海洋意识,促进我国海洋事业的发展。杨
院士期待国人尤其是青少年一代热爱海洋热爱船舶,增强我国海上力量,建
海洋大国为海洋强国。这位九十三岁高龄的老人,还在为增强国人的海洋意
识,迎接新的海洋世纪的到来贡献自己的心血和汗水。

赤子之心

2010 年 9 月杨槱获选上海市"光荣与梦想——《走近他们》年度十大人
物",市委宣传部的指导下,由解放日报报业集团、上海广播电视台、东方网联
合举办的宣传活动,旨在宣传进入新世纪以来在上海经济社会新一轮建设发
展的进程中各条战线涌现出的那些具有鲜明时代特征的先进典型,宣传发挥

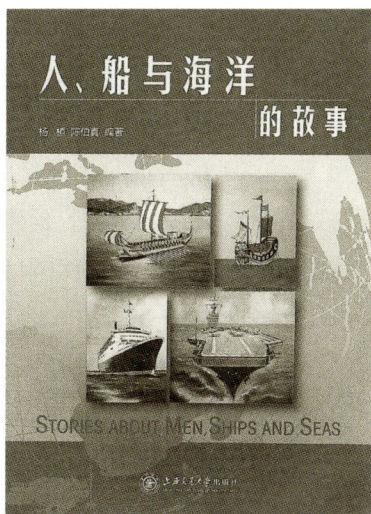

出先进人物的示范引领作用,弘扬上海的城市精神。有学者评论说:"23 岁从英国学成回国后,他就把自己的命运与祖国的造船事业紧紧地联系在一起,如今已年高 93 岁的他虽不再造船,却还在造梦,依然坐在电脑前,围绕船的主题继续他的著述。大国无船,则无海,船成了杨老一生的最爱。作为我国船舶设计学科的开拓者,他进船厂,入高校,求学顶真,最早将现代工程经济的理论方法用于船舶项目的分析评估,并积极倡导计算机辅助船舶设计,成了我国船舶设计学科的开山人。"

2011 年 6 月 15 日,杨楒不顾年事已高,参加了在上海展览中心举行的"上海市党外人士纪念中国共产党成立 90 周年座谈会",中共上海市委副书记殷一璀在讲话中指出:中国共产党走过的 90 年,是经受住各种风浪考验、不断发展壮大、不断开创各项事业新局面的 90 年;是紧紧依靠各党派、各团体、各民族、各阶层和各界人士,为中华民族的独立、解放、繁荣,为中国人民的自由、民主、幸福而不懈奋斗的 90 年;是与党外人士精诚合作、风雨同舟、荣辱与共、肝胆相照的 90 年。杨楒的人生经历,可以说是 90 年来与中国共产党风雨同舟、团结奋斗的真实写照。他 1956 年加入九三学社,1986 至 1996 年连续十年担任九三学社上海市委的主任委员,并曾任八届九届九三学社中央副主席,六、七、八届上海市政协副主席。任职期间他团结带领广大会员,积极履行参政议政、民主协商、民主监督职能,始终与中国共产党同心同德,并在 1997 年以八十高龄,加入中国共产党,可以说是与中国共产党风雨同舟、团结奋斗的旗帜!

2012 年在上海交通大学的网页上推出了"学者笔谈"。此栏目旨在推出一批上海交通大学现任教师中有影响的学者,重点展示他们在人才培养、科学研究、服务社会和文化传承与创新等方面的观点和见解、思路和做法及理论和实践,旨在弘扬科学精神,激荡人文情怀。10 月,专栏推出了杨楒撰写的《耄耋抒怀》,在文中他简要回顾了自己的学习工作经历,并总结说:"我始终坚持'干一行,爱一行'的原则,只要国家需要,我愿意工作在任何岗位,我认为,只要全力以赴,坚持不懈地努力、学习、工作,一定能为国家做出一些贡献。而且从事不同类型的工作,接触不一样的人和物,遇到并解决不一样的难题,可以有效地拓展一个人的知识面,也让自己的能力变得更加全面"。他还语重心长地谈了对当代中国船舶发展的建议："造船业涉及到的不仅仅是'产'和'造'，还需要'学''研'和'用'。要研究合适、高效的造船技术，要学习其他学科的优秀方法，将这些技术、方法综合应用到生产中去，才能给予造船业良性的促进。虽然目前我们国家作为世界造船大国，年造船量和接受订单都处于世界的最前列，但是就造船技术而言，与美、俄、德、韩、日等造船强国相比，还是有不小差距。我相信：只要产学研用四方精诚合作，一定能研发出更先进更具竞争力的造船技术和管理手段，将人力、材料、资源的使用量降到更低，并且提高劳动生产效率，更有优势地与其他国家竞争，实现造船强国之梦。"

2013 年 4 月，交通大学校庆活动期间，杨槱的学生"辽宁舰"总设计师、交大 1963 届校友朱英富荣院士回母校参加校庆，向交大赠送了一份特殊的礼物——"辽宁舰"模型。他亲临会场，与党委书记马德秀、校长张杰代表学校接受赠礼。获悉自己指导的研究生作为中国第一艘航空母舰的总设计师，在没有设计图纸，没有规范，没有经验的情况下，完全按照新船研制的流程，从方案设计到技术设计再到施工设计，通过八年的努力，把瓦良格号这座烂尾楼建成具有较强作战能力的航空母舰——辽宁号，杨槱由衷地感到高兴，自 1945 年作为"海军志愿服务团"的一员，赴美学习并监造航空母舰，60 多年过去了，中国人终于有了自己的航空母舰并为中华的腾飞保驾护航！

同年 9 月，杨槱获得第三届"上海市教育功臣"奖。此奖创设于 2002 年，上海市政府为促进教育事业发展，表彰在教育教学、教育科研和教育管理工作中作出突出贡献的优秀教育工作者，设立"上海市教育功臣"荣誉称号制度，该奖每 5 年评选一次，每届评选 10 名，由市政府发文表彰。上海市委书记韩正在会见这十位教育功臣时深情地说："你们是全市教师队伍的楷模，是大家学习的榜样，感谢你们为国家、为社会作出的贡献。"杨槱回应说"国家强大靠的是教育！"并表示，"要活到老、学到老，尽自己所能，为国家民族的教育事业作贡献。"不久，他就将其获得的"上海市教育功臣"奖金 20 万元人民币无偿赠与上海交通大学教育发展基金会，用于支持教育事业，鼓励交大优秀学子努力学习，投身国家重要行业，为祖国发展作出贡献。当然这不是杨槱第一次为资助教育事业慷慨解囊，为何这样做？他曾总结说："我早已经进入共产主义了，我吃什么都有，穿也足矣！我的钱都是国家给的，多了没用，哪里来还到哪里去,我这是还给学校还给社会,能为教育事业尽绵薄之力。"简短的话语,道出了一个德高望重的学者为国家民族教育事业发展鞠躬尽瘁的赤子情怀!

2014年开始,杨槱先生大部分时间住在华东医院,尽管走路不如以前灵活,但身体依然健朗,思维依旧清晰,节假日期间,上海市人大常委会副主任、上海交通大学党委书记姜斯宪、党委副书记胡近等校领导以及船舶海洋和建筑工程学院的党委书记张卫刚等老师赴家或者华东医院多次代表学校、学院看望杨槱,并送上慰问祝福。

图 12-4 2014年1月上海市教卫工作党委副书记虞丽娟在上海交通大学党委副书记胡近的陪同下看望杨槱

2016年,10月14日,全国政协副主席,九三学社中央主席韩启德致信祝贺杨槱生日,在贺信中他说:"饱经沧桑一百年,风云变幻愈坚贞。您的生命在年富力强时栩栩生辉,在耄耋暮年时更加壮志高风。您热爱祖国,淡泊名利。尊重科学,热爱真理。精心育人,为人师表。您不论学问还是品德,都是所有九三人学习的榜样!"

中共上海市委常委、中共市委统战部部长沙海林和九三学社中央副主席、上海市副市长、社市委主委赵雯也先后前往华东医院看望杨槱,表达对他的关心和祝福。10月17日下午,船建学院党委书记张卫刚、船舶与海洋工程系主任汪学锋及部分教师代表赴华东医院为杨槱院士庆生,校党委书记姜斯宪特委托学院领导为杨槱送上生日贺卡和祝福。

图 12-5　2016 年 10 月中共上海市委常委、中共市委统战部部长沙海林和九三学社中央副主席、上海市副市长、社市委主委赵雯前往华东医院看望杨院士并庆贺生日

张卫刚代表船建全体师生恭祝杨院士百岁寿辰快乐,祝杨院士日月昌明、松鹤长春。张卫刚向杨院士介绍了学院的近况,他表示,学院现在的成绩是在杨院士为代表的老一辈打下的基础上取得的;杨先生怀着对国家教育事业、对党的深厚情感,顽强拼搏。退休之后仍笔耕不辍、著书立作,出版多本书籍;耄耋之年仍心系教育,倾囊奉献,设立杨槱奖学金帮助贫困学子;杨先生对党、对学校和船舶学科的发展做了不可磨灭的特殊贡献,于 2013 年获得上海市教育功臣。张卫刚表示,杨先生身上展现出的四种精神品质尤为值得后辈们学习:一是政治素质,杨先生的名字和血液中都流淌着中国共产党人的坚韧品质,他一生向党,始终向党靠拢;二是科学素质,他对船舶的热爱和执着使他取得了卓越成就;三是为人态度,他平静不争、乐观开朗,始终与人为善;四是生活态度,他生活节俭、平淡简单,方能健康长寿。

杨院士对学校和学院的关心表示感谢,他心情愉悦、精神矍铄,深情述说:"我这一生的经历很复杂,但觉得非常自豪。回顾党和船舶的发展历程,船舶的发展是与国家命运紧密相连的。我一直关心时事,现在每天阅读四份报纸,对国家的发展和现状表示欣慰,国家的发展和强盛给我们提供了更多可以为之效力的机会。海洋工程要立足国际形势、国家战略,始终要把把国家建设成海洋强国作为自己的使命。看到有这么多为了学船、造船积极上进的青年人,我非常开心,相信我们国家的造船业会越来越好,国家也会越来越好。"

一位百岁的造船巨匠,依然与时俱进,憧憬着中国的海洋强国之梦!

结　语

　　良好的家庭教育,使杨槱从小就养成了积极进取、踏实认真、勤俭朴实的作风。小学中学读书期间,辗转南北,使他对船舶产生兴趣,促使他赴英国读大学时选择了造船专业。在格拉斯哥大学读书期间,一方面他刻苦学习理论知识,另一方面积极参加造船实践活动,从最基本的放料工作到船舶总体设计,每一个环节他都认真学习,一丝不苟。这种理论与实践紧密结合的良好学习和工作态度,为他日后的学术发展奠定了坚实的基础,这种优秀的作风可以说贯穿了他日后工作的每一个发展阶段。

　　杨槱在格拉斯哥大学获得一等荣誉学士学位之后,正值全面抗战爆发之后,他放弃在国外工作的机会,依然决然地绕道香港、越南回到遍地烽火的祖国。先在昆明同济大学机械系造船组任教,后入民生造船厂从事造船工作,他不惧困难,深入实践探索,对川江航船的船型及快速性、稳性都做出了深入的研究,指明了川江船舶容易翻沉的问题,得到了船舶界学术同行的一致认可和好评,为支援抗战运输做出了自己的独特贡献。

　　他进入交通大学重庆校区造船系任教不久,他又受邀参加马德骥所办的"中国海军造船人员赴美服务团",先后参观了美海军在东海岸的诺福克、费城、纽约和波士顿4个海军造船厂,并在费城军官学校中的"船舰损害管制中心"学习3周,又在纽约"舰船施救打捞学校"学习1个月。其后,他被分配到费城海军造船厂，以助手身份协助一上尉监造官监造一艘埃塞克斯级航空母舰，每到一处，都认真学习，不断汲取新知。

1949年解放前夕，他只身一人，离开马尾返回上海，等待解放。新中国成立后，根据工作需要，他先后任同济大学造船系教授，后又被聘任到大连任新建船厂的筹建工作，不久又被调到中苏造船公司(现为大连造船厂)任副总工程师。在与苏联专家合作的同时，他坚持自己的思想原则，坚持走中国人自己的道路，维护了国家的利益。

自1950年代重返交大任教之后，他一如既往地勤奋工作。1960年他主持制定了中国第一部《海船稳性规范》，初步改变了中国以往无此类规范的局面。以此为基础，他还提出了相关研究课题进一步推动了我国船舶稳性的研究。1962年他编写了《船舶静力学》教材及配套习题集和课程作业指导书，此书一版再版，曾作为中国高校船舶专业普遍采用的教材。他还撰写了《中国造船发展简史》，在中国造船工程学会年会上发表，率先开创了中国船史研究事业，并应用于教学实践活动中。1960年代初，他积极追踪造船界的学术研究前沿问题，选择"被动式减摇水舱"课题，并率先招收研究生，和学生一起共同探索。中国第一艘航母——辽宁舰的总体设计师朱英富院士就是他当时指导的研究生。

文革期间，他曾被隔离审查，脱离教学科研工作岗位，做过春运纠察员、清洁工、搬运工，到农村和五七干校参加过生产劳动，受到过不公正的待遇。但他从不怨天尤人，而是兢兢业业地利用各种机会继续从事船舶技术研究。帮助设计"山字号"万吨级远洋干货船，翻译美国《浮动钻井装置建造规范》，参与指导35 000吨散货船设计，并编写《散货船设计》教材，与交通部上海船舶运输科学研究所合作完成了5 000吨级近洋经济型干货船设计方案，还率先探索使用电子计算机辅助计算，并运用自编的计算机源程序辅助船舶设计工作。之后完成的"15 000吨级经济型远洋干货船设计方案"和"货船主要要素分析程序"获得学界的一致认可和好评。

改革开放以后，海洋强国战略提到仪式日程。他积极影响国家的号召，在继续探索船舶技术的同时，积极参与国家海洋发展事业，先后担任中国海洋学会常务理事、中国海洋工程学会副理事长，并积极参加相关学术活动，为国家海洋事业发展建言献策。主持召开"离岸工程与海洋资源开发技术学习讨论会""海洋能源利用学术座谈会"等学术会议，并任上海市"海洋开发专题组"组长，完成了"上海海洋石油开发调研、预测论证报告"，担任《海洋工程》编委会副主任。

1980年，当选为学部委员(后称院士)之后，他没有停止学术探索的步伐，继续倡导、组织计算机船舶设计的研究并出版了教材，编制了一系列有关船体线型设计和船舶性能计算的计算机程序，并得到广泛应用，指导学生、同事在国内外学术期刊发表相关研究成果，积极参加国际、国内学术会议，在船史研究方面创建了中国造船工程学会船史研究会，创办了《船史研究》杂志，极大地推动了中国船史的研究工作。

尤为值得称道的是，在国内，他首创了造船经济学，被誉为"工程经济第一人"。自1980年代以来，他指导研究生应用现代工程经济学和运筹学的理论和方法对沿海和长江的煤炭、石油运输，集装箱运输和渔业捕捞船队进行技术和经济评价，解决了水运和渔业系统的船型分析和船队规划问题。他领导团队创造性地应用现代预测技术、运筹学、统计学和系统分析等方法，对船舶、港口、航道、海上气象、运营操作、运营成本等不确定因素进行动态模拟分析，相关的多项研究成果，被国内同行专家评为首创。

在担任九三学社上海市委员会主任委员、上海市政协副主席、九三学社中央副主席等职务期间，他积极参政议政，建言献策。向全国人大提出的对"渤海二号"钻井平台进行科学调查的提案被采纳，提出"长江三角洲地区经济发展要走合作道路"的提案，收到全国政协和国家相关部门的高度重视。对上海港的建设和中国船舶等也多次提出了合理化建议。

1997年6月，他以80岁高龄加入中国共产党，实现了多年追求进步、真理和正义的心愿。也充分体现出了他与中国共产党肝胆相照、风雨同舟的高尚品格。同年，他捐赠10万元作为加大船舶与海洋工程学院的奖学金，奖掖后学。

获得资深院士之后，他继续一如既往地关注中国的船舶、海洋发展事业。通过著书立说传播普及船舶及海洋历史文化知识，八十高龄出版了自传《一个造船者的自述》，以极为朴实的语言，阐释了一个造船大师的成长历程。

耄耋之年，他先后出版《轮船史》《帆船史》《郑和下西洋史探》《大航海时代》《人、船和海洋的故事》等著作。在以船舶和海洋为主题的不少研讨会上，他继续为船舶海洋事业的发展建言献策。

2013年9月，他将其获得的"上海市教育功臣"奖金20万元人民币无偿赠与上海交通大学教育发展基金会，用于支持教育事业，鼓励交大优秀学子努力学习，投身国家重要行业，为祖国发展作出贡献。

高山仰止、景行行止。他的爱国敬业、淡泊名利、勇于探索、无私奉献的精神必将鼓舞我们在实现"中国梦"的伟大征程中勇往直前！

附录一　杨樀年表

1909 年,杨樀父亲杨宗炯考取京师大学堂预备科第一类。

1911 年,辛亥革命。京师大学堂停办,杨宗炯约于此年前后认识孙炳文,并加入同盟会,并在京师大学堂停办后滞留北京。

1912 年 5 月,京师大学堂改名为北京大学校并恢复上课,严复任校长。10 月,杨宗炯北京大学预科第一类毕业。

1913 年,杨宗炯仍在北京,以家庭老师为兼职。

1914 年 3 月,杨宗炯临时充任北大预科班英文书记。是年,杨宗炯入读北大法本科法律门。约于此年前后结识同乡郭定森、郭定保,并通过郭定森介绍,迎娶其妹郭定权。

1917 年,杨樀 1 岁。杨宗 10 月 17 日,杨樀生于北京。杨宗炯从河北三河县请来一位王姓奶妈照管杨樀。炯仍在北京大学学习。

1918 年,杨樀 2 岁。杨宗炯北京大学法本科法律门毕业,平均成绩 79.5 分,并列 26 名。毕业后携郭定权、杨樀前往广东,支持护法运动。5 月,孙中山辞去军政府海陆军大元帅一职;6 月,避居上海法租界。

1919 年,杨樀 3 岁。2 月,杨宗炯随胡汉民前往上海参加南北和平会议,任秘书。

1920年,杨槱4岁。孙中山恢复广东军政府,此时杨宗炯或亦跟随胡汉民等人回粤。

1921年,杨槱5岁。5月,孙中山在广州任中华民国正式政府非常大总统。杨宗炯或于是年前后担任广州大理院推事。

1922年,杨槱6岁。6月,陈炯明叛变,围攻观音山总统府,孙中山乘永丰舰脱险,辗转前往上海。杨宗炯或有跟从,此年前后曾带同杨槱回江苏句容老家。

1923年,杨槱7岁。3月,孙中山在广州成立陆海军元帅大本营。是年,杨槱入读初小一年级,上学前的杨槱学名为孙炳文所起。

1924年,杨槱8岁。5月,广东大学成立。杨槱所读小学改名为广东大学附属小学。

1925年,杨槱9岁。6月,广州发生沙基惨案,尚在读初小三年级的杨槱参与了第二天的大游行。是年,杨槱所读小学改名为中山大学附属小学。

1926年,杨槱10岁。7月,北伐开始,杨宗炯任总司令部少将经理处长。11月,广州国民政府迁往武汉,杨宗炯此时任武汉卫戍司令部执法处长,后杨母郭定权携杨槱乘坐"飞虎"轮和"凤阳"轮,由广州经上海前往武昌。杨槱入读武昌模范小学。

1927年,杨槱11岁。4月,蒋介石发动"四·一二反革命政变",宁汉分裂,孙炳文在上海被害。9月,宁汉合流,杨宗炯此时已调任南京,杨家举家前往,杨槱于南京一家私塾式的简易小学就读数月。

1928年,杨槱12岁。入读南京中学实验小学高小一年级。12月26日,杨宗炯改任南京市土地局局长。

1929年,杨槱13岁。在南京中学实验小学,读高小二年级。

1930年,杨槱14岁。在私立金陵大学附属中学春季始业,读初中一年级。因跟不上英语课程,杨宗炯聘请家庭教师为杨槱补习。

1931年,杨槱15岁。5月,宁粤对峙,杨宗炯前往广东。杨槱于金陵中学读初中二年级,曾参加英语朗诵竞赛。

1932年,杨槱16岁。1月,西南政务委员会在广州成立,杨宗炯任委员。"一·二八"淞沪抗战爆发,期间杨槱滞留上海。3月,战事平息,杨槱与母亲乘"麦金利总统"号前往香港,转坐省港班轮"东安"轮到广州。暑假参加培正中学初中毕业会考补习班后参加会考,暑假后入读私立培正中学校高中一年级,选读教育科。

1933 年,杨槱 17 岁。仍就读于广州培正中学高中。6 月,东北海军总司令沈鸿烈下属"海圻""海琛""肇和"三舰背沈南下,投靠粤系军阀陈济棠。三舰停泊广州,为当时大事,杨槱因父杨宗炯的关系,得以目睹相关海军资料。暑假,乘坐赴上海运衣物、书籍等。暑假后,升读高中二年级。于本年末或次年年初撰写《广东造船简史》,作为学年论文。

1934 年,杨槱 18 岁。仍就读于广州培正中学高中。于是年前后前往培正开办的"贫民小学"实习,担任国文老师。暑假后,杨槱升读高中三年级,选读理科。于本年末或次年年初撰写《论法西斯主义》,作为学年论文。

1935 年,杨槱 19 岁。1 月,国文老师、共产党员陈黄光被害,杨槱与同学深切悼念。7 月,杨槱参加高中毕业会考后,以平均 71.64 分于培正中学 1935 级觉社毕业。10 月,乘意大利客船"康梯·凡尔地"号前往威尼斯,后转乘火车和渡船,经德国慕尼黑、荷兰鹿特丹、英格兰哈威奇港,于 11 月到达苏格兰首府爱丁堡。年末,准备苏格兰地区大学的入学英语考试。是年,杨父宗炯于广州地方法院任上。

1936 年,杨槱 20 岁。到爱丁堡大学旁听数学、物理、化学和热工学等 4 门课,学期考试成绩优秀。3、4 月间,通过英语考试,被格拉斯哥大学工学院录取。暑假,参加新生夏令营。10 月,成为大学一年级学生。杨父宗炯于是年末次年初任国民政府监察院审计部总务处处长。

1937 年,杨槱 21 岁。年初,仍为格拉斯哥大学大一学生。夏,以学徒身份进入格拉斯哥西区克莱德霍姆(Clydeholm)地方的巴克莱柯尔造船厂(Barclay Curle),在放样间实习。10 月,升读大学二年级。

1938 年,杨槱 22 岁。年初,仍为格拉斯哥大学大二学生。夏,在巴克莱柯尔造船厂船木工车间实习。10 月,升读大学三年级。是年,杨槱当选为大学工程学会理事。

1939 年,杨槱 23 岁。年初,仍为格拉斯哥大学大三学生。因西班牙政府军抗击佛朗哥政变失败,杨槱与大学同学一同慰问国际纵队战士。夏,在巴克莱柯尔造船厂船舶设计室实习,参观比利斯伍德(Blythswood),斯科特父子(Scott and Sons),殷格里斯(A&J Inglis)造船厂。9 月,英国对德国宣战,"二战"全面爆发。10 月,升读大学四年级。是年,杨槱当选为工学院学生代表。

1940 年,杨槱 24 岁。3 月,以一等荣誉学士毕业,获理学学士文凭。4 月底到 5 月初,经法国前往意大利,乘船返国,同船有国军将领贺耀祖。辗转由香港经越南到达昆明。5 月底或 6 月初,开始于同济大学机械系造船组任教。暑假期间,到贵阳、江津见双亲弟妹。后往重庆民生机器厂。是时,杨宗炳已由监察院审计部审计,转任贵州审计处处长。

1941 年,杨槱 25 岁。上半年,完成"民万"轮由烧油改为烧煤的改装设计完成,获好评,并因此被任命为民生机器厂副工程师。冬,杨槱从民生机器厂辞职,转到重庆商船专科学校教书。是年 2 月,杨宗炳改任四川审计处处长。

1942 年,杨槱 26 岁。年中,重回民生机器厂,并被聘为工程师,跟从叶在馥编制制造 1 000 万吨船舶计划,同时在重庆商船专科学校兼课。

1943 年,杨槱 27 岁。仍于民生机器厂任工程师。年初,写成第一篇专业论文《川江船型之检讨》。2 月 1 日,中国造船工程学会成立,杨槱由于大学毕业后工作年数不足 5 年,成为学会"仲会员"。5 月,杨槱所在的重庆商船专科学校因学潮停办。9 月,重庆商船专科学校由交通大学接办,改为造船系和轮机与航海两个专修科,杨槱被聘为造船系副教授。

1944 年,杨槱 28 岁。仍于民生机器厂任工程师,并在交通大学造船系任教授。年初,在中国造船工程学会年会上发表《川江枯水船的稳性》。是年,杨槱与黄玉岚结婚。11 月,以少校军衔参加马德骥所办的"中国海军造船人员赴美服务团",从重庆乘飞机经昆明到达印度,经中东、北非和南美到达美国。

1945 年,杨槱 29 岁。年初,在美国海军部舰船局安排下参观了美海军在东海岸的诺福克、费城、纽约和波士顿 4 个海军造船厂,后在费城军官学校(Officer School)中的"船舰损害管制中心"(Naval Damage Control Training Center)学习 3 周,又在纽约"舰船施救打捞学校"学习 1 个月。其后,被分配到费城海军造船厂,由监督官弗里斯特(Forest)指导培训工作,结业后以助手身份协助一上尉监造官监造一艘埃塞克斯级航空母舰。8月，以助手身份协助一少校监造官监修"小石"号（Little Rock）巡洋舰。9月3日，日本无条件投降，造船厂大部分项目停工。

1946年，杨槱30岁。2月，由旧金山乘船返国，任海军江南造船所造船工程师。5月，因同在英国留学的夏新罗致，调往海军青岛工厂，任工务课课长。6月1日，海军青岛工厂更名为海军青岛造船所。

1947年，杨槱31岁。仍于青岛造船所工作，主持建造340吨钢骨木壳蒸汽机货船"天运"号，试造的操舵机于试航时失灵，发生意外，一个月后修复。是年5月，杨宗炳改任上海审计处处长，6月，又改任江苏审计处处长。

1948年，杨槱32岁。年初，调任上海海军机械学校教务组组长。4月下旬，因交通大学教授王公衡出国参会，代其在交通大学兼课并指导毕业设计。暑假后，应聘为同济大学造船系教授，讲授"船舶原理"与"实用造船学"课程。7月，中国验船协会成立，杨槱任技术委员会委员，组织翻译英国验船协会（British Corporation）规范，作为中国规范的蓝本。10月，当选为中国造船工程学会理事。12月，参加"江亚"轮失事调查委员会，后因战事紧张，调查工作停顿。

1949年，杨槱33岁。3月下旬，随海军机械学校离沪前往福建马尾。4月，借口回沪办理私务，离开马尾返回上海，等待解放。5月27日，上海解放，杨槱得到解放军代表同意，任同济大学教授，暑假后任造船系主任。6月20日，"中国船舶修造技术工作者协会"（简称"船协"）成立，逢周二晚举行讲座，杨槱连续3周讲授"船舶打捞之技术"。11月中旬，随叶在馥前往大连，任旅大行政公署工业厅造船工程师，准备参与大连造船厂建厂事宜。是年下半年，杨宗炳参加中国国民党革命委员会，任南京市民革副主席。

1950年，杨槱34岁。年初，任大连造船厂建厂委员会工程师、公务处长。夏，赴北京参加第一次科学技术代表大会。6月，朝鲜战争爆发，大连造船厂建厂工作停顿，杨槱留守待命。

1951年，杨槱35岁。为朝鲜战场前线设计舟桥、改民用渔船为武装渔船等任务，与叶在馥等编写英汉对照《船舶名词》。11月，调往大连船渠工作。

1952年，杨槱36岁。年初，中苏造船公司成立，杨槱任副总工程师，修理多艘苏联船只,并负责工人的劳动工资、安全保护和技术培训。冬,往朝鲜战场协助建立鱼雷快艇维修基地,并协助造船厂把110千瓦拖船改装为武装巡逻艇。

1953年,杨槱37岁。1至10月,仍于中苏造船公司任副总工程师。是年,以156个苏联重点援建项目为主导的第一个五年计划展开,11月,杨槱参加其中一个项目——葫芦岛第一造船厂(后称渤海造船厂)筹建工作。

1954年,杨槱38岁。1—3月,帮助第一造船厂筹备处编制建厂计划任务书。4月,调任大连工学院,在机械系造船组的基础上成立造船系,任系主任。同时,规划筹建大连造船学院。11月,国务院决定把大连造船学院改为在上海成立。

1955年,杨槱39岁。1月,与大连工学院造船系的教师20余人,连同家属,由大连前往上海。2月,大连工学院造船系与交通大学造船系合并,杨槱任交大副教务长,同时筹建上海造船学院。冬,参加"民主十号"试航。是年7月,国务院决定将交通大学自明年起内迁至西安,造船系参加即将成立的上海造船学院建校。

1956年,杨槱40岁。春,仍为交通大学副教务长,与苏联专家普拉夫金到广州参观调研;加入九三学社,后被选为上海市委员会委员和市人大代表。9月,上海造船学院成立,杨槱任学院教务长。是年,杨槱编写《船舶概论》教材。

1957年,杨槱41岁。上半年,仍为上海造船学院教务长。是年春,整风开始,交通大学展开迁校大讨论。秋,国务院决定将交通大学分设西安部分和上海部分,上海造船学院并入上海部分,杨槱任交通大学教授、副教务长。完成《对造船高等教育的一些意见》一文,于造船工程学会宣读并讨论。约于是年完成《远洋货船船员居室布置》。

1958年,杨槱42岁。3月初,任交通大学上海部分新成立的"船舶产品设计研究室"主任。7月,参加与交通部长江航运管理局合作的大运河船队阻力与航速试验。年末,带领1959届毕业生进行15 000吨自卸式运煤船初步设计。是年,"大跃进"正式开始。

1959年,杨槱43岁。2月,主持制订《海船稳性规范》。3月,带领毕业生进行的15 000吨自卸式运煤船初步设计完成,经多部门评审后获得好评。

11月，上"和平24"号观察沿海煤运作业。编写《中国交通工具史》中船舶史的近现代部分。杨槱约于是年前后任上海交通大学教务长。

1960年，杨槱44岁。年初，《海船稳性规范》制订完成，并为配套的专刊撰写《关于船舶稳性研究》。5月，带领上海交通大学师生上干货船"和平59号"搞技术革新。

1961年，杨槱45岁。教授"船舶静力学"课程，翻译苏联天山斯基《船舶静力学》（未正式出版）。是年，上海交通大学改属国防科委，因保密需要，船舶制造系代号"一系"。

1962年，杨槱46岁。7月，担任上海交通大学船舶制造系主任。编写《船舶静力学》教材及配套习题集和课程作业指导书。主持编写新一版《船舶概论》；撰写《中国造船发展简史》，在中国造船工程学会年会上发表。

1963年，杨槱47岁。参加国家船舶科研计划的制订，负责船舶力学部分的规划，开始指导第一个研究生顾树华。

1964年，杨槱48岁。利用轮休的一年时间，充实数学和力学基础，请孙薇荣、江秋涛和柳康宁3位青年教师帮助补习高等数学、理论力学和流体力学的基础理论，后因业务关系，8个月后被调离。

1965年，杨槱49岁。开始参加上海交大船制系水面舰艇教学工作，指导毕业设计。5月初，带领船制系学生，与浦东海军船厂合作设计巡逻艇，即后来的"沄州"号。11月，担任万吨下货船"东风"号技术鉴定组成员。

1966年，杨槱50岁。1月，参加船舶政策会议，讨论外贸运输用国产船舶还是购买、租用外国船舶，船的使用年限等问题。3月，承担撰写《工业技术史》中船舶史帆船部分任务；5月22—24日，期间作帆船航行。11月，到奉贤丁夏八队参加"三秋"劳动。是年，"文化大革命"开始。

1967年，杨槱51岁。2月，到火车站去担任纠察，维持"春运"秩序。6月再次到奉贤参加"三夏"劳动两周。10月，编写"船舶的抗沉性"讲义，由于被认为是"反动学术权威"，并不出面讲授，只负责教学辅导和批改作业。

1968年，杨槱52岁。春，全国"清理阶级队伍"工作开始，杨槱被列为重点隔离审查的对象之一，与学生同住在集体宿舍中接受隔离审查。

1969年，杨槱53岁。春，于"半隔离"状态下进行学校围墙和游泳池建设,打扫工宣队宿舍卫生等劳动。夏,到青浦县的一个生产队参加"三夏"劳动,期间观察摇橹船只,撰写《橹——有效的船舶推进工具》论文,后原稿遗失,并未发表。10月,"林副主席第一号命令"发布,杨槱疏散至奉贤县光明公社的光明中学,在厨房劳动10个月。

1970年,杨槱54岁。9月,被派往虹桥路防空洞建筑工地,做过推运水泥、骑三轮车运送饮用水等工作。11月,到浦东的上海造船厂参加生产劳动,与船制系一众师生一起帮助设计"山字号"万吨级远洋干货船。

1971年,杨槱55岁。冬,受上海远洋运输公司和船舶检验局上海分局委托,计算检验"风光"轮的稳性,此时杨槱已使用电子计算机辅助计算。撰写完成《关于万吨级远洋货船的主要尺度》和《关于万吨级远洋货船的稳性问题》两文(后丢失)。

1972年,杨槱56岁。8月,翻译美国《浮动钻井装置建造规范》。11月,于安徽凤阳上海交通大学五七干校第二期学习。冬,参加《海船载重线规范》制订。

1973年,杨槱57岁。5月,为设计新型沿海客货船而登上"长征"号考察,后完成初步设计。8月,应大连造船厂邀请,参加24 000吨原油运输船扩大初步设计评审会议。9月,参与指导35 000吨散货船设计,并编写《散货船设计》教材初稿(并未出版)。10月,前往大连,参加大连—烟台线客货船评审会议;同时访问大连造船厂。12月,参加《海船稳性规范》研讨会。是年,杨槱编撰了包括《军舰发展史》在内的各种教材章节和介绍文章。

1974年,杨槱58岁。秋,参加《船舶名词术语》的制订工作,到长江沿线的船厂、科研设计单位和高等院校进行调查研究,广泛征求有关方面的意见。

1975年,杨槱59岁。3月,与张德洪等共同开发设计5 000吨近洋经济型干货船,(其首制船为1979年之"红旗173"号),为此前往福建福州、泉州、厦门,广东汕头、广州等港作实地调查研究。在泉州期间,考察了泉州湾宋代海船,约于是年或稍后写《对泉州湾宋代海船复原的几点看法》。4月至9月,完成5 000吨近洋经济型干货船方案设计,并于10月前往广东中山参加评审会议。是年,杨槱开始运用自编的计算机源程序辅助船舶设计工作。

1976年,杨槱60岁。开发设计15 000吨经济型远洋干货船,期间编写了的"货船主要要素分析程序"。是年,"四人帮"被粉碎。

1977 年,杨槱 61 岁。3 月,在 15 000 吨经济型远洋干货船设计方案的评审会议报告主要尺度的选择和确定部分,获得好评。11 月 13 日,被上海交大推荐为上海市科学大会拟表彰的 13 名先进科技工作者之一。

1978 年,杨槱 62 岁。3 月,参加全国科学大会。9 月,以中国海洋科学代表团副团长身份参加在日本东京举行的第五届国际海洋开发会议,重点讨论海洋石油开发。是年,中国船舶展览会在上海举行,杨槱担任管理工作;与张仁颐于《上海交通大学学报》本年第 1 期上发表论文《多用途干货船主要尺度的确定和经济论证》。本年,中共十一届三中全会召开。

1979 年,杨槱 63 岁。冬,中国海洋学会成立,任常务理事;中国海洋工程学会成立,任副理事长。是年,参加并完成"海洋货船设计集成程序"研发项目,负责干货船船型论证及主要尺度的确定、船体型线设计、静水力性能计算等 3 个子模块的研制。

1980 年,杨槱 64 岁。春,于五届人大三次全体会议上提交查明"渤海二号"钻井平台翻沉事故原因的提案。2 月,被六机部任命为镇江船舶学院副院长,5 月,撰写《关于船型经济论证的几个问题》专题论文,以说明计及资金时间价值的重要性。年底,当选为学部委员,后改称院士。是年,编写教材《工程经济在船舶设计中的应用》。

1981 年,杨槱 65 岁。9 月,撰写《运输船舶发展史》。11 月 3 日,经国务院批准,成为上海交大第一批 12 名博士生导师之一;9—21 日,在广州主持召开"离岸工程与海洋资源开发技术学习讨论会。"11 月 31 日—12 月 3 日,主持召开"海洋能源利用学术座谈会"。本年秋,被六机部聘为"计算机辅助船舶报价系统"科研协调组顾问。是年,与秦士元、胡毓达于《中国造船》本年第 1 期上发表《干货船主要尺度的最优化计算》。

1982 年,杨槱 66 岁。赴伦敦参加首届国际船舶系统设计会议,并访问剑桥大学,与李约瑟会面。

1983 年,杨槱 67 岁。春,上海市科委组织编制"上海市科技优先发展领域十五年规划",海洋石油与水产资源的开发也被列为优先发展领域,并成立了"海洋开发专题组",杨槱担任组长,半年后完成"上海海洋石油开发调研、预测论证报告"。9 月，与张钧、程明道在造船与海洋工程新发展讨论会上发表论文《单桨船有效功率估算方法的一些考察》(杨槱为第三作者)。10 月 10 日，于《文汇报》上发表文章《郑和宝船究竟有多大》。参加造船工程学会船史学组在扬州举行的关于郑和宝船的讨论会。中国海洋学会学报《海洋工程》创刊，发表《海洋开发和海洋工程》。于造船工程学会成立 40 周年时作《中国船舶工程四十年》报告。

1984 年，杨槱 68 岁。开展"磷酸贮存和运输"和"散装水泥运输方案"课题研究。开始招收博士研究生，并在教研室范围内组织"文献学习研讨会"，追踪国际学术动态。

1985 年，杨槱 69 岁。春，中国海洋学会组织"海洋开发战略研究"。6 月，于《郑和下西洋论文集》中发表论文《郑和下西洋所用的船舶》。11 月，于中国海洋工程学会第二次代表大会暨海洋开发战略研讨会上报告"海洋开发工程的经济论证""我国海洋开发现状"和"世界海洋开发的趋势"，最后一篇被编入《我国海洋开发战略研究论文集》中。是年，出版教材《计算机辅助船舶设计》；任《船史研究》顾问，并于中国造船工程学会船史研究会第三次学术讨论会上发表论文《早期的航海活动和帆船的发展》；与裴泳铭、张仁颐、仰书纲在《中国造船(英文版)》上发表论文《计算机辅助船舶设计在中国的进展》，在《船舶与海洋工程》本年第 8 期上发表论文《漫谈海洋开发与海洋工程》，在《舰船知识》本年第 8 期上发表论文《突飞猛进的海洋工程》。

1986 年，杨槱 70 岁。任《海洋工程》编委会副主任。江南造船厂建厂 120 周年，作"我国海洋石油开发的现状与展望"报告。在《船史研究》本年第 2 期上发表论文《郑和下西洋宝船的进一步探索》。

1987 年，杨槱 71 岁。以顾问委员会成员身份赴美国休斯顿参加近海力学和极区工程国际会议。10 月 1 日，出席上海市中医文献馆举行"继承整理老中医学术经验授奖表彰大会"。

1988 年，杨槱 72 岁。在《重庆造船》创刊号上发表论文《回忆抗日战争时期的重庆造船》，在《叶在馥先生诞辰一百周年纪念专刊》上发表《缅怀叶在馥老师》。与李湛在《中国航海》本年第 1 期发表论文《江海直达船的适航性与经济性》(杨槱为第二作者)。

1989 年,杨槱 73 岁。6 月 30 日,与李湛、秦士元在《上海交通大学学报》发表《集装箱江海直达运输技术经济论证》。7 月 2 日,在《海军工程学院学报》发表论文《第二次世界大战期间的舰船损害管制训练》。10 月,与李湛在美国《海洋技术》(*Marine Technology*)本年第 4 期上发表论文《长江外贸江海直达集装箱运输的系统分析》(System Analysis of River — Sea Container Transportation for Overseas Trade in Yangtze Valley,杨槱为第二作者)。于本年出版的《蓬莱古船与登州古港》一书中发表论文《山东蓬莱水城与明代战船》;于本年出版的《长江船型开发研究论文集》上发表论文《长江船型的回顾与展望》。

1990 年,杨槱 74 岁。3 月,作为上海、大阪两市交流学者,前往日本大阪府立大学,作《上海的交通运输系统》(The Transportation System of Shanghai)学术报告。7 月 2 日,与李湛、秦士元在《中国航海》发表《近海与长江之间集装箱航运船队的发展研究》(杨槱为第二作者)。10 月 28 日,在《系统工程理论与实践》发表《长江中下游外贸集装箱江海运输系统分析》(杨槱为第二作者)。12 月,与李湛在荷兰《国际造船业进展》(*International Shipbuilding Progress*)本年第 4 期上发表论文《长江与海滨港口集装箱船队开发之研究》(Research on the Development of Containership Fleets Among the Coast and the Yangtze River Ports,杨槱为第二作者)。

1991 年,杨槱 75 岁。12 月,于"世界帆船史国际学术讨论会"(International Sailing Ships History Conference)上发表论文《对研究古帆船的一些意见》(On Study of Ancient Sailing Ships)。在《江南船舶设计》本年第 2 期上发表论文《对船舶设计的回顾与展望》;与李湛在英国《皇家造船师学会会刊》(*Transactions of the Royal Institution of Naval Architects*)本年 B 部分上发表论文《长江与近洋运输的集装箱船队开发》(Development of Containership Fleets for the Yangtze River and Short Sea Transportation,杨槱为第二作者);与潘海啸、秦士元于《上海交通大学学报》本年第 4 期上发表论文《优选我国沿海煤炭运输系统特征元素的对策》(杨槱为第三作者)。

1992 年,杨槱 76 岁。3 月,在七届全国政协会议上发言。4 月 20 日,于中科院第六次学部委员大会上发表《对周锦宇一事的初步看法》。9 月,任杉达大学第一任校长;在《上海市科学技术协会高级顾问委员会建议汇编》上发表文章《对上海港建设的几点看法》。

1993 年,杨槱 77 岁。4 月,与谢新连、纪卓尚在荷兰《国际造船业进展》40 卷总 421 期上发表论文《船队计划的非线性程序》(Nonlinear Programming for Fleet Planning,杨槱为第三作者)。10 月,主编的《绘图交通工具词典》由上海辞书出版社出版发行。是年,参加国际海事技术学术会议和展览会。与林焰、纪卓尚、李树范于《中国造船》本年第 4 期上发表论文《船舶主尺度神经优化分析》(杨槱为第二作者)。

1994 年,杨槱 78 岁。5 月,往德国杜伊斯堡参加 15 届船舶技术讨论会,发表《江海直达船的经济性与实用性——在中国进行的一些研究》(Economy and Utility of Ships for River — Sea Through Traffic—Some Studies Made in China)论文。9 月,任"1994 国际内河船舶及航运学术会议"名誉主席。与林焰等人在《中国造船》本年第 3 期上发表论文《油船主船体隔舱划分的神经网络专家系统》(杨槱为第二作者)。

1995 年,杨槱 79 岁。与钱鸿、贾复分别在《中国造船》本年第 2 期上发表论文《渔船编队规划模型》,《船舶工程》本年第 2 期、第 3 期上发表两篇论文《赴多渔场作业的最佳拖网渔船船型》和《渔船有效性的估算与预测》(杨槱均为 3 篇论文的第三作者)。

1996 年,杨槱 80 岁。担任第五届全国内河船舶及航运学术会议名誉主席,并发表《采取有力措施发展内河航运》一文。

1997 年,杨槱 81 岁。6 月,以 80 高龄加入中国共产党,实现了多年追求进步、真理和正义的心愿。9 月,自传《一个造船者的自述》由上海交通大学出版社出版发行。

1998 年,杨槱 82 岁。6 月 18 日,获得中科院首批资深院士称号;12 月 2 日,获得资深院士津贴。本年,上海交通大学配合中央电视台《科技之花》专栏编写制作专题片《扬帆——记杨槱院士》。

1999 年,杨槱 83 岁。6 月 14 日,获徐汇区徐光启科技荣誉奖。

2000 年,杨槱 84 岁。8 月 20 日,参加在上海交大举行的第一届全国船舶与海洋工程学术会议。

2001 年,杨槱 85 岁。1 月,在《上海造船》发表论文《论水上客运和客船的发展前景》。

2002 年,杨槱 86 岁。1 月,译著《海洋工程基础》(〔美〕兰德尔,Randall,R.E.原著)。11 月 24—25 日,出席于上海科学会堂举行的"新世纪初船舶科学技术的发展与对策"——暨东方科技论坛系列学术研讨会,并被聘为顾问。是年,被英国格拉斯哥大学授予名誉工学博士学位。

2003 年,杨槱 87 岁。2 月 28 日,前往重庆,出席中国造船工程学会成立 60 周年系列纪念活动之———重庆纪念会。4 月,撰写论文《对复原"郑和宝船"的一些意见》。

2004 年,杨槱 88 岁。是年,当选为上海造船工程学会终身荣誉理事。

2005 年,杨槱 89 岁。5 月,船史著作《帆船史》由上海交通大学出版社出版发行。6 月 16 日,前往舟山市岱山县,出席首届中国海洋文化节。8 月,另一部船史著作《轮船史》出版发行。

2006 年,杨槱 90 岁。5 月,参加上海科技节周徐汇区第 19 届中小学科技节汾阳杯船模竞赛。

2007 年,杨槱 91 岁。1 月,又一部船史著作《郑和下西洋史探》由上海交通大学出版社发行。10 月 11 日下午,出席上海交通大学师生在徐汇校区老图书馆举行的九十寿辰庆祝仪式。

2008 年,杨槱 92 岁。1 月,科普图书《大航海时代》由少年儿童出版社出版发行。8 月,与陈伯真合著的《话说中国帆船》由上海科学普及出版社出版发行。12 月 21—23 日,出席由连云港市委宣传部与海洋与渔业局主办,连云港经济开发区举行的以"世界视野下的连云港海洋文化"为主题的研讨会。

2009 年,杨槱 93 岁。6 月,第六部船史著作《人、船与海洋的故事》由上海交通大学出版社出版首发。7 月 11 日,在中国航海日庆祝大会上获"中国航海教育贡献奖"。10 月 31 日,被机械工程师学会正式聘请为学会的高级专家。10 月,获"上海十大科技创新杰出贡献人物"称号。

2010 年,杨槱 94 岁。9 月 20 日,获上海"2010《走近他们》年度十大人物"称号。

2011 年,杨槱 95 岁。6 月,出席上海市党外人士纪念中国共产党成立 90

周年座谈会。

2012 年,杨槱 96 岁。4 月在上海交通大学主页学者笔谈栏目发表：耄耋抒怀。

2013 年,杨槱 97 岁。4 月,杨槱的学生"辽宁舰"总设计师、交大 1963 届校友朱英富荣院士回母校参加校庆,向交大赠送了一份特殊的礼物——"辽宁舰"模型。他亲临会场,与党委书记马德秀、校长张杰代表学校接受赠礼。9 月杨槱获"上海市教育功臣"称号,同月将其获得的"上海市教育功臣"奖金20 万元人民币无偿赠与上海交通大学教育发展基金会,用于支持教育事业,鼓励交大优秀学子努力学习,投身国家重要行业,为祖国发展作出贡献。

2014 年,杨槱 98 岁。1 月 25 日上海交通大学党委书记姜斯宪代表学校看望杨槱,并送上新春祝福。

2015 年,杨槱 99 岁。1 月 25 日上海交通大学党委书记姜斯宪、校长张杰代表学校看望杨槱,并送上新春祝福。

2016 年,杨槱 100 岁。2 月 2 日,上海交通大学党委书记姜斯宪赴华东医院看望杨槱。10 月,10 月 14 日,全国政协副主席,九三学社中央主席韩启德致信祝贺杨槱生日,中共上海市委常委、中共市委统战部部长沙海林和九三学社中央副主席、上海市副市长、社市委主委赵雯先后前往华东医院看望杨槱,表达对他的关心和祝福。10 月 17 日下午,船建学院党委书记张卫刚、船舶与海洋工程系主任汪学锋及部分教师代表赴华东医院为杨槱院士庆生,校党委书记姜斯宪特委托学院领导为杨槱送上生日贺卡和祝福。

附录二　杨槱主要论著目录

论文

[1] 杨槱. 川江船型之检讨[J]. 中国造船,1948,1.

[2] 杨槱. 造船工程之生产计划与管制[J]. 中国造船,1948,2.

[3] 杨槱. 对造船高等教育的一些意见[J]. 中国造船,1958,1.

[4] 杨槱. 远洋货轮船员居室布置设计[J]. 中国造船,1958,3.

[5] 杨槱. 干货船的主要尺度分析[J]. 上海交通大学学报,1978,1.

[6] 杨槱. 访日简讯[J]. 上海交通大学学报,1979,1.

[7] 杨槱. 干货船主要尺度的最优化计算[J]. 中国造船,1981,1.

[8] 杨槱. 多用途干货船主尺度的确定和经济论证[J]. 上海交通大学学报,
1982,3.

[9] 杨槱. 海洋开发和海洋工程[J]. 海洋工程,1983,1.

[10] 杨槱. 郑和宝船尺寸记载有误[J]. 航海,1983,3.

[11] 杨槱. 中国船舶工程四十年[J]. 船舶工程,1984,1.

[12] 杨槱. 江海直达船的适航性与经济性[J]. 中国航海,1988,1.

[13] 杨槱. 第二次世界大战期间的舰船损害管制训练[J]. 海军工程大学学
报,1989,2.

［14］杨槱. 陈明绍、杨槱、陈学俊、李孝芳等四位委员在全国政协会上的联合发言要重视长江上游大西南各省区的开发与建设［J］. 民主与科学，1989,2.

［15］杨槱. 集装箱江海直达运输技术经济论证［J］. 上海交通大学学报，1989,3.

［16］杨槱. 一种江海运输需求预测模型及其验证［J］. 上海交通大学学报，1989,6.

［17］杨槱. 近海与长江之间集装箱航运船队的发展研究［J］. 中国航海，1990,1.

［18］杨槱. 长江中下游外贸集装箱江海运输系统分析［J］. 系统工程理论与实践,1990,5.

［19］杨槱. 关于西南岩溶地区脱贫和振兴经济的建议——杨槱代表九三学社中央在第七届全国政协第四次会议上的大会发言［J］. 民主与科学，1991,2.

［20］杨槱. 加紧制订《科技进步法》为科技兴国建立造血机制［J］. 民主与科学,1991,2.

［21］杨槱. 优选我国沿海煤炭运输系统特征元素的对策［J］. 上海交通大学学报,1991,4.

［22］杨槱. 运输船队系统分析的一种模糊数学规划模型［J］. 上海交通大学学报,1991,4.

［23］杨槱. 重力式海洋平台的运动响应及其动力稳定性［J］. 中国海洋平台，1994,Z1.

［24］杨槱. 为发展科技多做工作［J］. 群言,1995,1.

［25］杨槱. 渔船编队规划模型［J］. 中国造船,1995,1.

［26］杨槱. 多渔场作业最佳拖网渔船船型［J］. 船舶工程,1995,2.

［27］杨槱. 渔船有效性的估算与预测［J］. 船舶工程,1995,6.

［28］杨槱. 船舶设计的三项重要任务［J］. 上海造船,1997,1.

［29］杨槱. 对振兴船舶工业的几点意见［J］. 上海造船,1997,2.

［30］杨槱. 回眸与愿望［J］. 上海造船,2001,1.

［31］杨槱. 论水上客运和客船的发展前景［J］. 上海造船,2001,1.

［32］杨槱. 为事业成功而奋斗［J］. 民主与科学,2003,1.

［33］杨槱. 对郑和航海和郑和宝船研究之管见［J］. 上海造船,2005,2.

［34］杨槱. 综论科学航海［J］. 社会观察,2005,7.

［35］杨槱. 发扬江南精神为中国成为世界造船大国和强国作出更多贡献
　　　［J］. 船舶工程,2005,S1.

［36］杨槱. 自主创新,建设造船强国［J］. 工业工程与管理,2006,6.

［37］杨槱. 养成爱读书的好习惯［J］. 初中生,2007,26.

［38］杨槱. 忆学会往事感今怀昔　寄语学会高飞远翔［J］. 上海造船,
　　　2008,4.

专著

［1］杨槱. 高等学校教学用书·船舶静力学［M］. 北京科学教育编辑
　　　室,1963.

［2］杨槱,张仁颐,仰书纲.电子计算机辅助船舶设计［M］. 上海交通大学出
　　　版社,1985.

［3］杨槱主编,沈国良副主编.绘图交通工具辞典［Z］. 上海辞书出版社,
　　　1993,10.

［4］杨槱. 一个造船者的自述［M］. 上海交通大学出版社,1997.

［5］兰德尔(Randall, Robert E.),杨槱、包丛喜编译.海洋工程基础
　　　(Elements of ocean engineering)［M］. 上海交通大学出版社,2002.

［6］杨槱. 轮船史［M］. 上海交通大学出版社,2005.

［7］杨槱. 帆船史［M］. 上海交通大学出版社,2005.

［8］杨槱. 郑和下西洋史探［M］. 上海交通大学出版社,2006.

［9］杨槱、熊喆萍.大航海时代［M］. 少年儿童出版社,2008.

［10］杨槱、陈伯真.话说中国帆船［M］. 上海科学普及出版社,2008.

［11］杨槱、陈伯真.人、船与海洋的故事［M］. 上海交通大学出版社,2010.

参考文献

口述访谈

［1］杨槱院士访谈,2010 年 10 月 12 日,上海。

［2］杨槱院士访谈,2010 年 11 月 17 日,上海。

［3］杨槱院士访谈,2010 年 11 月 24 日,上海。

［4］杨槱院士访谈,2010 年 12 月 1 日,上海。

［5］杨槱院士访谈,2010 年 12 月 8 日,上海。

［6］杨槱院士访谈,2010 年 12 月 21 日,上海。

［7］杨槱院士访谈,2010 年 12 月 29 日,上海。

［8］杨槱院士访谈,2011 年 1 月 5 日,上海。

［9］杨槱院士访谈,2011 年 3 月 3 日,上海。

［10］杨槱院士访谈,2011 年 3 月 15 日,上海。

［11］杨槱夫妇访谈,2011 年 6 月 3 日,上海。

［12］潘斌教授访谈,2011 年 6 月 22 日,嘉兴。

［13］杨思远夫妇访谈,2011 年 7 月 6 日,上海。

［14］李湛教授访谈,2011 年 7 月 21 日,上海。

手稿

[15] 杨槱,给上海市汾阳中学船模赛的祝贺信,2008 年 10 月 16 日,手稿电子版。

[16] 杨槱,谈探索与弘扬海洋文化,2007 年 7 月 8 日,手稿电子版。

[17] 杨槱,关于探讨海洋文化几点意见,2008 年 11 月 29 日,手稿电子版。

[18] 杨槱,在"中国航海博物馆中央大厅布展项目调研结果评审会"上的发言稿,
2008 年 4 月 14 日,手稿电子版。

[19] 杨槱,海洋安全的重要性和当前可开展的工作,2006 年 2 月 10 日,手稿电子版。

[20] 杨槱,耄耋抒怀——漫谈人生、学习、工作和为人处世,2010 年 10 月,手稿电
子版。

中文专著

[21] 中国造船工程学会 1962 年年会论文集(第二分册 运输船舶)[M]. 北京:国防
工业出版社,1964.

[22] Baldwin J 著. 丁宝钧译. 泰西五十轶事[M]. 上海:世界书局,1926.

[23] Nesfield 著. 赵灼译. 纳氏弟(第)三英文法讲义[M]. 1908.

[24] 陈贞寿. 图说中国海军史[M]. 福州:福建教育出版社,2002.

[25] 高峰主编. 历史,永远铭记创业的辉煌[M]. 沈阳:辽宁人民出版社,1995.

[26] 高晓星,时平. 民国海军的兴衰[M]. 北京:中国文史出版社,1989.

[27] 广东哲学社会科学研究所历史研究室,中国社会科学院近代史研究所中华民国
史研究室. 中华民国史资料丛稿 孙中山年谱[M]. 北京:中华书局,1980.

[28] 广州培正中学. 培正校史(1889—1994)[M]. 广州:广州培正中学,1994.

[29] 广州市社会局. 新广州概览[M]. 广州:(伪)广州市社会局,1941.

[30] 蒋永敬. 民国胡展堂先生汉民年谱[M]. 台北:台湾商务印书馆,1981.

[31] 交通大学校史编委会. 交通大学校史(1949—1959)[M]. 北京:高等教育出版
社,1996.

[32] 金陵大学秘书处. 私立金陵大学一览[M]. 南京:金陵大学秘书处,1933.

[33] 李秀芳. 旅大地区苏联与中共关系的演变和发展(1945.8—1950.2)[D]. 华东师

范大学,2011.

[34] 刘国铭. 中华民国国民政府军政职官人物志[M]. 北京：春秋出版社,1989.

[35] 刘国铭. 中国国民党百年人物全书[M]. 北京：团结出版社,2005.

[36] 马德泾等. 镇江人物辞典[M]. 南京：南京大学出版社,1992.

[37] 马小奇等. 民生公司史[M]. 北京：人民交通出版社,1990.

[38] 上海交通大学船舶设计制造教研组. 应用电子计算机协助分析远洋干货船的主要尺度[M]. 上海：上海交通大学技术资料情报室,1997.

[39] 上海社会科学院经济研究所. 江南造船厂厂史(1865—1949)[M]. 南京：江苏人民出版社,1983.

[40] 粟海亮. 湖南民主人士[M]. 北京：中国文史出版社,1991.

[41] 孙大权. 中国经济学社研究(1923—1953)[D]. 四川大学,2005.

[42] 王学珍,郭建荣. 北京大学史料 第2卷 1912—1937[M]. 北京：北京大学出版社,2000.

[43] 翁智远. 同济大学史(第1卷,1907—1949)[M]. 上海：同济大学出版社,1987.

[44] 吴善勤,盛振邦. 从船舶到海洋工程[M]. 上海市：上海交通大学出版社,2005.

[45] 吴肖园编述. 中国经济学社一览[M]. 中国经济学社,1935.

[46] 席龙飞. 中国造船史[M]. 武汉：湖北教育出版社,1999.

[47] 萧超然. 北京大学校史,1898—1949[M]. 北京：北京大学出版社,1988.

[48] 杨楯. 船舶静力学[M]. 北京：北京科学教育编辑室,1963.

[49] 杨楯. 一个造船者的自述[M]. 上海：上海交通大学出版社,1997.

[50] 杨楯. 帆船史[M]. 上海：上海交通大学出版社,2005.

[51] 杨楯. 轮船史[M]. 上海：上海交通大学出版社,2005.

[52] 杨楯. 郑和下西洋史探[M]. 上海：上海交通大学出版社,2007.

[53] 杨楯. 中国造船发展简史[M]. 上海：上海交通大学科研生产处,1962.

[54] 杨楯,陈伯真. 话说中国帆船[M]. 上海：上海科学普及出版社,2008.

[55] 杨楯,陈伯真. 人、船与海洋的故事[M]. 上海：上海交通大学出版社,2010.

[56] 杨楯,杨宗英,黄根余. 略论郑和下西洋的宝船尺度[M]. 上海：上海交通大学技术资料情报室,1997.

[57] 杨楯,张仁颐,仰书纲. 电子计算机辅助船舶设计[M]. 上海：上海交通大学出版社,1985.

[58] 杨槱主编. 绘图交通工具辞典[M]. 上海：上海辞书出版社,1991.

[59] 杨槱编著. 大航海时代[M]. 上海：少年儿童出版社,2008.

[60] 杨祖恒主编. 南京市金陵中学[M]. 北京：人民教育出版社,1998.

[61] 叶宝园. 自强之路：从江南造船厂看中国造船业百年历程[M]. 北京：中央文献出版社,2008.

[62] 张海声. 中国近百年经济史辞典[M]. 兰州：兰州大学出版社,1992.

中文论文

[63] 百年江南——上海江南造船厂建厂 143 周年系列回顾①[J]. 舰载武器,2008,(9)：46-50.

[64] 北京科技大学三位中科院学部委员——魏寿昆、柯俊、肖纪美教授[J]. 学位与研究生教育,1992,(1)：20-21.

[65] 陈德源. 杨槱[J]. 海洋技术,1983,(4)：72-73.

[66] 陈荣悌. 热力学第二定律史话[J]. 化学通报,1963,(1)：49-51.

[67] 程兆奇. 六十余年前的特殊"口述历史"——《中共谍报团李德生讯问记录》书后[J]. 史林,2005,(5)：21-38.

[68] 关洁. 从书塾到华南名校(一)[EB/OL]. http：//www.pc1889.cn/portal.php?mod=view&aid=50&page=4,2011-01-30.

[69] 韩晋芳,张柏春. 魏寿昆院士访谈录——20 世纪 50 年代初期的工程教育改革[J]. 中国科技史杂志,2009,(2)：193-202.

[70] 胡震. 南北分裂时期之广州大理院(1919—1925)[J]. 中外法学,2006,(3)：323-336.

[71] 柯云. 国民党政府海军组织机构述略(1927—1949 年)[J]. 军事历史,1992,(6)：50-51.

[72] 席龙飞,何国卫. 对泉州湾出土的宋代海船及其复原尺度的探讨[J]. 武汉水运工程学院学报,1978,(2)：68-78.

[73] 席龙飞,何国卫. 对泉州湾出土的宋代海船及其复原尺度的探讨[J]. 中国造船,1979,(2)：111-120.

[74] 许文镱.《中国造船》出版的 40 年(上)[J]. 中国造船,1988,(S1)：6-14.

[75] 杨建. 30 年代广州的左翼文化运动[J]. 新文化史料,2000,(3):27－32.

[76] 杨槱. 川江枯水船的稳性[Z]. 中国造船工程学会年会论文. 1944.

[77] 杨槱. 郑和下西洋所用的船舶[A]. 郑和下西洋论文集[M]. 北京:人民交通出版社,1985. 108－118.

[78] 杨槱. 山东蓬莱水城与明代战船[A]. 席龙飞. 蓬莱古船与登州古港[M]. 大连:大连海运学院出版社,1989. 60－66.

[79] 杨槱. 让我们共同为船史研究贡献力量[J]. 船史研究,1985,1(1).

[80] 杨槱. 海交史研究,1982,(4).

[81] 杨槱. 第二次世界大战期间的舰船损害管制训练[J]. 海军工程学院学报,1989,(2):87－89.

[82] 杨槱. 对造船高等教育的一些意见[J]. 中国造船,1958,(1):1－13.

[83] 杨槱. 远洋货轮船员居室布置设计[J]. 中国造船,1958,(3):29－47.

[84] 杨槱. 船舶的打捞施救[J]. 中国造船,1950,(4):13－19.

[85] 杨槱. 川江船型之检讨[J]. 中国造船,1948,1(1):13－17.

[86] 杨槱. 造船工程之生产计划与管制[J]. 中国造船,1948,1(2):11－20.

[87] 杨槱. 自主创新,建设造船强国[J]. 工业工程与管理,2006,(6):6－8.

[88] 杨槱. 发挥学会"智囊"优势　为造船产业发展服务[J]. 上海造船,2011,(1):9.

[89] 杨槱,杨宗英,黄根余. 略论郑和下西洋的宝船尺度[J]. 海交史研究,(3).

[90] 叶在馥. 最大川江轮的尝试:"民俗"轮的设计与建造[J]. 中国造船,1948,1(2):1－10.

[91] 应尔玉. 郭纲琳[J]. 南京理工大学学报(自然科学版),1985,(2):83－94.

[92] 朱隆泉,孙光二. 造船巨擘叶在馥[J]. 上海造船,2007,(4):56－60.

[93] 庄为玑,庄景辉. 泉州宋船结构的历史分析[J]. 厦门大学学报(哲学社会科学版),1977,(4):75－83.

西文论著

[94] W. H. Brock. The Japanese Connexion:Engineering in Tokyo, London, and Glasgow at the End of the Nineteenth Century Presidential Address, 1980[J]. The British Journal for the History of Science, 1981, 14(3):227－243.

[95] R. A. Buchanan. The Rise of Scientific Engineering in Britain[J]. The British Journal for the History of Science, 1985, 18(2): 218 – 233.

[96] David F. Channell. The Harmony of Theory and Practice: The Engineering Science of W. J. M. Rankine[J]. Technology and Culture, 1982, 23(1): 39 – 52.

[97] Edward H. Lorenz. An Evolutionary Explanation for Competitive Decline: The British Shipbuilding Industry, 1890—1970[J]. The Journal of Economic History, 1991, 51(4): 911 – 935.

[98] David Luck. Scotland's 100 – oldest Companies Project[M]. Glasgow: Business Archives Council of Scotland, 2011.

[99] James MacLehose. Memoirs and Portraits of One Hundred Glasgow Men[M]. Glasgow: Glasgow Digital Library, 1886.

[100] Ben Marsden. Engineering Science in Glasgow: Economy, Efficiency and Measurement as Prime Movers in the Differentiation of an Academic Discipline [J]. The British Journal for the History of Science, 1992, 25(3): 319 – 346.

[101] Michael Moss, Moira Rankin, Lesley Richmond. Who, where and when: the history & constitution of the University of Glasgow[M]. Glasgow: University of Glasgow, 2001.

后　记

从看船、学船到造船、教船、写船、望海，杨槱先生一直在船舶设计、船史研究、造船经济、海洋工程等领域辛勤耕耘，不懈探索，为中国船舶海洋事业发展作出了杰出的贡献。

最初认识杨槱先生是在 2001 年秋季，那时我还在上海交通大学读书，当时他和辛元欧教授一起在徐汇校区筹办船史研究学术活动，一个造船界学术泰斗，80 多岁高龄依然对学术如此执着，给我留下了深刻的印象。相关的研究成果首先在 2002 年由上海交通大学科学史系承办的第十届国际东亚科学史会议上报告，后来又在徐汇校区的董浩云航运博物馆展出，得到国内外学术界及参观者的一致好评。

2010 年，在中科院自然科学史研究所张藜教授和罗兴波副研究员的大力支持下，我有幸承担了老科学家学术成长资料采集工程——杨槱院士的项目，该项目由中国科协牵头，联合中组部、教育部、科技部、工信部、财政部、文化部、国资委、解放军总政治部、中国科学院、中国工程院、国家自然科学基金委员会等 11 部委共同实施的抢救性工程，旨在通过实物采集、口述访谈、录音录像等方法，把老科学家学术成长历程中的关键事件、重要节点、师承关系等各方面的资料系统保存下来，为深入研究老科学家成长规律及宣传优秀科学家提供第一手资料和素材。杨槱院士是首批入选的 50 位老科学家之一。

工作启动之后,杨槱先生本人及其家人、朋友、学生都给予了我们极大的支持和帮助。杨槱先生多次接受我们的访谈,并将保存下来的全部材料和我们共享。尽管他年事已高,但头脑依旧极为清晰,就我们采集工程中所涉及的学术成长历程中关键事件、重要节点都给予了非常详细的阐释,每一次访谈我们都受益匪浅,为保证工作的顺利完成奠定了重要的基础。通过访谈他本人及其家人、同事、学生,并深入阅读有关他的传记、报导材料,对杨槱先生的人生发展轨迹有了更为清晰的认识。

采集资料及写作过程中得到了方方面面的鼎力支持,杨槱先生的爱人章文英女士,长子杨思进等给予了无私的帮助和指导,上海交通大学的何友声院士提供了宝贵素材并为本书作序,档案馆的盛懿馆长、范巨山副馆长、袁继军副馆长、姜玉平副研究员、欧七斤研究员等人对查阅档案资料提供了大力帮助,杨槱先生的学生潘斌老师、李湛老师也积极配合接受访谈并给予指导,船舶海洋与建筑工程学院的张卫刚书记、朱惠红老师多次组织专题讨论并给予指导,科学史与科学文化研究院王延锋副教授、已经毕业的陈志辉博士、宋神秘博士作为采集组团队成员都做了大量的资料整理编辑工作,特别是陈志辉博士在本书的资料搜集及写作中倾注了大量心血,博士生徐倩为本书写作补充了部分材料,上海交通大学科学史与科学文化研究院、船舶海洋与建筑工程学院、交大统战部为采集写作及出版工作提供了重要支持,编辑宝锁老师为本书的顺利出版付出了大量心血和汗水。对上述机构和个人为传记的顺利完成所给予的支持和帮助,在此表示最诚挚的谢意!

绠短汲深,由于我们水平有限,本传记可能未能全面、充分地展示杨槱先生的辉煌人生,敬请识者批评指正!

谨以此书献给杨槱先生的百岁华诞!